KB049175

도시유감

도시유감

도시에 관한 인문학적 의심

지은이 | 전상현
펴낸이 | 김성실
기획편집 | 이소영 · 박성훈 · 김진주 · 채은아 · 김성은 · 김선미
마케팅 | 곽홍규 · 김남숙
인쇄·제본 | 한영문화사
펴낸곳 | 시대의창
출판등록 | 제10−1756호(1999. 5. 11)

초판 1쇄 | 2015년 4월 10일 펴냄

주소 | 121−816 서울시 마포구 연희로 19−1 4층
전화 | 편집부 (02)335−6125, 영업부 (02)335−6121
팩스 | (02)325−5607
이메일 | sidaebooks@daum.net

ISBN 978−89−5940−478−0 (03330)

ⓒ 전상현, 2015, Printed in Korea

이 도서의 국립중앙도서관 출판시도서목록(CIP)은
서지정보유통지원시스템 홈페이지(http://seoji.nl.go.kr)와
국가자료공동목록시스템(http://www.nl.go.kr/kolisnet)에서 이용하실 수 있습니다.
(CIP제어번호: CIP2015008340)

도시에 관한 인문학적 의심

都市有感

도시유감   전상현 지음

시대의창

감사의 말

필자가 감히 책을 집필해야겠다고 결심한 것은 작년 봄이었다. 2년 전에 시작한 대학 강의에서 이런저런 도시에 대한 잡담(?)을 나누다 보니 무모한 욕심이 생긴 것이었다. 하지만 욕심이 용기를 불러오지는 못했다. 몇 장을 끄적거리다 주저하던 그때 아내가 나에게 이런 말을 했다. "글 쓰는 모습을 보니 사람이 괜찮아 보이네." 그렇다. 필자는 그 말 한마디 덕분에 '두려움' 대신 '자신감'으로 책을 완성할 수 있었다. 늘 절묘한 타이밍(?)에 '희망'을 주는 아내 영화에게 지면을 빌려 고맙다는 말을 전하고 싶다.

"고맙습니다. 그리고 사랑합니다."

전상현

일러두기

1. 외래어 인명, 지명 등의 고유명사는 처음에만 병기했다.
2. 이 책에서 도시명은 도시의 영역city proper을 지칭한다. 도시마다 정의와 실질적 기준이 상
   이한 대도시 권역은 도시명 앞에 '메트로metro'를 붙였다.
3. 출처가 생략된 사진의 출처는 위키피디아Wikipedia와 플리커Flickr이다. 또한 저작권 표시가
   없는 사진은 모두 공유 저작물Public domain이다.

들어가는 말

도시라는 현상에 대한 의심

지금은 '국가'가 아닌 '도시'의 시대다. 특히 경제활동은 이미 20세기 후반부터 '국가'가 아닌 '도시' 단위로 재편되어왔다. 개발도상국들은 경제특구 같은 도시 단위로 경제 전선에 뛰어들었으며 선진 도시들은 인재를 유치하기 위한 치열한 경쟁을 벌이고 있다. 실제로 경제자유구역과 자유무역지역 등 경제 활성화를 위한 특구만 전 세계에 2,000개 이상이 있다.[1] 그뿐만 아니다. 많은 도시들이 관광객을 끌어들이기 위해 도시를 포장하고 선전하기 바쁘다. 그 덕분에 브랜딩이나 마케팅 같은 비즈니스 용어가 공동체라는 도시와 거리낌 없이 어울리기 시작했다. 도시는 점점 기업의 논리를 닮아간다. 경쟁력 강화라는 이유로 도시가 기업처럼 합병되기도 한다(중국의 선전深圳과 홍콩香港의 통합 논의나 국

---

1 경제특구 혹은 경제자유구역Special Economic Zone, 자유무역지역Free Trade Zone 그리고 수출가공지역 Export Processing Zone으로 분류되는 도시의 특별 구역은 2008년 현재 전 세계에 2,301개가 존재한다.

내의 마산, 진해, 창원의 통합 사례가 좋은 예다). 이렇듯 도시는 경제 전쟁에서 승리하기 위한 전략적 단위의 역할을 점점 강화해나간다. 자본의 논리로만 보자면 21세기 현재의 도시는 20세기보다 더 효율적이고 합리적으로 발전하고 있는 것처럼 보인다. 그래서 마치 우리의 도시가 점점 더 좋아지는 것처럼 느껴지기도 한다.

하지만 자세히 들여다보면 일종의 착시임을 알 수 있다. 도시의 문제는 여전히 수두룩하다. 한편에서는 양극화로 인해 인종과 계층의 분리가 심화되고 있으며 또 한편에서는 급속한 도시화로 인한 도시 빈민 문제로 골머리를 앓고 있다. 또한 20세기를 지배했던 기능 만능주의의 모더니즘 도시계획[2]으로 도심 쇠퇴와 에너지 과소비 같은 도시 공간의 문제가 곳곳에서 발생하고 있다. 이처럼 21세기의 도시는 여전히 혹은 더 심각한 수준의 다양한 문제로 몸살을 앓고 있다. 그리고 이러한 문제들이 해결되지 않는다면 '공동체'로서의 도시와 심지어는 '자본'의 성장마저 위험해질 수 있다. 우리가 장밋빛 청사진을 잠시 접어두고 도시의 문제에 집중해야 하는 이유다.

2 모더니즘 도시계획은 상업, 업무, 주거 등 용도에 따라 도시 공간을 철저하게 분리하며 이동 수단으로 자동차 사용을 권장한다. 그리고 규격화된 대단위 건축물 혹은 고층 빌딩을 기본단위로 한다. 한마디로 기계적 합리주의의 결과라 할 수 있다. 이 모더니즘 도시계획의 폐해를 몇 가지 예로 들면 다음과 같다. 오피스가 밀집한 업무 지역은 사람들이 모두 퇴근한 밤에 우범지대가 되기도 한다. 또한 낮 시간에 사용이 집중되는 업무 지역의 도시 기반 시설(도로, 전기 등)은 다양한 시간대에 이용이 가능한 혼합 용도의 도시 공간에 비해 비효율적인 에너지 소비를 조장한다. 과도한 스케일과 획일적인 모습의 건축물 역시 사람들에게 도시 공간에 대한 거부감을 불러일으키며 사람들로 하여금 모더니즘 공간으로부터의 탈출을 부추기기도 한다. 가장 큰 문제는 용도 지역의 분리가 자동차 사용을 부추기며 사람들로 북적대던 가로를 무미건조한 공간으로 만들어버렸다는 사실이다. 오늘날 커뮤니티 해체에 있어 도시계획적 원인으로 모더니즘이 거론되는 이유다. 이렇듯 모더니즘 도시계획은 20세기 전반부터 현재에 이르기까지 전 세계 도시계획의 기본 원리가 되었으나 그 폐해가 만만치 않다. 20세기 후반부터 도시계획에 대한 새로운 대안들이 대두되고 있는 이유다.

필자는 현재 전 세계 곳곳에서 발생하고 있는 도시 문제의 심각성을 알리고자 이 책을 집필했다. 특히 우리가 피상적으로 알고 있는 해외 도시들의 이면을 들여다봄으로써 우리가 여행 가서도 보지 못한 도시의 속살을 드러내 보이고 싶었다. 책과 언론을 통해 세계의 많은 도시가 소개되었건만 대부분 그 도시의 미적 가치나 폭발적인 경제성장의 결과를 소개하는 데 그치고 있다는 사실 또한 필자를 자극했다.

그리고 책을 쓰는 동안 도시의 단면을 이해한다는 것이 결코 쉽지 않음을 깨달았다. 겉만 보고 사람을 판단할 수 없듯이 도시 역시 겉모습만으로는 그 안의 삶을 이해하기가 어렵다. 몸매 좋고 잘생긴 사람의 몸도 진찰해보기 전에는 그 사람이 위장병이 있는지 간염으로 고생하는지 알 수 없는 것과 마찬가지다. 이에 필자는 이 책에서 많은 도시를 다루기보다는 소수의 도시를 조금 깊이 들여다보기로 결정했다. 그렇게 네 개의 도시로의 여행은 시작되었다.

차례

디트로이트—모터 시티의 쇠퇴, 도심 쇠퇴

이 책을 읽는 독자에게

도시라는 현상은 참으로 복잡하다. 경제, 문화, 사회, 예술 어느 하나 도시라는 현상에 기여하지 않는 것이 없다. 부정적 현상도, 긍정적 현상도 모두 복합적인 이유로 발생한다. 다시 말해 전문성의 칸막이를 제거하지 않고서는 도시라는 현상의 본질을 꿰뚫어보기가 매우 어렵다는 얘기다.

그렇다면 복잡다단한 도시 현상을 이해하는 가장 좋은 방법은 무엇일까? 아마 '연역법'이 아닌 '귀납법'일 듯싶다. 어떤 틀을 가지고 도시를 분석하기 시작하면 일반화의 오류에 봉착하게 될 가능성이 상당히 크기 때문이다. 이 책이 별다른 준비운동 없이 바로 네 개의 도시로 뛰어드는 이유다.

이 책에서 다루는 도시는 파리Paris, 선전深圳, 상파울루São Paulo, 디트로이트Detroit 이렇게 네 곳이다. 여기서 누군가는 의문을 가질 것이다. 하고 많은 도시들 중에 왜 이 네 곳인지 말이다. 필자가 본문에서 다룰 도시를 선정한 기준은 크게 세 가지다. 첫째, '번영의 끝을 본 도시'이거나 '번영의 초입에 있는 도시'로서 도시 문제의 구도가 확실할 것. 둘째, 문제의 원인은 복합적이어야 하며 그중 하나는 상당수의 도시가 겪고 있는 공통된 문제(원인)일 것. 셋째, 가급적 대륙별로 고르게 도시를 선택할 것. 결과적으로는 필자 나름대로 원칙을 가지고 각 대륙을 대표하는 도시들을 고른 셈이다. 물론 아프리카의 도시가 빠졌다. 애석하게도 '번영의 초입'에도 들지 못했기 때문이다(아프리카에서는 급성장하는 도시를 발견하기가 어렵다).

이 책을 읽다 보면 전 세계가 겪고 있는 도시의 공통된 문제들을 자연스레 이해하게 될 것이다(물론 전부가 아닌 다수의 도시를 의미한다). 인류 역사상 유례없는 급속한 도시화Urbanization와 그로 인해 기하급수적으로 늘어나는 도시 빈민 문제 그리고 심각한 교외화 Urban sprawl 현상으로 대변되는 커뮤니티의 붕괴와 에너지 고갈 문제 등등이 이에 해당된다. 물론 이러한 내용들은 네 도시로의 탐험을 떠나기 전에 미리 알아두면 좋을 것들이다. 그렇다고 해서 그러한 내용을 미리 소개하지는 않을 것이다. 이유는 두 가지다. 첫째, 다수의 도시들에서 공통적으로 발견되는 현상이라도 개별 도시에서는 각기 다른 원인으로 발생하며 그 결과 역시 조금씩 상이하기 때문이다. 예를 들어 중국의 도시 빈민과 남미의 도시 빈민은 생성된 원인과 지니고 있는 특징이 사뭇 다르며 계층 간의 공간 분리 현상 역시 그 원인과 결과가 다르다. 이에 대해서는 앞으로 자연스레 설명할 것이다. 둘째, 독자들이 온몸으로 부딪히며 도시에 대한 이해를 넓혀가는 것 또한 도시를 이해하는 좋은 방법이라고 필자는 믿기 때문이다. 필자의 경우 어느 도시를 가면 지도를 펴놓고 무작정 걷는다. 편견 없이 도시를 온몸으로 흡수해보는 것이다. 그러고 나서 궁금증이 생기는 부분들에 대해 관련 자료를 찾아본다. 궁금증의 퍼즐을 맞추어 보는 것이다. 이 책에서 별다른 이론 학습 없이 네 개의 도시로 뛰어든 것 역시 필자의 도시 탐험 방식에 기인한다. 정리해보자면 이 책에서만큼은 귀납적 도시 탐험이라는 필자의 방식을 믿어보기를 바란다는 얘기다.

이 책을 통해 필자가 전달하고 싶은 메시지는 단 하나다. 도시라는 현상에 대해 끊임없이 의심해야 한다는 것이다. 다시 말해 '왜?'라는 관점에서 도시를 해부해야 한다는 얘기다. 그래야 도시라는 복잡다단한 현상을 제대로 이해할 수 있기 때문이다. 도시를 이해하는 데 있어 '연역법' 대신 '귀납법'을 선택한 이유 역시 '왜?'라는 관점으로 도시를 이해하는 데 더욱 유리했기 때문이다. 이러한 필자의 확신과 선택을 믿어만 준다면 여태껏 여행 책자에서 보지 못했던 도시의 이면을 제대로 보게 될 것이다.

파리

부티크 도시의 그늘,
방 리 외

팔방미인, 파리

파리는 그 영향력에 비해 규모가 작은 도시다. 인구는 2013년 현재 227만 명 정도이며 면적은 105.4제곱킬로미터에 이른다. 서울과 비교해보면 인구는 5분에 1 정도이고 면적은 6분의 1에 불과하다. 메트로 파리Metro Paris로 비교해도 마찬가지다. 2011년 현재 메트로 파리의 인구는 1,230만 명이며 면적은 1만 7,174제곱킬로미터에 이른다. 서울 인구가 서울의 약 28배에 가까운 면적을 차지하는 셈이니 밀도 높은 메가시티의 모습과는 다소 거리가 있는 셈이다.

파리는 다른 글로벌 도시들에 비해 몸집이 작은 편이지만 그 영향력 만큼은 남부럽지 않다. 파리는 선진 시민사회의 사례로 거론되며 세계 경제, 문화의 중심지로서 사람들에게 그 매력을 선사한다. 자세히 살펴보자.

파리는 오늘날 민주주의의 초석을 다진 프랑스대혁명의 중심지였으며 물질 만능주의와 불합리한 국가권력에 저항하는 '68혁명'[1]의 출발점이었다. 이처럼 '국가'보다는 '개인'의 가치를 더욱 소중히 여기는 파리 사람들은 '차별' 대신 '차이'를 인정한다. 오늘날 프랑스가 똘레랑스 tolérance(관용) 사회의 대명사가 된 이유다. 시민의 힘으로 역사를 바꾼 경험이 있는 프랑스 시민들은 끊임없는 토론을 즐긴다. 소통을 통해 세상을 바꿀 수 있다는 강한 믿음이 경험을 바탕으로 자리 잡고 있기 때문이다. 이렇게 파리는 '토론'과 '똘레랑스'로 상징되는 자유의 나라 프랑스를 대표한다.

파리는 문화도시의 아이콘이다. 먼 이국땅 대한민국에서도 파리는 문화의 상징으로 통용될 정도다. 아름다운 역사 도시 경관과 에펠탑은 물론이요 고유한 식문화와 라이프스타일을 유지하는 파리는 분명 문화적 정체성이 확실한 도시다. 토지 이용 가치가 가장 높은 시내 교차로에는 프랜차이즈 커피 전문점 대신 그들만의 다양한 카페들이 자리 잡고 있으며 오래된 소규모 레스토랑들이 도심 곳곳에 자리 잡고 있다.[2] 먹거리뿐만이 아니다. 프랑스가 전 세계 명품 시장의 절반을 차지

---

1 1968년 5월 파리 근교 낭트에서 시작된 68혁명은 학생들의 미국의 베트남 침공에 항의하는 반전 시위로 촉발된 일종의 사회변혁운동이었다. 초기에는 반전시위를 무력으로 해결하려 한 정부에 분노한 학생들이 주축이 되었으나 점차 노동자와 여성 등 다양한 계층이 시위에 참가하면서 주제 역시 반전에서 남녀평등, 학교의 서열화 폐기 등으로 확대되었다. 이렇듯 68혁명은 기존 사회질서의 불합리함과 인간소외 현상을 극복하기 위한 범사회적 개혁 운동으로 변모해나갔다. 그리고 이는 미국, 일본 독일 등으로 퍼져나가며 국제적인 사회변혁운동으로 이어졌다. 결과적으로 68혁명은 오늘날 프랑스 사회가 좀 더 '평등'해지는 데 크게 일조했다. 오늘날 파리의 대학들이 고유한 이름 대신 숫자를 이름으로 사용하게 된 것 역시 68혁명 결과다. 대학의 서열화를 없애자는 학생들의 요구가 관철된 것이다. 이렇듯 68혁명은 프랑스 사회의 진보적 변화를 이끈 중요한 역사적 사건 가운데 하나라 할 수 있다.
2 프랑스의 고유한 식문화는 치밀한 관리를 통하여 유지된다. 프랑스는 1996년부터 사업자가 300제곱미터 이상의 상점을 신축할 경우 특별한 승인을 받도록 했다. 대형 마트의 출점을 규제하기 위한 것이었다. 2008년 사르코지 Nicholas Sarkozy 정부가 승인 대상을 1,000제곱미터로 완화하기는 했

▶ 고풍스러운 파리 뒤로 유럽 최대의 업무 중심 지구인 라데팡스가 보인다.

하고 있다지만 파리 시내에서 루이비통 백을 든 파리지앵을 만나는 건 매우 어려운 일이다. 세계 1위의 명품 업체 LVMH 본사가 파리에 있지만 파리 시민의 삶에는 별 영향을 주지 못한다. 이렇듯 파리는 오늘날 브랜드와 프랜차이즈에 잠식당하는 다른 도시들과는 달리 파리 고유의 삶과 문화로 매력적인 도시의 대명사가 되었다.

지만 프랑스는 여전히 대형 마트를 철저하게 규제하고 있다. 또한 2005년 현재 파리에서 영업하는 상점 7만 1,000개 중 절반은, 주인이 가게 문을 닫거나 은퇴하더라도 새로운 주인이 마음대로 원래 용도를 변경할 수 없다. 이렇듯 프랑스 정부는 규제를 통해 문화 다양성을 지키기 위한 노력을 기울이고 있다.

파리는 프랑스 경제의 중심지이자 세계경제 중심지 중 하나다. 또한 프랑스 경제에서 파리에 대한 집중도는 상당히 높은 편이다. 프랑스 내 재정지출과 상업 거래의 절반은 파리에서 이루어진다. 세계적인 컨설팅 회사 맥킨지McKinsey의 조사 결과 따르면 2010년 현재 메트로 파리는 GDP 기준으로 세계 3위의 경제도시며 파리 소재 기업의 매출은 프랑스 기업 전체 매출의 91퍼센트를 차지한다. 또한 파리 지역Île-de-France에는 《포춘Fortune》지가 선정한 500대 기업 중 30개사의 본사가 있으며 유럽에서 가장 큰 업무 지구인 라데팡스La Défense가 자리 잡고 있다. 이렇듯 파리는 대내외적으로 막강한 경제력을 발휘하는 프랑스의 경제도시다.

파리는 많은 사람들이 들어오고 떠나는 도시다. 메트로 파리 기준으로 매년 10만 명에서 15만 명의 인구가 유입된다. 프랑스 내에서 파리로 이주해오는 경우는 18세에서 30세 사이의 인구가 다수를 차지한다. 경제적, 문화적 기회를 누리기 위해 찾아오는 젊은이들이다. 반면 은퇴한 사람들은 파리를 떠나는 경향이 있다. 매력적이지만 경제적으로 감당하기 쉽지 않은 도시이기 때문이다. 파리가 오늘날 부티크 도시Boutique city로 불리는 이유다.

오스만과 파리의 재탄생

부티크 도시로서의 파리의 탄생은 19세기 중반으로 거슬러 올라간다. 오늘날의 아름다운 파리는 1853년에서 1870년까지 오스만Georges-Eugène Haussmann 남작이 주도한 도시 정비 사업의 결과다. 그전의 파리

▶ 방사형의 도시 구조, 파리(위)와 격자형의 도시 구조, 뉴욕(아래). 파리는 현대 도시가 가장 선호하는 격자형 도시 구조를 수용하는 대신 19세기의 도시 구조를 그대로 유지하고 있다.

모습은 오늘날의 파리 모습과는 많이 달랐다. 좁고 뒤엉킨 길과 채광이 되지 않는 건물들의 좁은 간격으로 대표되는 전형적인 중세도시의 모습이었다. 그 시절 파리의 삶은 혼잡한 교통과 건강하지 못한 생활환경으로 대표될 만큼 그리 매력적이지 못했다. 이러한 파리를 나폴레옹 3세가 오스만 남작에게 전권을 위임하여 오늘날의 매력적인 파리로 재탄생시킨 것이다.[3]

나폴레옹 3세가 파리를 대개조하기로 결심하게 된 데는 그 당시 런던의 역할이 컸다. 런던은 산업혁명의 영향으로 잘 정비된 대로와 대규모 공원 그리고 위생적인 상하수도 시스템이 갖추어진 현대 도시의 모습을 하고 있었다. 반면 파리는 여전히 중세시대의 모습에서 벗어나지 못하고 있던 때였다. 런던을 돌아본 나폴레옹 3세는 크게 자극받아 파리를 대대적으로 개조할 것을 결심하게 된다. 그렇다고 해서 나폴레옹 3세가 런던을 보고 하루아침에 파리를 개조하기로 결심한 것은 아니었다. 이미 그 이전부터 파리의 문제들은 끊임없이 제기돼오던 터였다.

대개조 이전의 파리는 질병에 취약했다. 파리는 1832년 발병한 콜레라로 인구 65만 명 가운데 약 2만 명이 사망하는 사태를 겪게 된다. 그 이후 미로같이 과밀화된 파리의 구조가 질병 발생의 원인으로 인식되었다. 공기와 사람이 순환하지 못해 질병이 발병했다는 것이었다.

그 당시 파리 도심에는 부르주아와 노동자, 날품팔이 같은 이주 노동자들이 섞여 살았는데 부르주아들은 노동자들을 질병의 원인으로 인식했다. 실제로 콜레라는 생활환경이 상대적으로 열악한 노동자 밀

---

3 나폴레옹 3세Napoléon III는 파리 대개조를 위해 1953년 조르주 웨젠 오스만Georges-Eugène Haussmann(1809~1891) 남작을 파리 지사로 임명한다. 오스만 남작은 20대 초반부터 여러 지방의 행정 관료로 이력을 쌓아온 인물로 파리 지사로 임명되기 직전에는 욘Yonne 지역의 지사를 맡았다.

▶ 1850년대 파리의 골목 풍경. 좁고 지저분하다.
© Wladyslaw

집 구역에서 크게 확산되었다. 부르주아들은 질병뿐만 아니라 범죄, 매춘 같은 사회적 문제까지도 노동자들을 그 원인으로 인식했다.

부르주아들의 노동자들에 대한 경계심은 이뿐만이 아니었다. 부르주아들은 1830년에 일어난 7월 혁명과 1848년에 일어난 2월 혁명을 통해 바리케이드 시위를 주도했던 노동자들에게 공포심마저 갖고 있었다. 노동자들은 프랑스대혁명 때부터 부르주아와 함께 왕정을 무너뜨리며 민주주의의 초석을 다져왔지만 기득권 계층이 되어버린 부르주아에게는 여전히 선을 그어야 할 경계의 대상이었던 것이다.

오스만의 파리 대개조는 기본적으로 부르주아의 노동자들에 대한 공포심 해소와 전염병을 예방하기 위한 것이었다. 파리 대개조는 대로 Boulevard 건설을 통해 도로를 정비함으로써 유사시 군대의 진입이 원활하도록 하였으며 상하수도의 위생 설비 확충으로 질병의 발병과 확산을 예방하려 했다. 이렇듯 파리 대개조는 도시 기본 틀의 정비를 최우선으로 진행되었다.

파리의 재탄생, 계층의 재배치

오스만의 파리 대개조는 도시의 기본 틀을 새로 짤 뿐만 아니라 오늘날 어번 디자인[4]에 해당하는 도시경관과 공공 공간에 대한 섬세한 계획으로 파리를 재탄생시켰다. 파리 대개조의 내용은 크게 다섯 가지

---

4 어번 디자인Urban design은 공공 디자인을 뜻하며 주로 가로와 공원 그리고 가로변에 접한 건물의 외관 같은 공공 공간과 시각적 공유물을 디자인의 대상으로 삼는다.

▶ 개선문을 중심으로 한 방사형 대로는 시민들의 봉기를 가장 효율적으로 통제할 수 있는 구조다. 봉기한 시민들이 대로로 쏟아져 나오면, 정부는 개선문 광장Place Charles de Gaulle에 설치한 대포로 간단히 시위를 제압할 수 있다. 방사형 중심 도로는 제압의 효율성이 극대화된 도시 구조인 셈이다. ⓒ David

정도로 요약된다.

첫째, 미로 같은 도시 구조를 체계적으로 재편성했다. 햇빛도 들지 않고 마차가 다니기에도 힘든 좁은 골목길과 막다른 도로를 없애고 대로를 확보함으로써 위생적이고 인지 체계상 체계적인 도시 구조를 확립했다. 특히 대로의 건설은 파리의 구舊도심과 새롭게 도시 구역으로

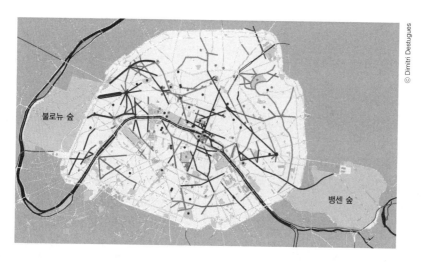

불로뉴 숲

뱅센 숲

▶ 붉은색으로 표시한 대로와 시 외곽 양쪽에 연접한 큰 공원들은 오스만 시기 조성된 도시 기반 시설이다.

편입된 지역을 동서남북 네 방향으로 연결하고 센Seine 강의 좌우를 연결함으로써 군대의 신속한 투입이 가능하도록 만들었다.

둘째, 상하수도와 녹지체계를 확대 구축함으로써 깨끗한 물과 맑은 공기를 공급했다. 상수도의 경우 오스만이 대개조하기 전에는 약 750킬로미터 길이에 불과했으나 대개조 후 약 1,550킬로미터로 두 배가량 확장되었다. 하수도 역시 대개조 초기인 1854년 약 160킬로미터 길이에 불과했으나 대개조가 한창이던 1870년 약 540킬로미터로 세 배 이상 확대되었다. 도시의 서쪽과 동쪽 끝에 자리 잡은 불로뉴 Boulogne 숲과 뱅센Vincennes 숲은 대규모 공원으로 정비되었으며 도심 곳곳에 많은 공원들이 조성되었다.

셋째, 공공건물이 정비되었다. 기차역, 병원, 구청 및 청사, 학교, 교

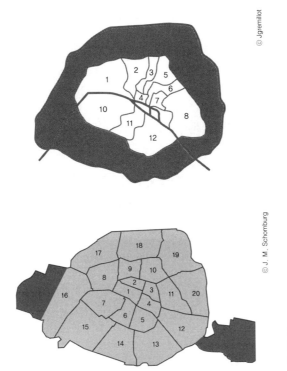

▶ 1860년 파리 시로 편입된 성곽
안쪽 붉은색으로 표시한 8개구(위)와
현재의 파리 경계 및 20개구(아래).

회 그리고 센 강의 다리가 신축되거나 증축되었다. 오늘날 파리에서
보는 아름다운 공공건물의 상당수는 대개조의 결과물이다.

　넷째, 오늘날의 파리 시 경계를 확정지었다. 1860년 이전의 파리는
오늘날 파리의 절반 정도 크기에 불과했다. 이전에는 18세기 말에 지
은 성곽의 경계를 1859년까지 고수했다. 1840년대 새로운 성곽이 기
존 성곽으로부터 10킬로미터 정도 이격된 위치에 건설되었지만 도시
영역을 확장하기 위해서라기보다는 군사적인 용도 때문이었다. 하지

만 파리 대개조를 진행하는 과정에서 기존 도시 외곽과 새로 지어진 성곽 사이의 소읍 여덟 곳을 흡수했고, 그 결과 1860년 1월 1일 20개의 구區, arrondissement로 이루어진 오늘날의 파리 시 경계와 행정구역이 확정되었다.

다섯째, 오늘날 파리의 아름다운 도시경관을 만들어냈다. 오스만은 대로변을 중심으로 공공 공간과 건물의 위치와 형태에 대한 규정을 만들어냄으로써 통일감 있는 도시경관을 만들어냈다. 대로 교차점에 대규모 광장을 조성하고 경관 계획의 일환으로 도심에 기념비monument를 세우는 바람에 일부 건축물을 철거하기도 했다. 또한 대로변 위주로 건물의 높이와 형태, 가로와의 이격 거리, 입면, 재료 등에 관한 규정을 만들어 통일감 있는 도시경관을 만들어내는 데 적극 활용하였다. 예를 들어 폭이 20미터 이상 되는 도로에 접한 건물의 높이는 20미터 이하로 제한되었으며 지붕은 45도 각도의 망사드 지붕Mansard roof으로 통일되었다. 오늘날 파리 도심의 도로변 건물에서 다락방을 쉽게 발견할 수 있는 이유다. 또한 이웃하는 건물의 구조와 파사드Facade(건물의 주요 입면, 즉 정면)를 통일시켰다. 모든 층은 내력벽 구조로 가로(도로)와 수평하게 배치하며 2층에는 발코니를 설치해야 했다. 반면 3, 4층은 발코니를 설치하지 않더라도 같은 스타일의 다소 단순한 창호의 석재 프레임으로 장식했다. 또한 5층은 장식이 없는 발코니를 설치하며 망사드 지붕에는 지붕창을 냈다. 그리고 건물의 주요 마감은 석재로 한정되었다. 결과적으로 건물은 발코니나 코니스cornice[5]를 통해 연속된

---

5 서양 고전 건축에서 처마 끝의 돌출 부위를 의미했으나 후대로 오면서 벽면 상단에 돌출된 장식 돌림띠를 지칭하게 되었다. 코니스는 빗물로부터 벽면을 보호하는 역할을 하며 층고가 높은 건축물의 경우 벽면에 시각적 안정감을 준다.

▶ 재료와 지붕 형태 그리고 발코니 라인의 일치로 대로의 건물들은 질서정연한 도시경관을 연출한다. ⓒ Thierry Bzécourt

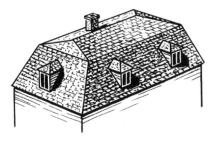

▶ 망사드 지붕은 서양의 근세 건축에서 발견되는 2단 경사 지붕으로, 하단이 급경사, 상단이 완경사이다. 완만한 경사의 지붕을 특징으로 하는 망사드 지붕은 천장이 충분히 높기 때문에 다락방을 만들기에 상당히 유리하다.

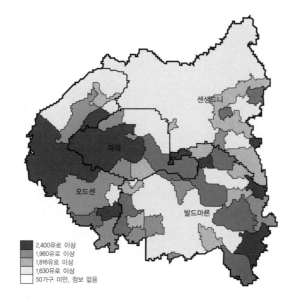

출처: Insee-DGFIP, revenus fiscaux localises des menages 2010.

▶ 2010년 현재 파리와 교외 지역의 연평균 임금수준을 보여주는 다이어그램. 빈곤층이 몰려 있는 북동쪽의 교외 지역은 2005년 프랑스 폭동의 근원지였다.

도시경관을 창출하게 되었다. 이렇게 건축을 개별 오브제가 아닌 도시
경관 요소로 활용하여 통일감 있는 도시 풍경을 만들어냄으로써 오스
만은 오늘날의 파리를 만들어냈다.

　이렇듯 파리는 대개조를 통하여 깨끗하고 편리하며 아름다운 도시
로 거듭났다. 하지만 파리 전체가 대개조의 혜택을 받은 것은 아니었
다. 도시의 서쪽과 중심부에는 상하수도 설치가 집중된 반면 동쪽과
주변부는 상하수도가 부분적으로만 설치되었다. 또한 대개조 기간 동
안 정부는 도심의 노동자 밀집 주거 공간을 대로와 공공건물 신축의

이유로 수용, 철거하는 등 도심의 부동산을 대대적으로 흡수하였다. 그리고 그 자리에는 고급 주택과 고급 상점이 들어섰다. 그 결과 투기가 횡행했고 정비가 이루어진 지역 주변의 수용되지 않은 토지의 가격까지 급등했다. 결국 도심에 거주하던 노동자들은 비싼 임대료를 감당하지 못해 외곽으로 밀려났다. 이들 중 일부는 1860년 새롭게 시로 편입된 주변부 구區 가운데 부르주아가 살던 16구와 17구를 뺀 12구부터 20구까지, 즉 서쪽을 제외한 파리 도심 외곽으로 몰려들었다. 그리고 이마저도 감당하기 힘든 빈민 계층은 성벽 외곽의 공터에 무허가 판자촌으로 주거 문제를 해결하게 된다. 그 결과 대개조 이전에 한 건물에 같이 살던 노동자, 부르주아, 학생 들은 대개조 이후 소득수준에 맞는 공간으로 분리 배치된다.[6] 공간은 크게 부유한 도심과 서쪽 그리고 가난한 동쪽과 주변부로 나뉘었는데 이는 오늘날 파리가 계층에 따라 동서 혹은 중심 대 주변으로 양분되는 출발점이 된다.[7]

정리하자면 파리 대개조는 군중을 효과적으로 컨트롤하기 위한 군사적인 목적과 경관, 위생 개선 등의 복합적인 이유로 진행되었으며 그 결과 오늘날 깨끗하고 아름다운 파리가 탄생하였다. 하지만 계층 간의 공간적 분리라는 씨앗을 심게 됨으로써 훗날 사회적 갈등의 단초를 제공하게 된다.

---

6 실제 오스만의 파리 대개조 이전에는 한 건물에 다양한 계층이 거주했다. 상업 가로에 위치한 건물의 경우 1층은 상가로 쓰였으며, 귀족과 중산층은 2층에 그리고 하인과 노동자, 수공업자 들은 3, 4층에 살았다. 그리고 전망이 좋은 맨 위층은 가난한 예술가들이 살았다. 엘리베이터가 없던 시절에는 경제력이 높을수록 땅에 가까이 살았다.

7 이 시기 파리 동쪽과 주변부의 구(서쪽의 16, 17구 제외)는 파리 중심에 비해 오스만의 도시 정비 혜택을 덜 받았다. 그 덕분에 '도시 보존'으로부터 상대적으로 자유로워졌다. 오늘날 파리 주변부와 동쪽의 구에서 도시 교외 지역에서나 볼법한 무미건조한 대규모 아파트들을 쉽게 발견할 수 있는 이유다.

파리의 성장, 그리고 방리외[8]

오스만의 파리 대개조는 파리 방리외(교외 지역)의 성장을 촉진했다. 이 유는 크게 두 가지였다. 도심과 교외 지역을 연결하는 교통 체계 구축 으로 이동이 용이해졌다는 것과 상대적으로 낮은 토지 가격 덕분이었 다. 그 결과 1895년부터 1905년까지 교외 지역에서 기업이 집중적으 로 창설되었으며 파리 중심가의 기업 역시 교외로 몰려들게 되었다. 파리 교외 지역이 산업 지구로 성장하기 시작한 것이다.

제1, 2차 세계대전을 거치며 교외 지역의 산업은 비약적으로 발전하 게 된다. 전쟁 동안 기술이 발달하고 종전 후 폐허가 된 도시를 재건하 기 위해 더욱 많은 산업 활동이 요구되었기 때문이다. 그 결과 1920년 대 중반까지 대규모 공장이 교외 지역에 신설되고 기존의 공장 역시 증설된다. 연이은 전쟁과 1930년대 공황의 영향으로 잠시 경제활동이 위축되기도 하였으나 전후 빠른 경제 회복으로 교외 지역의 산업은 급 속히 성장하게 된다. 결과적으로 교외 지역은 양차 세계대전을 거치면 서 산업 공단으로 확실히 자리매김하게 되었다. 반면 파리 도심은 공 장 이전으로 본사만 남게 되며 탈산업화를 통한 상업화의 길을 걷게 된다. 이렇듯 20세기 전반 파리는 도심과 교외의 역할이 '산업' 대 '상 업'으로 양분화되는 시기였다.

하지만 역할 분리는 산업화의 진전과 더불어 부작용을 낳는다. 시간

---

8 방리외Banlieue는 기본적으로 교외 지역을 의미하며 크게 산업 방리외와 부르주아 방리외가 있다. 산 업 방리외가 산업혁명으로 형성된 노동자 중심의 교외 지역이라면 부르주아 방리외는 제1, 2차 세계 대전 사이 파리나 산업 방리외가 아닌 교외 지역에서 전원생활을 누리고자 했던 부유층의 별장 건 설로 이루어졌다. 현재 방리외는 보통 산업 방리외를 지칭하며 저소득 이민 계층이 모여 사는 위험 하고 낙후된 교외 지역을 상징한다. 이렇듯 방리외는 현재 매우 부정적인 의미로 더 많이 쓰인다.

▶ 파리 북동쪽에 위치한 방리외 클리시수부아Clichy sous Bois. 파리의 매력적인 도시경관 대신 무표정한 공동주택의 풍경이 펼쳐진다.

이 지남에 따라 교외 지역의 산업 지구화가 가속화되고 그 결과 산업의 과도한 집중이라는 문제가 발생하게 된 것이다. 그리고 이를 해결하고자 정부가 개입하였다. 정부는 1955년 이후 교외 지역의 공장(기업) 이전을 장려하였으며 1963년부터는 공장 이전에 필요한 재정적 지원을 하는 한편 교외 지역의 공장 확장과 신규 공장 설립을 제한하였다. 그 결과 1954년에서 1980년 사이 3,500여 개의 기업이 지방으로 이전하고 약 20만 명이 일자리를 잃게 된다(이들 중 10퍼센트는 이전하는 기업을 따라 지방으로 이주하였다). 하지만 이 시기 교외 지역의 일자리 감소는 정부 조치 결과만은 아니었다. 20세기 후반 진전된 '탈산업화' 역시 기존 공장을 파산과 폐업으로 몰아가며 실업자를 대량으로 양산해냈다. 그 바람에 20세기 중반부터 교외 지역의 노동인구가 꾸준히 감소한다. 이는 통계를 통해서 쉽게 유추해볼 수 있다. 1931년 파리 수도권의 노동인구는 48.2퍼센트에 육박했으나 1954년 24.7퍼센트, 그리고 1975년에는 19퍼센트로 현저히 감소했다. 하지만 교외 지역 인구는 줄어들지 않았다. 일자리는 줄어들었지만 인구는 오히려 증가했다. 저소득 계층의 인구 유입 때문이었다. 생활 기반이 없는 빈곤층과 이주민이 파리보다 생활비가 저렴한 곳을 찾아 몰려들면서 교외 지역의 인구가 증가한 것이었다. 특히 20세기 중반부터 대거 유입된 이주민들이 교외 지역에 정착하며 교외 지역은 인구 증가뿐만 아니라 인종 구성에 있어서도 커다란 변화를 맞이하게 된다. 그리고 이는 오늘날 파리가 안고 있는 사회 갈등의 단초가 된다.

아프리카 그리고 방리외

프랑스 최대의 이민 집단은 북아프리카계 무슬림이다. 2007년 현재 프랑스 이민자는 약 525만 명인데 이 가운데 알제리, 모로코, 튀니지로 이루어진 마그레브[9]의 3국 출신이 약 30퍼센트를 차지한다. 이민 2, 3세대와 불법 이민자까지 포함하면 마그레브 무슬림은 프랑스 전체 인구의 약 10퍼센트에 해당하는 600만 명에 이를 것으로 추정된다. 여기에 흑아프리카[10] 이민자까지 합하면 아프리카계 이민자는 프랑스

---

9 Maghreb는 아랍어로 '해가 지는 지역' 또는 '서쪽'이란 뜻으로 이슬람 문명권의 서쪽 지역을 뜻한다. 보통 북아프리카 지역, 즉 모로코, 알제리, 튀니지를 아우르는 지역을 지칭한다.

10 흑아프리카Black Africa는 사하라Sahara 사막 이남 아프리카 지역을 지칭한다. 보통 아랍권의 북아프리카와 구별하기 위해 쓰인다.

전체 이민 인구의 약 42퍼센트[11]를 차지한다. 이렇듯 아프리카계 이민자들이 이민 사회에서 차지하는 비중은 절대적이다.

아프리카계 이민자들이 프랑스에 이렇게 많은 이유는 무엇일까? 국민의 82퍼센트가 가톨릭 신자인 프랑스에 북아프리카계 무슬림 인구가 대거 유입된 이유는 무엇일까? 프랑스 경제사에서 그 답을 찾을 수 있다.

제2차 세계대전 이후 1970년대 중반까지 프랑스 경제는 폭발적으로 성장한다. 이것이 바로 그들이 얘기하는 '영광의 30년les Trente Glorieuses' 이다. 이 시기 프랑스 정부는 부족한 노동력을 보충하기 위해 옛 식민지인 북아프리카 마그레브와 흑아프리카 출신 이민자들을 대거 유입하게 된다.[12] 그리고 이들은 급속한 경제 성장기에 저임금으로 3DDirty, Dangerous, Difficult 업종에 종사하며 프랑스 경제성장에 큰 기여를 하게 된다.[13]

하지만 1973년의 석유 위기로 유럽 경제가 경기 침체와 높은 실업률에 시달리며 이들 역시 일자리를 잃게 된다. 이와 더불어 탈산업화에서 첨단산업화로 산업 구도가 바뀌면서 저임금 노동자들의 일자리 역시 점점 감소하게 된다. 이에 1974년 프랑스 정부는 공식적으로 노동 이민 중단 조치를 내리게 된다.[14] 하지만 북아프리카계 이주민들의

---

11 프랑스 사회의 유럽 출신 이민자 비중 역시 40퍼센트대로 아프리카 출신 이민자 비중과 비슷한 수준이지만 사회적 약자라는 관점에서 아프리카 출신 이민자의 존재감이 더욱 무겁게 다가온다.

12 1968년부터 1975년 사이 새로 유입된 이민 인구의 73퍼센트는 아프리카 출신이었다. 그 결과 1946년 외국인 인구 비중의 2.3퍼센트에 불과하던 북아프리카 마그리브계 이민 인구는 1975년 35퍼센트로 급증한다.

13 이들은 임금이 낮고 위험수위가 높으며 내국인들이 꺼려 하는 일들을 하였으며 주로 중공업, 광산, 건설 같은 분야에 종사하였다.

14 1974년 공식적인 경제 이민(노동 이민)은 차단되었으나 정치 이민과 정치, 종교, 인종 등의 이유로

유입은 멈추지 않았다. 이들은 여전히 친지 자격[15]이나 불법으로 프랑스로 건너오고 있으며 그 규모만 연간 10만 명에서 15만 명에 이른다. 그리고 이들 중 상당수는 실업자로 전락한다. 그 결과 2005년 현재 북아프리카계 이민자 사회의 실업률은 프랑스 평균의 세 배가 넘는 30퍼센트에 육박하게 되었다. 또한 빈곤율 역시 30퍼센트 수준에 이르게 되었는데, 이는 8.3퍼센트의 유럽 출신 이민자 빈곤율과 5.1퍼센트의 비이주민 빈곤율과 비교하면 상당히 높은 수치다. 이렇듯 오늘날 북아프리카계 이민자들은 프랑스의 평균을 훨씬 상회하는 높은 실업률과 빈곤율 속에서 산업 일꾼에서 잉여 인력으로 전락했다.

지속적인 이주로 잉여 인력이 되어가는 이민자들의 최대 정착지는 메트로 파리다. 프랑스로 이주하는 외국인의 3분의 1은 파리에, 3분의 1은 파리 교외 지역에 정착한다. 앞서 언급한 것처럼 프랑스 역시 우리와 비슷하게 수도권의 경제 집중도가 높기 때문이다.[16] 메트로 파리로의 이민 집중도가 높은 이유다. 메트로 파리로 유입되는 이주민의 정착지는 크게 두 갈래로 나뉜다. 유럽의 백인들이 파리 도심에 정착하는 반면 저임금 업종에 종사하는 아프리카계 위주의 유색

박해를 피해 비호 신청(난민 지위 신청)이 가능했기에 실질적인 경제 이민의 길이 완전히 차단된 것은 아니었다. 하지만 1980년대 이후 프랑스 정부가 기존 이민자들에 대해서는 '통합' 그리고 새로운 외국인 인구 유입에 대해서는 '통제'의 원칙을 공고히 하며 공식적인 경제 이민의 기회는 상당히 줄어들었다.

15 '영광의 30년' 시기에 프랑스에 유입된 노동인구는 대부분 본국에 가족을 두고 온 젊은 독신 남성들이었지만 이들은 프랑스 정부의 가족 재결합 정책Regroupement familial에 따라 합법적으로 본국 가족을 불러들일 수 있었다. 그 결과 마그리브계 이민자 중 여성과 아동의 비중이 꾸준히 증가하게 되었다.

16 메트로 파리는 프랑스 전체 면적의 0.25퍼센트를 차지할 뿐이지만 전체 인구의 약 6분의 1이 살고 있으며 프랑스 전체 GDP의 약 30퍼센트를 차지한다.

인종은 보통 교외 지역에 정착한다. 정리하자면 파리의 방리외는 높은 실업률과 빈곤율에 시달리는 아프리카계 위주의 유색인종이 집중된 지역으로 사회, 공간적으로 그리고 경제적으로 고립된 곳이라 할 수 있다.

모더니즘의 실험, 그랑앙상블

앞에서 살펴본 바와 같이 프랑스의 대도시권 인구는 산업화와 '영광의 30년'을 거쳐 대폭 증가하게 된다. 이 시기에는 해외 이주민뿐만 아니라 많은 농촌인구 역시 도시로 몰려들었는데 1953년부터 1968년까지 약 200만 명의 농촌인구가 도시로 유입되었다.

도시인구의 급속한 증가는 늘 주거 문제를 수반하기 나름이다. 더군다나 프랑스는 제2차 세계대전 이후 다른 유럽 국가에 비해 상대적으로 더욱 심각한 주택 공급 부족을 겪고 있던 차였다. 이를 해결하고자 프랑스 정부는 1950년대부터 주로 방리외에 공공서민임대아파트 Habitation à Loyer Modéré를 대량으로 보급하기 시작한다. 이를 그랑앙상블 Grand Ensemble이라 부른다.

그랑앙상블에 대한 정의는 조금씩 다르나 보통 1950년대 중반부터 1970년대 중반까지 파리를 비롯한 도시 근교에 건설된 대규모 공공임대주택 단지[17]를 지칭한다. 그랑앙상블은 주택 부족에 대한 정책적 대

---

17 방리외의 대규모 공공임대주택 단지는 우리나라의 아파트 단지와 매우 비슷한 모습이지만 담장이 없다. 이는 서구의 대규모 아파트 단지의 공통적인 특징이기도 하다.

응이라는 점과 더불어 모더니즘 도시, 건축의 실험이라는 의미를 동시에 지닌다.

20세기 모더니즘 건축의 거장 르코르뷔지에[18]는 1935년에 발표한 《빛나는 도시계획안*La Ville radieuse*》에서 유토피아적이고 계몽주의적인 도시의 미래상을 제시한다. 그가 주장한 도시계획은 기능에 의해 명쾌하게 분리되는 영역zoning과 효율성을 중시하는 보차분리의 도로 체계와 규격module화된 고층 빌딩을 그 특징으로 하며 대량생산에 유리한 건축양식을 실현 수단으로 삼는다. 그리고 그의 주장은 곧 20세기 도시계획과 건축을 지배하게 되었다.

르코르뷔지에는 파리 역시 새로운 시대정신으로 전면 재개발되어야 한다고 주장하였다. 그는 직교 체계의 대로와 넓은 오픈스페이스 위의 고층 오피스와 아파트로 대표되는 파리의 새로운 모습을 제안하였다. 하지만 그의 주장은 역사 보존을 중시하는 파리(프랑스)에서는 실현 불가능한 것이었다. 다행히 실현 가능한 곳이 있었으니 그곳이 바로 방리외였다. 방리외는 파리 도심과 달리 개발이 용이한 곳이었다. 보존해야 할 역사적 건축물도 찾기 힘들었지만 오스만이 만들어놓은 규제로부터 자유로운 곳이기도 했다. 또한 결정적으로 지가가 낮았다. 저렴한 비용으로 신속하게 주거 시설을 공급하기에 최적이었다.

정부는 르코르뷔지에로 대표되는 새로운 도시, 건축의 패러다임을 방리외에 적용하기로 했다. 결과물은 그랑앙상블이다. 그랑앙상블은 크게 두 가지 측면에서 르코르뷔지에의 주택단지 모델을 수용했다. 첫

18 르코르뷔지에Le corbusier(1887~1965)는 스위스 태생의 프랑스 건축가로 미국의 프랭크 로이드 라이트Frank Lloyd Wright(1867~1959)와 미스 반데어로에Mies van der Rohe(1886~1969)와 더불어 20세기 3대 건축가로 손꼽히는 인물이다.

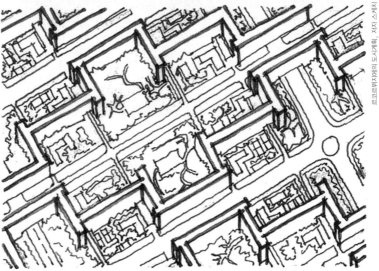

르코르뷔지에의 도시계획, 저자 스케치

▶ 전형적인 그랑앙상블의 모습(위)과 1922년 근대건축의 거장 르코르뷔지에가 제안한 '300만 인을 위한 도시계획'의 공동주택 개념(아래). 이 둘은 효율적인 주택 공급이라는 장점과 넓은 오픈스페이스 위에 세워진 획일적이고 무표정한 공동주택이라는 모습을 공유한다.

© Hilton Teper

▶ 미국 미주리Missouri 주 세인트루이스St. Louis에 위치한 대규모 공동주택 단지 푸루이트이고에Pruit-Igoe(위)와 네덜란드 암스테르담Amsterdam 근교에 위치한 대규모 공동주택 베일메르메이르Bijlmermeer 단지(아래) 그리고 대한민국 분당 신도시의 아파트 단지(오른쪽). 1956년 완공된 푸루이트이고에는 완공 후 얼마 지나지 않아 범죄로 가득 찬 게토ghetto로 전락했다. 그리고 1972년 TV로 생중계되는 가운데 폭파 철거되었다. 1970년대 초 완공된 베일메르메이르 단지 역시 완공 후 얼마 지나지 않아 범죄로 가득 찬 게토로 전락하며 저소득 유색 이민자의 동네가 되었다. 현재 베일메르메이르 단지는 1990년대 이후 시작된 철거로 대단위 아파트의 절반 이상이 단독주택과 저층형 아파트로 바뀌며 치안과 생활환경이 일부 개선되었다. 이렇듯 르코르뷔지에의 정신을 계승한 대규모 아파트 단지의 실험은 제2차 세계대전 후 세계 곳곳에서 이루어졌지만 결과는 사뭇 달랐다. 주로 1960, 70년대 교외 지역에 공공 주택으로 지어진 서구의 대단위 아파트 단지는(공산주의 시절에는 동베를린을 비롯한 동유럽 도시 안에도 대단위 아파트가 지어졌다) 실패한 반면 한국의 아파트 단지는 전 국토를 도배하며 일반적인 국민 주거 양식으로 자리 잡는 데 성공했다. 참고로 서구의 대규모 공동주택 단지는 현재 상당수가 재생 절차를 밟고 있다.

째, 대량생산에 유리한 모듈화로 대규모 주택단지를 건설했으며 둘째, 획일적인 모습을 한 주택단지이지만 다양한 계층이 어울려 살 수 있도록 소득수준과 가족 구성원의 특성을 고려해 다양한 단위 세대와 주동(여러 세대가 모여 건물과 같은 단위를 구성하는 것)을 혼합 계획했다는 것이다. 다시 말해 동일하게 반복되는 거대한 주거 단지의 모습을 하고는 있지만 주동과 내부 세대의 다양화로 주거 단지, 크게는 도시화 우선 지구[19] 내에서 다양한 계층 간의 융화를 의도한 것이었다.

하지만 오늘날 그랑앙상블은 빈곤과 범죄가 끊이지 않는 슬럼으로 전락했다. 그랑앙상블은 원래 다양한 계층의 사람이 어울려 살도록 계획되었지만 현재는 빈곤층만 남으면서 사회 융합에 실패했다. 그리고

---

19 프랑스 정부는 1958년부터 1970년대 초까지 도시 외곽을 중심으로 198개의 도시화 우선 지구 Zone à Urbaniser en Priorité를 지정하여 대량 주택 공급을 추진했다. 참고로 도시화 우선 지구는 주택 8,000호에서 1만 호 사이의 규모로 사실상 신도시 규모였다.

빈곤(이민)층의 집중은 곧 범죄의 집중으로 이어졌다.[20] 결과적으로 오늘날 그랑앙상블과 그랑앙상블로 대변되는 방리외는 범죄가 끊이지 않는 위험하고 가난한 지역으로 인식되며 프랑스 사회의 심각한 사회 문제로 인식되고 있다. 그렇다면 그랑앙상블(방리외)은 어떻게 빈곤과 범죄의 상징으로 전락한 것일까?

소외의 상징, 그랑앙상블

그랑앙상블은 1950년대 중반부터 1970년대 초까지 프랑스 전역에 약 220만 호 규모로 공급되었다. 이는 속도와 규모 그리고 획일화된 대단위 아파트의 공급이라는 면에서 우리가 노태우 정부 시절 추진했던 주택 200만 호 건설과 매우 닮았다. 그랑앙상블 역시 우리의 신도시처럼 건설 드라이브 정책의 결과였던 것이다.[21] 하지만 결과는 매우 달랐다. 그 이유는 대략 세 가지 정도로 설명이 가능할 것 같다.

첫째, 임대주택만으로 사회적 융합을 이루기에는 그 한계가 분명했다. 그랑앙상블은 정부가 도시 외곽에 지정한 도시화 우선 지구라는

---

20 1990년을 전후로 저소득 이민층 밀집 구역에서 차량 방화, 건물 훼손 및 공권력에 대한 폭력 등의 범죄가 타 지역에 비해 자주 발생했다. 참고로 1999년 당시 빈민 이민층이 밀집한 방리외의 인구 1,000명당 범죄 발생 건수는 68건으로 프랑스 전체 1,000명당 범죄 발생 건수인 47.3건에 비해 월등히 높은 수치를 보였다.

21 노태우 정권은 1988년 9월 200만 호 주택 건설을 구체화해 1기 신도시 건설 계획을 발표하였으며, 1991년 8월 214만 호라는 주택 건설 실적으로 사업을 종료하였다. 경이적인 기록이었다. 이렇듯 그랑앙상블과 노태우 정권의 200만 호 건설은 시행 시기나 시행 기간이 서로 상이하였지만 단기간에 이룬 의도적인 대규모 주택 공급이라는 공통점이 있다. 또한 부실 공사로 인한 주거 환경의 안전과 품질 문제 같은 부정적인 결과 역시 이들의 공통점이다.

택지 안에 사회적 융합을 목표로 대량 공급되었다. 앞서 언급한 것처럼 겉모습은 거의 같았지만 꽤 다양한 주거 유형이 함께 공급된 것이다. 그 결과 극빈층을 대상으로 한 공공임대주택부터 중산층을 대상으로 한 공공임대주택 및 공공분양주택까지 소득수준에 맞추어 다양한 형식의 임대주택이 지구 안에 혼합되었으며 같은 주동 안에서도 가족 구성에 따라 다양한 세대가 혼합 배치되었다.

하지만 공공 주택이라는 범위 내에서 이루어진 사회적 융합은 그 한계가 분명했다. 그곳에 중상층은 없었다. 다양화를 추구했지만 공공 주택이라는 단일한 형식은 일정 소득수준 이하의 사람들을 위한 주거 공간일 뿐이었다. 이는 한국의 신도시에 지어진 아파트와 비교할 때 극명히 대조되는 부분이다. 민간이 주도해 공급한 한국 신도시의 아파트는 오늘날 신도시를 중산층 이상의 다양한 계층이 거주하는 곳으로 만들었다.[22] 이 덕분에 한국의 신도시는 대부분 중산층 이상의 사람들로 채워졌다. 이렇듯 공급 주체의 차이로 인하여 한국의 신도시는 일정 소득수준 이상의 계층으로 채워진 반면 그랑앙상블은 일정 소득수준 이하의 계층으로 채워졌다.

사람들은 누구나 계층 상승의 욕구를 가지고 있다. 그리고 계층 간의 적정한 거리를 통하여 신분을 확인하고 싶어 한다. 하지만 그랑앙상블에 거주하는 중산층은 계층 상승을 위해서는 그곳에서 나와야만 했다(그렇다고 중산층이 빠져나간 자리를 다른 중산층이 메꾸어줄 수 있는 상황이 아니었다. 이 부분은 뒤에서 자연스럽게 설명될 것이다). 이리 가나 저리 가나 똑같

---

22 노태우 정부 시절 신도시에 공급된 민간 분양 아파트는 중산층 이상을 대상으로 삼았다. 물론 저소득 계층을 위한 공공임대주택이 공급되기는 했으나 소수에 불과했으며 실질적으로 저소득 계층이 장기간 안정적으로 거주 가능한 것도 아니었다.

은 공공 주택뿐이기 때문이다. 반면 한국의 신도시 주민은 계층 상승을 위해 멀리 떠날 필요가 없었다. 좀 더 넓고 고급스러운 인근 아파트로 이사 가면 그만이었다. 그 결과 시간이 지남에 따라 그랑앙상블에는 경제적 이유로 어쩔 수 없이 남아야 하는 사람들만 남게 되었다.

둘째, 빈민 이민 계층의 유입은 그랑앙상블이 곧 게토ghetto라는 이미지를 만들었고 이는 기존 거주민들의 탈출을 유도했다. 1950, 60년대의 공공 주택은 현대화된 주거의 상징으로 떠오르면서 심각한 주택난에 시달리던 중간 소득 계층의 도시 노동자들에게 큰 호응을 얻었다. 주거 만족도 역시 높았다. 하지만 1970년대를 거치며 만족스러웠던 주거 환경은 떠나고 싶은 주거 환경으로 변하기 시작한다. 빈민 계층의 이주민들이 유입되기 시작했기 때문이다.

1970년대 중반까지만 해도 외국인들은 공공 주택에 살 수 없었다. 이민자들에 대한 차별, 특히 북아프리카 출신들에 대한 차별이 존재했기 때문이다. 유색 이민자들은 그때까지 슬럼에 살았다. 유색 이민자들이 공공 주택으로 들어오기 시작한 건 프랑스 정부의 주택정책이 크게 바뀌고 나서부터다.

1970년대 중반 프랑스 정부는 대규모 공공 주택단지 조성을 중단한다. 1960년대 이후 대규모 공공 주택단지가 사회적 융합을 이루어내는 데 실패했다고 인식하면서 주택정책이 바뀐 것이다. 그 대신 공공 주택단지의 중산층에게 민간이 공급한 주택 구매를 장려하기 시작한다. 이를 위해 정부는 저금리 융자 제도와 주택 보조금 제도를 시행했다. 그렇게 중산층은 새로운 주택을 찾아 전원도시로 떠나갔다.

중산층이 떠나간 자리는 슬럼에 머물던 빈민 이민자들로 채워졌다. 그들 대부분은 아프리카계 이민자들이었다. 도시 재생 정책의 일환으로 1970년대 초반 정부가 슬럼을 철거하고 이민자들을 공공 주택으로 흡수하기 시작한 결과였다. 그 결과 경제력을 갖춘 사람들의 탈출이 가속화되며 그랑앙상블은 빈곤층이 머무는 유색인종의 거주지가 되어버렸다. 이는 그랑앙상블에 대한 인식을 악화시키며 그랑앙상블은 곧 '범죄'와 '빈곤'의 근원이라는 낙인 효과stigma effect를 만들어냈다.

셋째, 그랑앙상블은 프랑스 사람들이 선호하는 주거 양식이 아니었다. 특히 중상층 이상의 계층은 그랑앙상블을 혐오스러운 주거 양식으로 인식했다. 그랑앙상블을 공급하던 초기에 도시 노동자 계층이 주거 환경에 만족했던 것은 주택난에 시달리던 상황에서 현대화된 주거 환경을 제공받았기 때문이었다. 실제로 그랑앙상블에 입주한 사람들 대부분은 대규모 주택단지의 획일화된 모습과 고밀도 공간계획으로 인한 프라이버시 침해를 싫어했다.

이는 한국의 아파트와 극명하게 대조되는 부분이다. 전후 현대화(서구화)의 상징으로 도심과 교외 지역 할 것 없이 전 국토를 도배한 한국의 아파트는 공급 초기 현대화라는 관점에서 더 좋은 비교 대상의 주택이 없었을 뿐만 아니라 그 후 공급이 확대되는 과정에서도 '다름'보다는 '같음'을 추구하는 병영적 사회 문화로 인하여 빈부를 뛰어넘어 국민들의 절대적인 지지를 받았다.[23] 반면 그랑앙상블은 주로 교외 지

---

23 이 외에도 한국의 아파트가 서구와 달리 절대적인 인기를 얻게 된 이유를 몇 가지 더 언급할 수 있다. 첫째, 한국의 경우 서구와 달리 아파트에 대한 선행 학습이 없었다. 20세기 유토피아적 모더니즘에 힘입은 대단위 아파트라는 실험은 제2차 세계대전 후 주택 부족이라는 이유로 서구 곳곳에서 행해졌지만 18세기 산업혁명 시기에 등장한 열악한 공동주택(근대적 의미의 아파트)의 기억 덕분에 서구 세계에서의 아파트 실험은 한계를 가질 수밖에 없었다. 다시 말해 아파트란 곧 '열악한 도시 노동자 주택'이라는 인식 덕분에 20세기 서구 사회의 아파트 실험은 한계를 가질 수밖에 없었다는 얘기다(실제로도 제2차 세계대전 후 서구에서 공급된 대단위 아파트의 상당수는 도시 노동자를 위한 것이었다). 반면 한국의 경우 아파트를 부정적으로 경험한 바가 없었기에 6·25전쟁 후 아파트를 '현

역에 지어짐으로써 아름다운 역사 경관을 간직한 도심과 극명한 대조를 이루었다.[24] 당연히 역사 경관을 끔찍이 사랑하는 프랑스 사람들에게 그랑앙상블이 인기를 얻기란 불가능에 가까웠다. 또한 '같음'보다는 '다름'을 선호하는 서구의 주거 문화 역시 그랑앙상블에 대한 거부감을 불러왔다. 이는 서구 사회의 대단지 아파트가 주로 공공 주택으로서 공급되어온 사실만 보더라도 쉽게 이해할 수 있는 대목이다. 서구 사회에서 대단지 아파트가 인기를 끌었더라면 분명 민간 공급이 활성화되었을 것이다. 하지만 서구 사회 어디에서도 민간 공급의 대단지 아파트를 찾아보기란 쉽지 않다.[25]

이렇듯 서민을 위해 보급된 그랑앙상블은 새 시대의 새로운 주거 양

대화'라는 수단이자 이미지로 받아들이기가 훨씬 수월했다. 둘째, 한국의 아파트는 다른 주거 형식에 비해 생활환경 면에서 비교 우위를 점하고 있다. 예를 들어 고층의 배타적 단지 형식이 제공하는 기반 시설(부대시설과 넓은 조경 공간)과 서비스 면적(발코니)은 다세대나 다가구 주택이 갖기 힘든, 다시 말해 아파트만이 가질 수 있는 장점이다. 또한 폐쇄적 단지 형식에 기반한 이중 삼중의 보안 시스템과 빈번한 주택가 교통사고로부터 자유로운 점 역시 아파트만이 가질 수 있는 장점들이다. 셋째 한국은 아파트 도입 시기 파리와 달리 새것(아파트)에 대응할 오래된 것(개량 한옥이 아닌 전통 한옥)의 존재가 미약했다. 오래된 것이 없을 때는 최신의 것이 사랑받기 마련이다. 이렇듯 한국의 아파트(정확히는 아파트 단지)가 절대적 인기를 누리는 데에는 심리적 요인부터 실용적 요인까지 복합적인 이유가 작용한 것으로 보인다.

24 누군가는 그랑앙상블이 교외 지역에 지어졌기 때문에 실패했다고 말할지 모르겠다. 서구에서는 대단위 아파트가 대부분 교외 지역에 세워졌고 대부분 실패했다는 사실 때문이다. 하지만 사회주의 시절 도시에 지어진 동베를린의 대단위 아파트들이 통일 후 천대받는다는 사실은(도심 요충지에 위치한 경우에도 마찬가지다) 아파트의 실패가 단순히 도시 대 교외 지역이라는 대립 구도의 결과가 아님을 말해준다.

25 물론 일본처럼 지진이라는 잠재 요소 때문에 대규모 주거 단지를 조성하기 어려운 경우도 있고 유럽의 도심처럼 보존 정책으로 대규모 신축 행위가 구조적으로 어려운 경우도 있다. 그렇다 하더라도 자본주의 체제에서 인기 있는 상품은 어떻게든 뿌리를 내리기 마련이다. 다시 말해 지진과 보존 정책으로부터 자유로운 유럽의 교외 지역과 미국의 도시와 교외 지역 어디에서도 민간 자본이 조성한 그랑앙상블 같은 대규모 주거 단지를 발견하기 어렵다는 사실은 서구인들이 대규모 주거 단지를 좋아하지 않는다는 사실을 입증한다.

식으로 자리매김하지 못하고 1980년대와 1990년대를 거치면서 빈민 계층의 이민자들이 사는 게토로 전락하게 된다. 1990년대 이후 그랑 앙상블은 매년 4,000호 정도가 재개발되어 사라지고는 있지만 그랑앙 상블은 여전히 방리외를 상징하는 '소외'의 상징으로 남아 있다.[26]

불편한 진실의 폭발, 방리외 사태

> 자신의 동네가 게토화되고 거기서 벗어날 수 없다고 절망하게 될수록, 게다 가 강경해진 정부의 입장과 강압적인 경찰의 태도를 더 자주 경험할수록 그 들의 거부감과 반항심은 더욱 증폭될 수밖에 없다.
>
> — 에티엔 발리바르·이기라 외, 《공존의 기술》, 37쪽

역사를 돌아보면 소외되고 차별받는 계층은 늘 시한폭탄 같은 존재였 다. 그리고 그 시한폭탄은 어김없이 어디선가 폭발하고 연쇄반응을 일 으켰다. 방리외 역시 예외가 아니었다. 처음으로 폭발한 곳은 파리의 방리외였다. 2005년 10월 27일 파리 교외 지역의 클리시수부아에서 프랑스 전역을 분노와 공포로 가득 채운 비극이 시작된다.

클리시수부아는 파리 외곽 북동부에 위치한 작은 지역commune으로

---

26 프랑스 정부는 1970년대부터 1980년대까지 그랑앙상블에 대한 문제를 해결하고자 리모델링을 시도하여 주거 환경의 물리적 환경을 개선했으나 상황은 달라지지 않았다. 이에 1990년대 이후 부터 철거 및 재개발 방식으로 정책 방향을 전환하고 대규모 공공 주택단지 대신 중소 규모의 공 공 주택을 지역 내에 혼합시키는 방식으로 공급하고 있다. 또한 공급 방식에도 변화의 조짐이 보 인다. 정부는 정부가 단독으로 주도하던 방식 대신 지역 단위로 시민들의 참여를 유도해 민간 개 발사와 행정기관이 시민과 함께 공공 주택을 개발, 공급하는 방식으로 유도하고 있다.

인구는 약 3만 명 정도이며 인구의 대부분은 저소득층 아프리카계 이민자들이다. 특징으로는 부실한 도시 기반 시설과 높은 실업률 때문에 거주민들의 삶에 대한 불만이 상당히 높다는 것이다. 실제 클리시수부아에는 지하철이 없다.[27] 고용 센터, 청소년 복지 회관 같은 생활 기반 시설 역시 부족하다. 또한 2010년 현재 클리시수부아의 노동인구 가운데 4분의 1은 실업수당으로 생계를 유지하며 24세 이하 인구의 3분의 1은 실업 상태다. 한마디로 할 일 없는 청년들이 배회하는 풍경이 일상인 곳이다. 클리시수부아는 여러모로 분노가 가장 먼저 폭발할 만한 장소였다.

분노를 촉발한 사건은 아프리카계 청소년 두 명으로부터 시작되었다. 방리외의 범죄율 증가로 경찰의 단속이 강화될 때쯤 길거리를 배회하던 두 청소년이 경찰로부터 불심검문을 받는다. 경찰에 대한 막연한 두려움으로 달아나기 시작한 두 명의 청소년은 경찰의 추격을 피해 2.5미터 높이의 송전소 담을 넘다가 변압기에 추락해 감전사한다. 이에 항의하는 이민자 집단에게 정부는 강압적 해산 요구라는 강경 대응으로 일관하고 이는 이민자 사회의 분노를 촉발했다.

이민자 사회의 분노는 곧 돌이킬 수 없는 과격한 시위로 번져나가고 거듭되는 강경 대응은 서로 간의 전쟁을 불사하게 만들었다. 그 당시 파리 방리외에서 증가한 범죄, 폭력 사태에 대해 무관용Tolerance Zero 정책을 선언한 내무부 장관 사르코지는 시위대에게 '쓰레기'라는 인종차별적 발언을 함으로써 사태를 악화시켰다. 또 시위를 진압하는 과정에

---

27 클리시수부아는 파리 도심으로부터 15킬로미터밖에 떨어지지 않았지만 대중교통을 이용하면 1시간 반이 소요된다.

서 클리시수부아 지역의 이슬람 사원에 최루탄이 발사되어 무슬림 이민자들의 분노는 극에 달했다. 결과적으로 시위는 파리 교외 지역의 소도시 22곳으로 확산된 후 낭트, 릴Lille, 스트라스부르Strasbourg 같은 지방 대도시를 포함해 전국 약 3,000개 지역으로 확산되었다. 전국의 방리외가 화염과 비명에 휩싸인 것이다.

소요 사태의 결과는 참담했다. 소요 13일째에는 1955년 이후 처음으로 국가비상사태l' Etat d' urgence를 선언[28]하기에 이르렀으나 비극은 거기서 끝나지 않았다. 소요 사태는 3주간 계속되었다. 그 결과 차량 1만 대가 방화 피해를 입고, 경찰과 헌병 등 약 1만 명이 출동하여 3,000명이 방화 및 폭력 혐의로 체포되었다. 정부의 발표에 따르면 방리외 사태는 북아프리카 마그레브 국가와 흑아프리카 출신의 이민 2, 3세대가 주도하였으며 대부분은 14세에서 20세의 청소년들이었다. 이로 인해 이민자 2세대 청년층에 대한 프랑스 사회의 인식은 더욱더 부정적으로 변해갔다.[29]

---

28 프랑스의 국가비상사태는 한국의 비상계엄령과 유사한 개념으로 프랑스 역사에서 해외 영토가 아닌 본토에서 국가비상사태가 선언된 것은 방리외 사태가 처음이었다. 도심 한복판에서 일어난 68혁명 때도 선언되지 않았던 국가비상사태가 교외 지역이라는 한정된 공간에서 발생한 소요를 진압하기 위해 선포되었다는 사실은 프랑스가 저소득 이민층이 주로 거주하는 방리외의 존재를 '포용'보다는 '진압'의 대상으로 배제화시켰다는 의미로 해석된다.

29 사실 방리외의 저소득 이민 계층, 특히 이민 2세인 청년층에 대한 부정적 인식은 2005년에 발생한 방리외 사태 이전부터 형성되었다. 경제 발전이 주춤하던 1980년대 말 이후 언론과 정부는 방리외 청년들을 '도시 폭력'의 주범으로 지목하며 이들에 대한 사회적 인식을 부정적인 방향으로 바꾸어놓았다. 문제는 이러한 인식이 객관적인 근거 없이 형성되었다는 데 있다. 정부와 언론의 주장과 달리 이민자 유입으로 인해 폭력 범죄가 증가했다는 통계 결과는 허구였으며, 이민 2세대의 범죄율에 대한 공식적인 통계는 존재하지도 않았다. 그럼에도 불구하고 정부와 언론이 방리외 청년들을 희생양으로 삼은 이유는 불황으로 인한 높은 실업률과 이민자 사회 통합에 대한 실패의 책임을 돌릴 희생양이 필요했기 때문이다. 그리고 그 결과 정부는 치안 정국이라는 유리한 정치적 패를 손에 쥐게 되었다. 문제는 방리외 청년들을 희생양으로 삼은 치안 통치가 저소득 이민층의 분노를 증가시키며 역으로 이들의 사회적 충돌을 야기하는 데 일조하고 있다는 사실이다.

▶ 2005년 방리외 사태, 이것이 끝이 아니었다. 2007년과 2009년에도 파리 근교에서 소요가 있었다. 그 덕분에 방리외의 이미지는 점점 '폭력'과 '빈곤'으로 굳어져만 간다.

  2005년 방리외 사태는 프랑스 내부의 인종차별주의적인 태도와 방리외의 게토화로 인한 고립감, 낮은 소득수준과 교육 수준 등으로 소외되고 차별받는 집단이 하나의 억울한 사건을 계기로 거칠게 절규한 결과였다. 이에 정부는 방리외를 재생하기 위해 50억 유로를 책정하고 지역 개선 작업에 착수했다. 그 결과 클리시수부아도 조금씩 변해 갔다. 6억 유로가 투입된 2,111실 규모의 공공 주택이 새로이 공급되었으며 버스 노선이 추가되고 여태껏 없던 경찰서가 들어섰다. 하지만

  실제 1990년 이후 발생한 방리외의 크고 작은 소요 사태 중 상당수는 지역 청년들에 대한 경찰의 불심검문과 구타 등의 과잉 대응으로 촉발된 것이었다. 어찌 보면 이 시기 방리외 지역의 범죄율 증가는 낙인 찍기와 치안 정치의 결과물인지도 모르겠다.

방리외의 삶은 크게 달라지지 않았다. 대다수의 이민자들은 여전히 따뜻한 물도 나오지 않고 엘리베이터도 작동하지 않는 버려지다시피 한 그랑앙상블에 거주한다. 또한 청소년들은 기회만 생기면 떠나려는 교사들로 인해 제대로 된 질 높은 교육을 받지 못할뿐더러 직업 센터가 없어 직업교육에 대한 기회마저 갖지 못하고 있는 상황이다.

　방리외 사태 이후 이민자들의 삶은 크게 달라지지 않았지만 프랑스 사회가 이민자를 바라보는 시각은 더욱더 부정적으로 변해갔다. 최근 프랑스 사회는 반이민 정서와 반이슬람 정서가 증폭되는 경향을 보이며 특히 북아프리카 출신 이민자들을 잠재적 범죄자로 보는 위험한 시각을 드러내왔다. 또한 프랑스 사회가 이슬람 문화를 받아들이려는 노력 역시 별 진전이 없어 보인다. 2013년 7월 파리 방리외에서 무슬림 히잡 단속에 대한 반발로 무슬림과 경찰 간의 폭력 사태가 발생한 것이 단적인 예다.[30] 이렇듯 유색 이민자 사회는 경제적으로나 사회 문화적으로나 프랑스 사회에 융화되지 못한 채 곳곳에서 파열음을 내고 있다.

부티크 도시의 풍선 효과

오늘날 방리외가 파리 도심과 완전히 다른 세계가 되어버린 건 왜일

30　무슬림 여성의 히잡 단속은 프랑스 사회에서도 뜨거운 이슈다. 1989년 학교에서 히잡을 착용한 여학생 세 명이 퇴학을 당한 사건부터 2004년 공립학교에서의 히잡 착용 금지가 법제화되기까지 히잡에 대한 논란은 끊이지 않고 있다. 문화에 대한 억압인지 억압에 대한 해방인지 '국가권력'이라는 관점에서 진지한 고민이 필요한 대목이다.

까? 같은 대도시권임에도 불구하고 경제, 문화, 사회적으로 극명한 대립적 구도를 보이는 건 왜일까? 여러 가지 이유가 복합적으로 작용했을 것이다. 높은 실업률, 언어의 문제,[31] 교육제도의 문제, 복지 제도의 문제, 이민정책의 문제, 인종차별에 대한 의식의 문제, 새로운 도시 및 건축의 실패 등등 많은 이유들이 복합적으로 작용한 결과임은 틀림없다. 하지만 이러한 이유는 이민자 문제로 고생하고 있는 다른 유럽국가에서도 공통적으로 거론되는 이야기들이다. 이것만으로는 설명이 부족하다. 유럽 어디서도 찾기 힘들 정도의 심각한 계층 간 분리 현상을 시각적으로 극명하게 보여주는 방리외는 그 현상을 이해하기 위해 뭔가 다른 이유 하나가 더 필요해 보인다.

파리는 박제된 도시다. 시간이 지남에 따라 도시의 경계가 확장되고 적정 규모의 옛 건물이 새로운 건물로 대체되며 도시가 성장하는 것이 보통 우리가 알고 있는 도시의 역사이자 모습이다. 하지만 파리는 오스만 시절 이후 그 모습이 거의 변하지 않았다. 20세기 동안 급격한 경제성장을 이루어냈음에도 불구하고 시 외곽의 구(1860년 새로이 시로 편입된 8개의 구) 일부와 교외 지역에 인구가 늘어나고 새로운 건축물이 들어섰을 뿐 대부분 옛 모습 그대로다. 파리시는 1860년에 확정한 시 경계를 그대로 유지하고 있으며 시내 건축물은 보존이라는 틀 안에서 신축이 거의 허용되지 않았다. 한 마디로 경제 규모에 어울리지 않는 작은 도시의 모습을 간직하고 있는 것이다.

이는 우리의 서울과 비교할 때 더욱 극명해진다. 급속한 경제성장과 더불어 1960년대 이후 지속적으로 그 경계를 확장해온 서울은 시내

---

31 방리외에는 프랑스어를 구사하지 못하는 이민 2세가 꽤 있다.

▶ 파리 시 남단에 위치한 외곽순환도로 켈러만Boulevard Kellermann에서 본 옛 성곽 부지와 교외 지역. 대규모 아파트 건물과 대형 경기장이 보인다. 이렇듯 옛 성곽 부지는 1920년 성곽 해체 이후 파리 도심보다는 교외 지역에 가까운 모습으로 채워졌다. ⓒ Thierry Bézecourt

중심은 물론 시내 구석구석을 신축 건물로 채웠다. 강북으로부터 강남으로, 그리고 강서, 강동으로 꾸준히 그 영역을 확장하며 고층 아파트와 빌딩으로 시내 전역을 끊임없이 채워온 것이다. 심지어는 보존 가치가 명백한 건물들도 미련 없이 때려 부수며 새 건물로 서울을 채워왔다. 이렇게 서울은 경제 발전과 현대화라는 욕망이자 결과를 도시를 통해 끊임없이 업데이트해왔다.

20세기 서울이 확장과 변신을 거듭하는 동안 파리는 아주 작은 변화만 허용했다. 그럴 수밖에 없는 것이 1860년 확정된 시 경계가 지금까지 면面적인 확장을 제한하고 있기 때문이다. 파리의 시 경계는 앞서 언급한 것처럼 1840년대 세워진 성곽으로 경계의 확장이 원천적으로 봉쇄됐다. 성곽이 일종의 그린벨트 역할을 했기 때문이다. 1920년 성곽이 허물어지고 외곽순환도로가 그 자리를 대체하기 전까지 성벽 외곽부에 위치한 250미터 폭의 공지는 건물을 지을 수 없는 일종의 그린벨트였다.[32] 다행히도 1920년 성곽 해체로 파리는 1860년 이후 처음으로 조금이나마 시 영역의 확장이라는 기회를 갖게 된다. 하지만 성벽이 해체된 공터는 파리 시내의 모습보다는 방리외에 가까운 모습으로 채워졌다. 성곽 해체 후 공터에는 중저소득 계층을 위한 공공 주택 단지와 공원, 스포츠 시설, 대학 기숙사촌 등이 들어서게 된 것이다. 그 결과 33킬로미터에 이르는 성곽 부지는 오스만의 대개조 후 파리와는 확연히 다른 모습으로 변해갔다. 파리의 정체성이 대개조로 규정된 이상 다른 모습의 파리는 행정구역상의 파리일 뿐이었다. 이렇듯 파리는 대개조 이후 심리적 경계가 거의 변하지 않았다.

이는 20세기 동안 지속적으로 그 경계를 확장한 서울과 극적인 대조를 이룬다. 서울 역시 일제강점기까지 조선 시대의 성곽이 남아 있었다. 하지만 일제에 의해 성곽이 허물어질 무렵 서울은 외세에 의한 근대화로 도시 구조가 근본적으로 재편되었던 시기였다. 안과 밖을

---

32 그 당시 성곽 주변에는 오스만의 대개조로 주택난에 시달리던 빈곤 계층이 모여들어 무허가 판자촌이 형성되었다. 자연스레 비행 청소년들이 몰려다니는 파리의 가장 암울한 곳이 되었다.

▶ 고도 제한이 해제되던 시기, 파리는 새로
운 건축을 받아들이기 시작했지만 신축 건물
의 숫자는 미미했다. 1971년 제1구역에 위
치한 전통 시장 레알Les Halles이 철거되고 들
어선 쇼핑센터(위)와 1977년 제4구역에 신축
된 퐁피두센터Centre Pompidou(가운데) 그리고
1973년 완공된 메인 몽파르나스 타워(아래).

아울러 도시가 새롭게 정비되는 시기의 성곽의 경계는 별 의미를 갖지 못했다. 이것은 파리처럼 정비가 끝난 도시와 서울처럼 정비가 진행 중인 도시의 기존 경계가 갖는 역할의 차이였다. 또한 1971년 도시의 무분별한 확장 방지와 군사적인 이유[33]로 서울의 그린벨트가 지정되지만 이 역시 서울의 경계가 확장되는 데 별 영향을 주지 못한다. 1973년 시작된 영동 지역 개발을 충분히 담을 만큼 애초에 여유 있게 그 경계가 확정되었기 때문이다.[34] 이렇듯 서울의 역사와 비교해보면 파리가 면적인 확장을 이루기에 얼마나 불리한 구조였는지를 쉽게 이해할 수 있다.

파리는 면적인 확장도 불가능했지만 높이의 확장도 사실상 불가능했다. 한마디로 19세기 도시의 용적이 거의 그대로 유지된 셈이다.[35] 물론 약간의 변화를 겪기는 했다. 대개조 이후 파리는 높이에 대한 규제를 다소 완화한다. 1902년 주요 도로의 건물 높이는 30미터로 조정, 제한되었으며 그보다 더 좁은 도로에서는 조금 더 엄격하게 높이가 제한되었다. 이후 50년간 높이 제한 규정이 유지되었으나 1967년 파리 도시위원회는 도심에서 고층 빌딩을 받아들이기 위해 고도 제한 규정

---

33 그린벨트의 조성은 1968년 김신조 사건으로 불리는 무장 공비 침투 사건의 결과이기도 했다. 이 사건으로 군사적인 방어를 위해 수도를 위요하는 넓은 공간이 필요하다는 논리가 형성되었기 때문이다.

34 수도권의 그린벨트 지정은 1971년 7월에 시작해 1976년 12월에 완료되었다. 1970년대 영동 지구(현재의 강남구, 서초구 일대)의 아파트 개발이 본격화되기 전에 완료된 것이다.

35 근세 파리의 용적은 높은 편이었다. 이는 현재 파리의 인구밀도를 통해서도 유추가 가능하다. 파리의 인구밀도는 1제곱킬로미터당 2만 1,000명으로 서울의 1만 7,000명보다 높다. 이는 산세로 둘러싸인 서울과 평평한 파리라는 지형적 조건의 차이와 밀도 높은 파리의 근세 도시 및 건축 구조에 기인한 것으로 해석된다(구글어스로 보면 파리의 도시 구조는 매우 촘촘하다). 그렇다고 파리의 밀도가 필요 이상으로 높다는 얘기는 아니다. 적정 밀도란 개별 도시의 사회·정치·경제·문화적 조건을 배제하고 얘기될 수 없기 때문이다.

을 해제하였다. 그 결과 1969년 파리 14구역에 높이 210미터의 메인 몽파르나스 타워Maine-Montparnasse Tower 건설이 시작되었다. 하지만 마천루에 대한 시민들의 호응은 그리 좋지 않았다. 역사를 사랑하는 파리 시민들에게 메인 몽파르나스 타워는 그저 못생기고 근본 없는 건축으로 도시경관을 해치는 존재일 뿐이었다. 따라서 1974년 파리의 건축물 고도 제한은 25미터로 다시 조정되고 고층건축물은 파리 경계 밖 주변 지역으로 한정된다. 이는 파리의 강력한 역사 보존 정책과 더불어 파리 시내의 개발을 매우 어렵게 만들었다. 이렇듯 파리는 '박제'에 가까운 '보존'을 도시의 키워드로 삼게 되었다.

박제된 파리는 아름다움을 얻었지만 또 다른 문제를 야기했다. 너무 비싼 도시가 되어 아무나 함부로 살 수 없는 도시가 된 것이다. 소형 아파트 매매가격은 이미 100만 달러를 넘어섰고 호텔 숙박 요금은 종종 하룻밤에 1,000달러를 넘기도 한다. 참고로 파리는 홍콩, 도쿄, 런던에 이어 전 세계에서 부동산 가격이 가장 높은 도시다.

경제활동이 활발한 도시라면 수요가 높은 도시 중심부를 고층 건물로 채우는 것이 수요와 공급의 문제를 해결하는 가장 자연스러운 방법이나 파리는 극단적으로 공급을 제한했다. 그 결과 파리는 중산층조차 살기 부담스러운 부티크 도시가 되어버렸다.

이렇듯 19세기 모습을 간직한 부티크 도시 파리는 자연스레 20세기 모더니즘의 실패로 대표되는 주변 방리외와 극한 대립 구도를 이루게 된다. 이 현상의 출발점은 분명 파리의 과도한 보존 정책이었다. 도시의 성장과 더불어 새로운 건축이 필요한 파리는 박제된 도심 대신 교외 지역을 선택했고 이는 오래된 파리와 새롭고 실험적인 교외 지역이라는 극명한 이분법적 구도를 만들어냈다. 하지만 '계란을 한 바구니

▶ 파리는 도심의 신축 수요를 해결하고자 교외 지역에 주거, 상업·업무 복합 지구인 라데팡스를 개발하였다. 14제곱킬로미터 규모의 부지에 72개의 마천루와 18만 명의 상시 근로자를 담고 있는 중심 업무 지구 라데팡스는 시내 중심으로부터 지하철로 20분, 도보로 1시간 거리에 위치해 있다. 어느 정도 보존과 성장의 욕구를 균형 있게 해결한 듯하지만 라데팡스는 공급 부족으로 천문학적 가격을 기록하는 파리 도심을 구해내지는 못했다. 재미있는 사실은 프랑수와 미테랑Francois Mitterrand 대통령이 라데팡스의 '신개선문La Grande Arche'을 도심의 부유층과 교외의 노동자 계층을 통합하는 장치가 될 것이라고 주장했다는 사실이다. 아마도 미테랑 대통령은 수요와 공급의 법칙을 이해 못했거나 거대 건축을 칭송할 명분 찾기에 급급한 나머지 '분절'의 역할이 강한 신개선문을 '통합'의 도구라고 착각했던 모양이다.

에 담지 말라'고 한 명언처럼 새로운 실험의 실패는 교외 지역의 몰락을 의미했고 이는 두 공간의 극적인 대립을 야기했다.

다시 한 번 말하지만 오늘날 방리외 문제의 원인에 대해서는 다양한 설명이 가능하다. 교외 지역에 공장과 임대주택이 집중되었다는 사실과 그로 인해 저소득 이민자 계층이 집중되었다는 사실 그리고 유색 이민 계층과 프랑스 사회의 종교적, 문화적 차이로 인하여 사회 융화가 원천적으로 힘들다는 다소 설득력 약한 주장[36]까지 다양한 사실이 거론된다. 하지만 정작 문제의 발단은 놓치고 있는 듯하다. 이 모든 원인들은 과도한 보존으로 인한 공간 성격의 극단적 분리라는 전제 조건이 우선적으로 작용한 결과라는 점이다.[37] 서로 완전히 다른 환경에서는 당연히 서로 전혀 다른 인간 사회가 만들어지는 법이다.

이는 다시 서울과 비교할 때 더욱 분명해진다. 서울도 파리와 같이 도시와 교외 지역으로 분리되었지만 도시와 교외 지역 할 것 없이 아파트라는 공통 어휘 덕분에 그 모습의 차이를 구분하는 것이 사실상 불가능하다.[38] 또한 서울과 교외 지역의 생활수준 차이 역시 크지 않다. 다시 말해 서울은 건축 어휘의 이원화로 인한 도시 공간과 그에 따른 계층 분리 현상이 상대적으로 미약하다는 얘기다. 서로 비슷비슷하게 생긴 덕이다. 여기서 질문이 하나 필요하다. 만약 방리외와 파리 도심의 모습을 섞어 도심과 방리외를 재구성한다면 2005년의 방리외 사태 같은 극단적인 상황이 일어났을까? 알 수 없다. 하지만 확실한 건 공간의 분리는 계층의 분리를 유도하고 이는 곧 사회적 소외로 이어질 수 있다는 사실이다. 그리고 그 '소외'는 '억압'으로 다스려지거나 다른 외부 요인에 의해 자극받을 때 언제든 분노로 분출될 수 있다.

다시 한 번 말하지만 파리의 경우 도시 공간의 이원화는 '보존'으로

---

36 이러한 주장은 프랑스의 극우 정당인 국민전선Front National으로부터 나온 것이다. 국민전선은 전형적인 극우 세력으로 1980년대부터 외국인(이민자)을 혐오하는 담론을 생산해왔다. 그리고 현재 이러한 담론은 불경기로 실업률이 상승하여 내국인, 특히 이민층과 같은 직업군에 속한 이들로부터 지지를 받고 있다.

37 프랑스 전역의 방리외 문제나 유럽 역사 도시에서 보이는 도심 주변의 소외화 현상(혹은 낙인 효과) 역시 '보존'의 반작용으로 해석 가능하나 파리의 방리외만큼 '보존'이라는 키워드가 반대급부로 확실하게 작용한 곳은 없어 보인다.

38 건강한 모습은 분명 아나나 파리와 대척점에 있는 도시의 예로서 서울만 한 도시가 없어 보인다.

부터 시작되었다. 물론 보존이 나쁘다는 얘기가 아니다. 보존은 도시가 갖추어야 할 덕목 중 하나임은 의심의 여지가 없다. 다만 보존의 대가로 얻게 되는 희생이 클 때 그리고 사회의 융합을 저해할 때 보존과 개발 사이의 적절한 균형점이 어딘가에 대한 진지한 고민이 필요하다는 것이다.

격리된 사회의 미래

프랑스는 북유럽에 가까운 수준으로 복지와 평등을 강조하는 나라다. 실제 OECD 국가 중 프랑스의 빈곤율은 상당히 낮은 편이며 공적 사회 지출 수준은 스웨덴 다음으로 가장 높다. 이렇듯 프랑스는 모두가 별 탈 없이 잘살 것 같은 이미지의 나라였고 그 가운데 파리는 '관용'과 '평등'의 실천으로 제 역할을 잘해온 듯했다. 하지만 2005년 방리외 사태로 프랑스 사회는 국제사회에 그 치부를 적나라하게 드러내게 된다.

　방리외 문제는 산업구조의 변화와 그에 대응하는 건축 및 도시 정책의 실패로부터 시작되었다. 다시 말해 방리외 문제는 저소득 유색 이민자 계층이 낙인 효과에 최적인 그랑앙상블(방리외)에 집중되며 시작된 것이라 할 수 있다. 앞서 살펴본 것처럼 도시 노동자를 위해 대거 공급된 그랑앙상블은 사회 융합에 대한 실패로 1970년대 주택정책의 변화를 야기하였다. 그리고 그 결과 그동안 소외되어온 저소득 이민 계층을 받아들이기 시작했다. 이 덕분에 빈민 이민자 계층은 좀 더 좋은 집에서 살게 되지만 이는 곧 방리외는 빈민 이민자 계층으로 가득 찬 그랑앙상블(방리외)이라는 부정적 이미지를 생산해낸다. 설상가상으로 산업구조의 변화와 침체로 방리외의 공장들은 1970년대 말부터 1980년대까지 몸집을 줄이기 시작한다. 이 시기 제일 먼저 해고된 사람들은 이민자들이었다(이들 대부분은 1960년대 고용되었다). 이제 겨우 살 만한 집에 들어왔더니 일자리가 사라져버린 것이다. 결국 1970년대 후반부터 그랑앙상블 거주자의 실업률은 급상승하게 되었다. 그 결과 1980년대부터 방리외의 문제가 두드러지기 시작하며 프랑스 사회는 저소득 이민 계층에 대한 문제에 관심을 가지기 시작한다.

이렇듯 지난 반세기 동안 방리외는 도시 노동자 계급의 사회에서 빈곤층의 유색 이민자들의 사회로 탈바꿈하며 범죄와 빈곤 그리고 인종차별 등의 심각한 사회문제들을 불러왔다. 그 결과 프랑스 사회는 방리외를 점점 경계의 시각으로 보기 시작했고 2005년 방리외 사태를 기점으로 '경계'를 넘어 '반이민 정서'라는 극단적인 입장을 표출하기 시작했다. 특히 무슬림계 아프리카 이민자들은 위험하고 관리되어야 할 대상으로 인식되며 빈곤과 폭력의 원인으로 지목되어왔다. 하지만 그들은 빈곤과 폭력의 원인이기보다는 결과에 가까웠다.

잠재적 범죄자 취급을 받는 이민자들이지만 그들의 삶을 이해한 다면 적대적 시각을 견지하기 힘들어진다. 그들은 프랑스에 '영광의 30년' 시기 산업 일꾼으로 들어와 저임금 노동으로 프랑스 경제 발전에 이바지하였으나 산업구조의 변화로 계륵 같은 존재로 전락해버린 사람들이다. 국가가 필요로 할 땐 세금 내고 열심히 일했는데 이제는 필요 없으니 나가라고 하는 것 같아 소외감을 느낀다는 아프리카 이민 2세의 인터뷰 장면은 이를 잘 설명해준다. 그리고 이들의 소외는 2005년 방리외 사태에서 보듯이 분노로 연결되기 쉽다. 그리고 그러

한 분노는 사회를 위태롭게 만든다. 프랑스 사회가 이들을 안아야 하는 이유다.[39]

프랑스 정부는 사회 융합을 위해 다방면으로 노력하고 있다. 2003년 수립된 '화합과 통합'을 위한 계약Welcome and Intergration Contract이라는 정책은 국가와 이민자 간의 계약으로 이민자의 사회적 융화를 그 목표로 한다. 국가는 이민자에게 건강검진, 사회사업가와의 상담, 프랑스어 교육 등을 제공하는 반면 이민자는 준법 의무를 지키며 국가가 제공하는 교육을 받을 의무를 지니게 된다.[40] 또한 2004년 수립된 사회통합 계획Social Cohesion Plan의 경우 특정 지역의 게토를 없애기 위해 취업이 가능한 도심에서 멀리 떨어진 낡은 공공 주택을 철거하거나 재개발하는 내용을 담고 있다. 이 밖에도 교육, 빈곤, 주거 문제 전반에 걸쳐 사회적 격리가 발생하지 않도록 정부는 다양한 성격의 특별 구역을 지정, 관리하며 개선 중이다.

하지만 방리외 문제는 파리의 과도한 보존 정책에 대한 반성 없이는 근본적인 해결이 어려워 보인다. 부분적으로 공공 주택이 재개발되고

---

39 이것이 프랑스가 방리외의 저소득 이민층을 끌어안아야 하는 근본적인 이유는 아니다. 다만 현실적인 이유일 뿐이다. 프랑스가 이들을 끌어안아야 하는 근본적인 이유는 이들을 포함한 도시의 모든 거주자(혹은 이용자)가 도시에 대한 권리를 가지고 있기 때문이다. 여기서 말하는 '도시에 대한 권리'란 프랑스의 석학 앙리 르페브르Henri Lefèbvre가 주창한 권리로서 오늘날 주로 유엔과 선진국에서 도시 정책의 원리가 되는 '도시권'을 의미한다. 도시권의 개념을 간략히 소개하자면 도시에 거주하는 모든 이는 인종·소득·성별·종교 등의 어떠한 조건에도 구속받지 않고 도시에서의 일상적인 삶을 평온하고 적극적으로 누릴 권리가 있으며 자신의 정체성을 지킬 권리가 있다는 것이다. 예를 들어 도시에 거주하는 사람 누구나 인간 정주에 필요한 적절한 수준의 물리적·사회적·경제적 환경을 요구할 수 있으며 도시 정책에 적극적으로 참여할 권리가 있다는 것이다. 르페브르의 이러한 주장은 도시는 다양한 이들이 모여 만들어낸 결과물로 모두가 공평하게 사용해야 하는 공공재라는 전제를 기본으로 한다. 그리고 이러한 개념과 주장은 오늘날 확장된 인권의 개념으로 세계 곳곳에서 수용되고 있다.

40 복지는 수혜자가 사회적 책임을 다할 수 있도록 도모한다는 개념을 명쾌히 보여준다.

직업 창출이 이루어지고 교육 수준이 높아진다 해도 과도한 보존으로 인한 도시 공간의 이분법적 구도가 변하지 않는 이상 공간에 따른 계층 분리 현상을 피할 수 없기 때문이다. 다시 말해 도심 대 교외 혹은 아무나 살 수 없는 부티크 도시 대 저소득 계층의 공간이라는 구도가 해소되지 않는 이상 증세의 완화는 몰라도 완치는 어려워 보인다는 얘기다. 그렇다고 파리의 보존을 해제하는 것도 매우 어렵다. 너무 아름답기 때문이다. 참 난감한 문제다.

아무리 어려워도 파리는 사회 융합이라는 대전제하에 어떻게든 방리외를 끌어안아야 한다. 격리된 사회의 미래는 '불신'과 '소외'로 결코 지속 가능하지 않기 때문이다. 어찌 보면 문제의 심각성이 정점에 이른 지금이 가장 창의적이고 효과적인 정책들을 창출할 적기일지도 모른다. 파리가 도시 재생의 선구적 사례를 남겨 유사한 고민을 하고 있는 유럽 역사 도시들에 좋은 본보기가 되기를 기대해본다.[41]

---

41 교외 지역에 대한 고민은 유럽 역사 도시들의 공통된 숙제다. 런던과 베를린, 파리, 암스테르담 같은 유럽의 대도시들은 중세 시대의 성벽이 허물어지며 도시가 쉽게 확장될 것이라고 예상했으나 결과는 '중심' 대 '주변'이라는 극명한 사회적 분절로 귀결되었다.

선전

다자의 교묘한 공생,
어번 빌리지

중국의 급속한 도시화 그리고 '주거'라는 문제

공산주의 체제의 중국은 1979년 덩샤오핑鄧小平이 개방정책을 선언하면서 자본주의를 수용하였고 그 후 급속한 경제 발전을 이루었다. 그리고 그 과정에서 경제성장의 거점으로서 도시가 급속히 성장했다. 기업이 투자하고 사람들이 일자리를 찾아 도시로 몰려들면서 도시가 단시간 내에 팽창한 것이다. 지난 30여 년간 중국에서 도시로 유입된 인구수만 보더라도 단시간 내에 중국의 도시들이 얼마나 빨리 성장했는지알 수 있다. 실제 미국과 영국 그리고 프랑스와 이탈리아의 인구를 합친 약 5억 명의 인구가 지난 30년간 촌에서 도시로 이주했다. 앞으로 2030년까지 3억 명의 인구가 또 도시로 이주할 것으로 예상된다. 그때에는 통계만 봤을 때 전 세계 인구 8명당 1명꼴이 중국의 도시에 거주하게 되는 셈이다.

급속한 도시화 과정은 여러 가지 문제들을 야기하기 마련이다. 대표적인 문제가 바로 주거다. 한편에서는 도시의 급성장을 바탕으로 한 과도한 토건 개발과 함께 주거용 부동산 투기로 몸살을 앓는 반면, 또 다른 한편에서는 도시로 일자리를 찾아온 사람들이 경제적으로 감당할 만한 주거 공간을 찾지 못해 상당히 열악한 환경에서 살아가고 있다.

중국 대도시의 주택 가격과 근로자 연평균 소득 비율은 2009년 현재 세계 평균인 7 대 1을 훨씬 상회하는 23 대 1 수준이다. 평범한 시민이 감당할 만한 수준이 아니다. 아이러니한 것은 신도시 위주의 과도한 토건 개발의 결과로 사람이 살지 않는 유령 아파트 단지가 속출하는 반면 대도시로 몰려든 이주민들은 살 곳이 없어 쪽방 같은 열악한 환경에서 살아간다는 것이다(이는 단순히 높은 부동산 가격 때문만은 아니다. 뒤에서 천천히 설명하겠다). 실제 2011년 현재 중국에는 약 6,400만 가구의 아파트와 주거용 건축물이 공실 상태다. 갓 태어난 아기부터 팔순 노인까지 우리나라 국민 한 사람 한 사람에게 나누어도 1,000만 채 이상이 남는 숫자다. 정말 아이러니가 아닐 수 없다.

중국 대도시, 신도시의 과도한 토건 산업과 부동산 버블 문제는 스케일이 다를 뿐 우리나라도 최근까지 겪어온 것인 반면, 대도시의 저소득 이주 계층의 주거 문제는 우리가 겪었거나 겪고 있는 문제와는 그 성격과 원인이 사뭇 다르다. 중국 대도시의 저소득 이주 계층의 독특한 주거 현실을 이해하기 위해 중국에서 가장 먼저 경제도시로 성장한 선전을 들여다보자. 선전을 통해 중국의 경제성장과 그로 인한 급속한 도시화가 사회제도와 어떻게 파열음을 내며 저소득 이주 계층의 열악한 주거 환경을 조성했으며 현재 어떠한 변화를 겪고 있는지 알 수 있을 것이다.

▶ 중국 남부에 위치한 쿤밍시昆明市 청궁구呈貢區에 위치한 신도시. 46제곱킬로미터의 면적에 30만 명의 인구를 기준으로 건설되었지만 아시아에서 제일 큰 유령도시 중 하나가 되었다. 현재 이 청궁 신도시의 아파트는 대부분 비어 있으며 상업 시설은 문을 닫거나 폐업한 상태다.

▶ 선전 경제특구(붉은색)는 선전 전체 면적의 약 20퍼센트에 해당하는 푸텐구福田區, 뤄후구羅湖區, 난산구南山區, 옌텐구鹽田區로 이루어졌으나 2010년 현재 시 전체로 그 구역이 확장되었다. 참고로 현재 선전은 총 10개의 구로 이루어져 있으며 대부분의 공장은 새로이 경제특구로 편입된 6개 구(회색)에 위치한다.

세계의 공장, 주장 삼각주

선전에서 저소득 계층의 주거 환경이 조성되는 과정을 이해하려면 먼저 거시적 배경으로서 중국의 경제 흐름부터 살펴보아야 할 것이다. 앞서 얘기한 것처럼 1979년 경제 개방 선언 이후 중국은 경제성장을 도모하기 위한 전략을 구사하는데 그것이 바로 경제특구 정책이다. 경제특구란 외자 유치를 주목적으로 기업과 공장 설립을 용이하게 하기 위해 세제나 지원금 같은 각종 혜택을 제공하는 일단의 도시 구역을 말한다. 우리나라의 인천 경제자유구역을 떠올리면 될 듯하다.

중국은 1980년에 선전 일부(위 지도)를 중국 최초의 경제특구로 지정한다. 그 후 선전은 중국 경제성장의 견인차 역할을 하며 인접 도시들

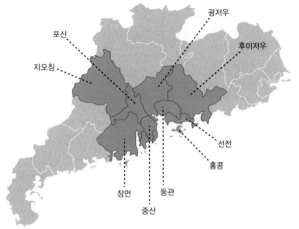

포산

광저우

후이저우

자오칭

선전

홍콩

장먼

둥관

중산

▶ 중국 남동부에 위치한 주장 삼각주(붉은색)

을 포함하는 주장珠江 삼각주 지역의 급속한 도시화를 이끌게 된다.

주장 삼각주란 선전深圳, 광저우廣州, 포산佛山, 홍콩香港 등을 포함한 9개의 도시가 몰려 있는 중국 남부 지역을 지칭한다. 이 지역은 중국에서 가장 먼저 경제 발전을 두드러지게 이루어낸 곳이다. 2005년 당시 중국 전체 교역의 29퍼센트 정도가 주장 삼각주 지역에서 이루어졌으며, 1인당 GDP는 중국 평균 GDP의 네 배 정도에 이르렀으니 과히 선두 주자라 할 만하다.

주장 삼각주가 이렇게 급성장한 데는 홍콩이란 선두 주자가 한몫 단단히 했다. 2005년 당시 주장 삼각주의 투자와 무역의 70퍼센트는 홍콩에서 이루어졌다. 한마디로 홍콩의 브랜드와 자본이 값싼 노동력을

▶ 선전 난산구에 위치한 선전 하이테크 공업 단지는 컴퓨터 소프트웨어와 전자 부품 같은 첨단 제조업 중심의 공업단지로 1996년에 조성되었다. © Brücke-Osteuropa

제공하는 주장 삼각주 지역을 제조 생산 기지로 활용하여 시너지 효과를 낸 것이다. 2003년 당시 홍콩 기업이 주장 삼각주에서 고용한 인력이 1,100만 명 정도에 이르렀으니, 홍콩이 주장 삼각주 지역의 산업을 이끌어왔다고 해도 과언이 아니다. 물론 홍콩만이 주장 삼각주의 성장 동력은 아니다. 중국이라는 초대형 사이즈의 잠재 시장과 값싼 노동력을 고려한 외국자본의 진출 역시 주장 삼각주를 제조 허브로 만드는 데 일조했다. 주장 삼각주의 공장에서는 의류부터 전자 제품, 시계, 자동차 부품, 완구 및 핸드폰까지 우리 일상에 필요한 거의 모든 것들이 생산된다. 세계의 공장이라 불리는 이유다. 참고로 주장 삼각주의 제조업 생산량은 현재 중국 전체의 약 35퍼센트를 차지하는 것으로 추정된다. 이렇듯 선전을 비롯한 주장 삼각주의 도시들은 제조업을 발판 삼아 급성장해왔다.

선전 그리고 선전 스피드

선전은 전 세계에서 단기간 내 가장 빨리 성장한 도시일 듯싶다. 지난 30여 년간의 인구 증가세와 토지 면적 증가세를 보면 쉽게 이해가 될 것이다. 1979년 선전은 31만 명 규모의 작은 어촌에 불과했다. 그런데 경제특구를 시작으로 30여 년 만에 1,400만 명 규모의 경제도시로 성장했다. 지난 30여 년간 인구가 45배 넘게 늘어난 셈이다. 급속한 경제성장을 이루어낸 서울이 인구가 30만 명에서 1,000만 명으로 늘어나는 데 약 80년이 걸렸다는 점을 상기한다면 선전의 성장세가 얼마나 빠른지 쉽게 가늠할 수 있다.

토지 면적의 증가세 역시 가파르다. 1983년 20제곱킬로미터에 불과하던 선전의 면적은 2012년 현재 1,969제곱킬로미터에 이른다. 지난 30년간 약 100배 증가한 셈이다. 참고로 서울은 경제가 급성장한 지난 반세기 동안 도시 면적이 두 배 남짓 늘어났을 뿐이다.

GDP 또한 급속도로 증가했다. 1979년 1억 7,900만 위안(한화로 약 329억 원)에 불과하던 선전의 GDP는 2012년 현재 1조 2,950억 위안(약

283조 원)으로 증가했는데 이는 30여 년 만에 7,234배가 증가한 수치다. 또한 선전은 2007년 중국 최초로 1인당 GDP가 1만 달러를 넘어섰으며 불과 5년 만인 2012년엔 2만 달러를 돌파했다. 이렇듯 선전은 지난 30년간 '선전 스피드'라는 신조어를 만들어냈을 만큼 역사상 유례없이 빠른 속도로 성장해왔다.

선전은 중국에서 원주민(선전 호적을 소유한 인구) 대비 농민공農民工 비율이 가장 높은 도시로 추정된다. 2012년 현재 통계상 선전의 인구는 1,000만 명을 조금 상회한다. 하지만 그중 약 280만 명 정도만 선전 호적을 가진 공식 인구일 뿐이다. 인구의 약 75퍼센트가 비공식 이주자인 셈이다.[1] 비공식 이주자의 특성상 통계에 잡히지 않은 현실적인 숫자를 고려하면 선전 총인구는 이미 2007년에 1,400만 명을 넘어선 것으로 추산[2]되며 그중 비공식 이주자는 약 1,200만 명 정도로 추정된다. 이는 비공식 이주자가 전체 도시인구의 84퍼센트를 차지하는 셈이다.

지난 30년간 선전의 이주자 유입 속도는 말 그대로 폭발적이었다. 1979년부터 2008년까지 선전 호적 보유자의 연간 인구 증가율은 7.1퍼센트에 불과한 반면, 비공식 이주자 증가율은 33.5퍼센트에 달했다. 경제특구를 중심으로 급성장하는 선전의 일자리를 찾아 농촌 지역과 다른 도시로부터 많은 이들이 몰려든 결과다.

---

1 노동 이민 인구가 원주민보다 압도적으로 많은 경우는 중동의 도시 국가 카타르Qatar를 제외하고는 세계 어디에서도 찾아보기 힘들다. 참고로 카타르 인구 5명 중 4명이 이민 노동자들이다.
2 선전 인구통계는 조사 주체마다 그 결과가 다르나 공식 통계보다 많은 1,400만 명 정도로 보는 것이 지배적이다.

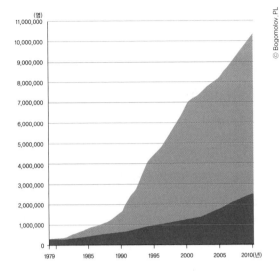

(명)

11,000,000

10,000,000

9,000,000

8,000,000

7,000,000

6,000,000

5,000,000

4,000,000

3,000,000

2,000,000

1,000,000

0

1979 1985 1990 1995 2000 2005 2010(년)

© Bogomolov. PL

▶ 최근 30년간 선전의 인구 변화. 아래가 원주민을, 위가 이주민을 나타낸다.

농민공, 존재하나 존재하지 않는 사람들

중국 내륙의 농촌 지역으로부터 경제가 급성장한 해안가 도시지역으로 일자리를 찾아 이주한 농민들을 농민공이라 부른다.[3] 이들은 호적상 농민 신분이지만 도시 인근 지역의 공장에서 일하거나 도시 안에서 일용직 근로자로 일하며 주로 가정부나 수리공 혹은 막노동 같은 3D 직종에 종사한다. 다시 말해 농민공은 저임금 노동에 종사하는 비공식 이주자들이다.

3 농민공에 대한 정의는 크게 두 가지 범주로 나뉜다. 협의의 의미로 농민공은 농업에 종사하지 않고 농촌을 떠나 도시에서 일하는 '외출 농민공'을 의미한다. 반면 광의의 의미로 농민공은 농업에 종사하지는 않지만 농촌을 떠나지 않은 '본지 농민공'까지 포함한다. 이 책에서는 말하는 농민공은 외출 농민공을 의미한다.

농민공은 매우 열악한 환경에서 살아가는데 그 이유는 크게 두 가지로 축약된다. 첫째, 중국 농민은 교육 수준이 매우 낮다. 대부분 초등학교나 중학교 정도만 졸업한 사람들이다. 실제 2010년 현재 농민공의 65퍼센트가 중학교만 졸업하였으며 11퍼센트는 초등학교만 졸업한 사람들이다. 자본주의 사회에서 교육 자본은 곧 이윤 창출의 기초 도구다. 열악한 교육 자본을 가진 농민들이 도시로 진출하여 선택할 수 있는 직업은 저임금 직종에 국한될 수밖에 없다.

둘째, 직업과 거주 이전의 자유를 제한하는 중국의 호적 제도 때문이다. 중국의 호적 제도는 비공식 인구인 농민공에게 사회보장 혜택과 시민의 권리를 보장하지 않는다. 쉽게 얘기해서 농민공은 도시라는 구역에서 집을 살 권리도 교육을 받을 권리도 주어지지 않는 일하는 투명인간일 뿐이다(이 부분은 뒤에서 자세히 설명하겠다). 여기서 중국의 호적 제도가 농민공의 삶을 어떻게 변화시켜왔는지 한번 살펴보자.

중국의 호적 제도는 1958년 마오쩌둥毛澤東이 도시의 계획경제와 배급 제도를 보호하기 위해 만들었다. 마오쩌둥은 호적을 농촌호적과 도시호적 두 가지로 나누었다. 이는 농민이 도시지역으로 진출하는 것을 봉쇄하기 위한 조치였다. 도시호적을 지닌 사람이 농촌호적을 지닌 사람에 비해 훨씬 혜택을 많이 받았기 때문이다. 단적인 예로 정부는 도시호적을 지닌 사람에게는 직장과 주택을 제공해야 할 의무[4]가 있었으며 결과적으로 도시민에게는 농민보다 더 많은 사회보장 혜택이 주어졌다. 당연히 많은 농민이 도시로 이주하기를 희망했으나 호적 제도는 거주 이전과 직업 선택의 자유를 박탈함으로써 농민의 도시 진출을

---

4 자본주의 도입 이후 도시민의 직장과 주거는 시장 논리에 맡겨졌다.

▶ 중국 남부 장쑤 성江蘇省 우시시无錫市에 위치한
노트북 제조공장에서 일하는 이주 노동자들.

원천적으로 봉쇄했다. 농민호적을 가진 이들은 평생 자기가 태어난 곳
에서 집단으로 농사만 짓고 살아야 했다. 이렇듯 호적 제도는 강력한
중앙집권 체제의 공산주의 시절 농촌인구가 지속적으로 도시로 이주
할 경우 정부에 예측하기 어려운 경제적 부담이 증가하여 계획경제의
장기적 실천이 어려워지는 사태를 방지하고자 만든 일종의 신분제도
였던 셈이다.

　하지만 중국의 호적 제도는 자본주의 체제의 도입으로 약간의 변화
를 겪게 된다. 1982년 중국 정부는 도시경제를 활성화하기 위해 농민

들을 집단 농업으로부터 해방시킨다. 이로써 농민은 농지의 집체 소유 형식[5]을 유지하면서도 가구 단위로 농사를 지을 수 있게 되었으며, 그 결과 농업 효율성 증대로 농가 수입 또한 증가하게 된다. 또한 1983년에는 법을 개정하여 농민들이 비농업 분야에 종사할 수 있도록 했는데, 이는 농업에서 충분한 수익을 얻은 농민이 자연스럽게 도시와 도시 주변 지역에 생겨나는 공장으로 진출하는 계기가 되었다.

결국 정부가 의도한 대로 농민들은 급속한 산업화 과정에서 늘어나는 공장에 값싼 노동력을 제공하게 된다. 농민공이 도시경제의 주요 요소로 부상한 것이다. 문제는 개혁개방 정책 이후 계획경제와 배급경제가 시장 자유주의로 대체되었음에도 불구하고 여전히 호적 제도의 기본 틀이 바뀌지 않았다는 점이다. 그 결과 농민공은 여전히 공식적으로는 도시민이 될 수 없으며 교육, 의료 같은 도시민의 기본 권리로부터도 배제되어 있는 상황이다. 이는 1980년대 이후 도시로 일자리를 찾아온 많은 농민공이 도시경제의 주요한 역할을 수행하면서도 사회제도적으로 인정받지 못한 채 열악한 환경에서 살아가게 되는 아이러니를 연출하게 된다.

---

5 공산주의 체제의 특징 중 하나인 집단농장은 농민이 농지를 공동으로 소유하고 경작하는 시스템으로 지주와 소작농의 착취 구조를 타파하기 위한 생산방식이었다.

농민공, 소외받는 경제성장 동력

농민공은 말 그대로 농민 신분으로 도시에 거주하기 때문에 기본적으로 도시민이 받는 교육이나 의료 서비스 같은 사회보장제도로부터 배제된다.[6] 소도시의 경우 호적 제도를 전면 개방하는 추세지만 광저우나 상하이上海 같은 대도시에서는 교육 수준이나 경력 같은 조건을 심사하여 농민공의 호적 변경을 부분적으로 허용하고 있다. 하지만 농민공의 낮은 교육 수준과 특별한 기술을 요하지 않은 직업 경력을 고려할 때 현실적으로 호적 전환 비율은 미미한 수준이다. 특히 대도시는 환경오염 및 교통 체증, 재원 부족 등의 이유로 당분간 호적 전환에 소극적일 수밖에 없는 처지다. 여전히 대도시에서 고급 인재 위주의 특정 계층에게만 호적 전환을 허용하고 있는 이유다.[7] 이렇듯 당분간 농민공의 처우 문제는 해결이 어려워 보인다.[8]

앞서 살펴본 것처럼 농민공 대부분은 도시 호적이 없어 각종 사회적 혜택으로부터 배제되고 있는 상황이다. 주택 문제만 봐도 농민공에게

---

6 일부 도시에서 농민공을 위한 사회보장제도를 도입한 덕분에 농민공 역시 사회보장제도의 혜택을 받을 수 있게 되었지만 현실화되기에는 많은 문제가 있다. 예를 들어 사회보장 보험의 농민공 가입률은 매우 낮은 편이다. 이유는 크게 두 가지다. 첫째, 농촌으로 돌아갈 계획을 가진 농민공의 경우 현금 소득을 줄여가면서 사회보장 보험에 들고 싶어 하지 않는다는 사실이며, 둘째 회사 역시 재정 부담 때문에 농민공의 사회보장 보험 가입을 회피한다는 사실이다. 물론 도시에 정착하기를 원하는 농민공은 사회보장 보험 가입을 원하지만 회사가 거부하면 어쩔 도리가 없다.

7 실제 고급 인재에 대한 각 도시의 기준은 상이하며 애매한 면도 있다. 보통 도시에서 대학을 졸업하고 일정 기간 그 도시의 기업체에서 근무를 하거나 공무원으로 일하고 있는 사람이나, 고급 기술을 보유한 인력은 호적 전환이 가능하다. 하지만 쉽지 않다. 예를 들어 베이징 대학교의 경우 베이징 호적이 없으면 대학 입학시험에서도 호적을 가진 학생보다 더 높은 점수를 받아야 입학이 가능하다. 현실적으로 배움의 기회와 질이 보장되지 않는 농민공에게는 매우 어려운 얘기다.

8 2013년 현재 소도시가 속한 상위 행정구역의 14개 성에서 도농 호적 통합 제도를 수립했다. 최근에는 소도시를 중심으로 도농 간 호적 구분이 철폐되는 추세이다.

는 공공임대주택을 임차할 권리나 공공 주택을 분양받을 권리조차 주어지지 않는다.[9] 설령 주택을 살 권리가 주어진다 해도 농민공의 낮은 임금으로는 가격이 높은 민간 주택을 구입하기 어렵다. 실제로 농민공의 임금수준은 2011년 현재 도시민 평균임금의 58퍼센트 수준에 불과하다. 그마저도 노동 계약서를 체결하지 않아 체불로 이어지는 경우가 많으니 실질적인 소득은 상당히 낮을 것으로 추정된다. 또한 이들의 사회보장 수준은 도시민의 45퍼센트[10]에 불과하며 생활수준은 50퍼센트[11]에 불과하다. 한마디로 농민공의 삶은 사회적으로 불안하고 경제적으로 궁핍하다.

물론 농민공들이 경제적 문제와 제도적 문제만 안고 있는 게 아니다. 이들은 비공식 이주자라는 신분 때문에 사회적으로 차별을 받는다. 이들을 무지하고 비이성적인 존재로 그려내는 언론 덕분에 농민공에 대한 차별은 더욱더 심해져만 간다. 한 예로 고급 레스토랑이나 호텔 같은 곳에서는 이들의 출입을 금하고 있다. 1920, 30년대 식민

9 중국은 1998년부터 소득수준별로 공공 분양 주택과 공공임대주택을 공급해왔다. 그중 농민공이 감당할 만한 주택은 공공임대주택이다. 공공임대주택은 두 가지로 나뉜다. 첫째는 1998년에 도입된 최저소득 가구 대상 염가 임대주택이다. 정부가 임대료의 일부 혹은 전액을 보조해주는 방식이라 입주자의 경제적 부담이 거의 없다는 것을 특징으로 하나 농민공은 수혜 대상이 아니다. 둘째는 2010년에 도입된 저소득 가구 대상 공공임대주택이다. 계획경제 시절 도시민에게 보급되던 공공 주택과 유사하지만 소득에 따라 지원 자격이 제한되고 임대료 역시 과거에 비해 높다. 참고로 최근 일부 도시에서는 농민공에게도 공공임대주택에 대한 지원 자격을 부여하기 시작했다.
10 도시민 자녀는 100퍼센트 의무교육을 받지만 농민공 자녀는 39.2퍼센트만 받는다. 도시민은 100퍼센트 계약서를 쓰고 노동하지만 농민공은 43.8퍼센트만이 계약서를 쓰고 일한다. 마찬가지로 양로 보험 가입률은 41.1퍼센트 대 13.9퍼센트, 상해보험 가입률은 25.6퍼센트 대 23.6퍼센트, 의료보험 가입률은 68.5퍼센트 대 16.7퍼센트이다. 평균을 내면 45퍼센트이다.
11 농민공의 월평균 임금은 도시민의 58.83퍼센트다. 통계상 도시민은 모두 집을 소유하거나 단독 세대 단위로 주택을 임차하여 살고 있지만 농민공은 15퍼센트만이 그렇다. 또한 농민공의 소비 수준은 도시민의 55.42퍼센트이다. 평균을 내면 50퍼센트이다.

지 시절 서양인들이 건물 앞에 붙여놓던 '중국인과 개는 출입 금지'라는 풋말이 떠오를 정도다. 또한 이들은 노동 인권을 유린당하며 극심한 정신적, 육체적 고통을 겪기도 한다. 애플Apple과 델Dell, 휴렛팩커드Hewlett-Packard 등 글로벌 기업의 제품을 생산하는 선전의 폭스콘Foxconn 공장[12]의 근무 규칙이 이를 잘 대변해준다. 이곳에서 일하는 농민공은 하루 12시간의 장시간 노동에 시달린다. 작업 중에 대화는 금지돼 있으며 화장실 가는 것도 5분으로 제한된다. 폭스콘 공장의 근로자 투신 자살 사건이 끊이지 않고 국제 뉴스에 등장하는 이유다. 이렇듯 농민공은 사회적, 제도적, 정서적으로 차별을 받으며 저임금의 장시간 노동에 시달리고 있다. 그들의 삶을 조금 더 구체적으로 살펴보자.

2010년 현재 농민공의 약 40퍼센트는 제조업에 종사하며 나머지는 건설 현장의 일용직이나 저임금의 서비스업 등에 종사한다. 농민공의 65퍼센트는 남성이며 그중 64퍼센트가 30세 이하, 56퍼센트가 기혼자다. 다시 말해 농민공 가운데는 젊은 기혼 남성 비율이 상당히 높다는 얘기다. 공장주 역시 젊은 층을 선호한다. 이들은 저렴한 공장 기숙사에 머물며 더 오래 생산 라인에서 일할 수 있기 때문이다. 실제로 2009년 현재 농민공의 평균 근로시간은 주당 58.4시간으로 노동법에서 규정한 44시간을 크게 초과한다. 주말을 제외하고 하루에 약 12시간씩 일하는 셈이다.

농민공 전체가 저임금 장시간 노동을 견뎌내야 하지만, 자식이 있는

---

12 선전 룽화龍華 신구에 위치한 폭스콘 공장은 전 세계 폭스콘 공장 가운데 가장 큰 규모로 운영된다. 폭스콘 시티Foxconn City라 불리는 폭스콘 제조 단지에는 공장 15개와 기숙사, 병원, 은행 등이 있으며 23만 명에서 45만 명의 노동자가 근무하고 있는 것으로 알려졌다. 참고로 폭스콘 근로자의 약 25퍼센트가 제조 단지 내 기숙사에서 생활하고 있는 것으로 추정된다.

농민공은 자식과의 생이별까지 감내해야 한다. 이들은 대부분 자식들을 농촌에 남겨두고 올라와 맞벌이를 한다.[13] 두 가지 이유 때문이다. 첫째는 농민이 도시로 이주하는 순간 소유한 농사용 토지에 대한 사용권(경작권)을 박탈당하기 때문이다(중국의 토지제도에 관해서는 뒤에서 자세히 설명하겠다). 하지만 노부모나 어린아이들을 남겨놓고 도시로 이주하면 사용권이 유지된다. 다시 농촌으로 돌아갈 계획이 있는 농민공이 노부모와 아이들을 남겨놓고 도시로 가는 이유다.[14] 두번째는 농민공의 자식이 부모와 함께 살면서 학교를 다니기가 경제적으로나 제도적으로 매우 어렵기 때문이다. 중국의 기초교육법은 모든 어린이들이 6세부터 9년간 의무교육을 받을 수 있는 권리를 보장하고 있지만 농민공의 자식이 도시의 공립학교를 다니기 위해서는 제도적으로 밟아야 하는 절차가 무척 까다로우며, 설사 입학이 가능하다 하더라도 대부분 웃돈을 요구한다. 어렵게 입학을 했더라도 농민공 2세는 철저히 차별을 받는다. 한 조사 기관에 따르면 공립학교 농민공 2세의 약 86퍼센트가 원주민 친구를 갖고 있지 않다. 친구들과 어울리며 우호적인 분위기에서 공부할 수 있는 농민공 2세 전용 사립학교들이 있지만 환경이 매우 열악하고 대부분 인가를 받지 않아 언제 철거 명령이 떨어질지 모른다.

농민공 아이들의 의료보험 혜택 역시 상당히 취약하다. 기초의료보험은 도시민과 농민공 모두에게 똑같은 혜택을 제공하도록 규정되어

---

13 2009년 현재 농민공의 약 80퍼센트인 1만 1,567만 명이 가족을 고향에 두고 온 상태다.

14 2013년 중국 정부는 농지 제도 개혁 등을 포함한 신형 도시화 계획(2014~2020)을 발표했다. 이 계획에 따르면 앞으로는 토지 사용권(경작권)의 자유로운 시장 거래가 가능하다. 다시 말해 농민들이 도시로 이주하기 전에 사용권 매매로 금전적 이윤을 얻을 수 있다는 얘기다. 사용권을 유지하기 위해 더 이상 가족들을 남겨둘 필요가 없는 것이다. 하지만 현실적 어려움으로 제도의 정착은 좀 더 지켜봐야 할 듯하다.

있지만 제도의 결함으로 2012년 현재 농민공의 약 17퍼센트만이 직장 의료보험에 가입되어 있다. 그러나 이마저도 미취학 아동이나 인가받지 않은 사립학교에 다니는 자녀는 그 혜택으로부터 제외된다. 아이들이 아프기라도 하면 농민공 부모는 엄청난 의료 비용을 지불해야 하는 것이다.

그 결과 농민공 2세는 농촌 지역에 남아 조부모와 함께 사는 경우가 많다. 그리고 그들 부모는 경제적인 이유로 춘절春節 같은 명절에, 1년에 한 번 내지 많아야 두 번 정도 아이들을 만난다. 중화전국부녀연합회中化全國婦女聯合會의 2010년 조사 결과에 따르면 18세 미만 청소년 6,100만 명이 농촌에 남아 있다. 이는 중국 농촌 지역 청소년 인구의 38퍼센트에 달하는 수치다. 참고로 이렇게 남겨진 청소년의 일부는 유랑 아동이 되어 범죄에 연루되기도 한다.

농민공은 이렇게 가족과 이별하고 온갖 차별을 담보로 도시에서 고된 노동을 하고 있다. 한마디로 이들의 처지는 불법 이민자와 다를 바 없다. 아이러니한 것은 농민공이 중국 도시 노동 인력과 GDP의 절반을 차지함에도 불구하고 2등급 시민처럼 차별받거나 공정한 대접을 받지 못한다는 사실이다.

농민공, 지방정부와 기업의 공통분모

비공식 이주자들인 농민공은 신분상 사회적 약자일 수밖에 없지만, 이는 역으로 값싼 노동력을 필요로 하는 기업 입장에서는 호재가 된다. 기업 입장에서는 원주민보다 비공식 이주자를 고용하는 것이 비용이

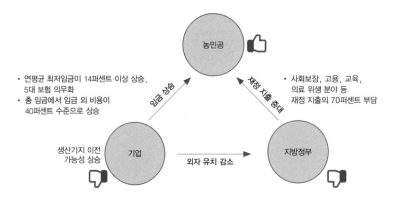

▶ 이주민(농민공)의 신분(호적)을 도시민으로 전환한다면?

훨씬 적게 들기 때문이다. 그리고 이들의 값싼 노동력은 상품의 가격 경쟁력을 확보하여 기업의 수익을 증대시키는 데 일조한다. 이렇듯 농민공의 값싼 노동력은 경제성장과 외자 유치에 기여하는 바가 크다. 이러다 보니 열악한 환경에서 살아가는 농민공의 생활고와 사회적 차별에 대해 정부는 애써 모른 척한다. 농민공의 이주를 합법화시키는 순간 임금 상승으로 이어져 기업에 부담이 될뿐더러 지방정부의 사회복지 비용도 급상승해 큰 재정적 부담을 안겨주기 때문이다. 지역 경제와 공공서비스를 책임져야 하는 지방정부 입장에서는 비공식 이주자의 공식적인 호적 전환이 부담스러울 뿐이다. 최근 중앙정부가 지속적인 경제성장과 인민의 평등한 복지를 위해 농민공의 호적을 도시민으로 전환하는 국정 목표를 제시하였지만 실질적인 책임과 권한을 지닌 지방정부가 움직이지 않는 이유다.

실제 농민공의 신분이 공식적인 도시민의 신분으로 전환될 경우 기업은 최저임금을 연평균 13퍼센트 이상 인상해야 하며 사회보험법 실시에 따라 농민공에게 양로, 의료, 실업 보험 등의 5대 보험을 제공해야 한다. 그 외에도 기술 교육, 취업 알선, 주택 공적금 등 추가될 사회보장 비용을 고려하면 임금 외 비용이 총 임금 대비 40퍼센트가량 추가 상승할 것으로 예측된다. 기업 입장에서는 큰 부담이 아닐 수 없다. 지방정부 또한 사회보장, 고용, 교육, 의료위생 분야 재정 지출의 70퍼센트를 책임지고 있는 상황에서 비공식 이주자의 도시민화는 지방재정에 막대한 부담으로 다가올 뿐이다.

　정리해보자면 농민공의 호적 전환은 지방정부와 기업 모두에게 심한 재정적 부담을 안겨줄 뿐이다. 또한 기업의 수입 감소는 곧 기업이나 공장의 이전으로 외자 유치 감소와 지방 경기 침체라는 부정적 결과를 불러올 수 있다. 그리고 이는 곧 지방정부의 세원 감소로 이어질 수 있다. 결국 기업과 지방정부 모두 농민공의 호적 전환을 반길 수만은 없는 입장인 셈이다.

선전 그리고 어번 빌리지

앞서 언급한 것처럼 농민공은 열악한 사회적 조건에서 살아간다. 그중 가장 심각한 문제는 역시 주거 문제다. 초기에 언급한 것처럼 인간의 기본권인 주거권 역시 농민공에게는 양질로 보장되지 않는다. 이들의 주거 실태를 간략히 살펴보면 2013년 현재 농민공의 47퍼센트는 공장주가 제공하는 기숙사나, 여러 명이 함께 쓰거나 매우 협소한 공동주택에 거주한다. 그리고 12퍼센트 정도는 건설 현장의 가건물에서 숙식을 해결하며 6퍼센트 정도는 일터에서 숙식을 해결한다. 결국 이들의 최소 65퍼센트 이상은 아주 좁은 공간이나 주거 시설이 갖추어지지 않은 열악한 곳에서 살아간다는 얘기다.

선전의 경우 상당수의 농민공이 어번 빌리지(성중촌城中村)에서 살아간다. 어번 빌리지란 과밀한 혼합 용도의 저소득층 주거 단지로 중국 (대)도시의 도시화 과정에서 발생한 독특한 주거 환경을 일컫는다. 2009년 현재 약 1,000만 명 정도의 선전 인구 중 700만 명이 318개의 어번 빌리지에 거주하는 것으로 추정된다. 선전 인구의 70퍼센트가 어번 빌리지에 살고 있는 셈이다.[15] 다시 말해 어번 빌리지의 문제는 곧 선전의 문제라 해도 과언이 아니다.

어번 빌리지는 선전 외에도 주로 베이징北京이나 상하이 같은 대도시에서 공통적으로 발견되는 주거 단지 형식이다. 다만 선전에서 처음으로 어번 빌리지가 형성되었고 그 숫자가 다른 도시에 비해 많은 편이라는 사실은 선전이 어번 빌리지를 대표하는 도시임을 말해준다. 선전의 어번 빌리지에 대해 자세히 살펴보자.

어번 빌리지는 경제특구를 중심으로, 분포, 밀도, 용도 그리고 입주자 성격 등이 다르다.[16] 이는 산업구조가 다르기 때문이다. 경제특

---

15 물론 어번 빌리지에서 살아가는 70퍼센트의 사람들이 전부 농민공은 아니다. 다른 중소 도시에서 온 이주민과 도시 저소득층의 상당수 또한 도심의 어번 빌리지에서 살아가는 것으로 추정된다. 다른 도시에서 온 이주민들의 경우 고향의 호적을 소지하고는 있지만 이들 역시 선전에서는 이방인일 뿐이다.

16 2010년 이후 선전 전체가 경제특구로 확대 지정되어 결과적으로는 선전의 모든 어번 빌리지가 경제특구 안에 위치하게 되었다. 이 책에서는 선전의 '중심'과 '주변'이라는 양분화된 공간의 성격을 이해하기 위해 2010년 선전 전체가 경제특구로 지정되기 전의 선전 경제특구와 그 주변에 자리 잡은 어번 빌리지를 나누어 설명하고 있다(74쪽 지도 참조).

▶ 선전 중심 업무 지구. 고층 빌딩 사이로 과밀한 건축물군의 어번 빌리지가 보인다. ⓒ 전상현

구는 선전의 도심으로, 금융과 사무 중심의 경제활동을 주로 담보하는 반면 경제특구 외부는 주로 제조업과 주거로 활용된다.[17] 결과적으로 어번 빌리지 대부분은 노동집약적인 제조업이 자리 잡고 있는, 경제특구 밖에 위치한다. 이는 통계를 통해서도 쉽게 확인할 수 있다. 2004년 현재 경제특구 안의 어번 빌리지는 평균 층수가 5층인 반면, 경제특구 밖의 어번 빌리지는 3층에 불과하다. 또한 용적률Floor Area Ratio 역시 전자가 267퍼센트에 육박하는 한편 후자는 99퍼센트에 불과하

17 제조업 공장은 토지 가격이 더 낮은 곳에 자리 잡기 마련이다.

▶ 확대해서 본 어번 빌리지. 마치 다닥 다닥 붙은 듯 보이는 건물 풍경은 상식적인 공동주택의 모습을 무색케 만든다.

다. 다시 말해 경제특구 안의 어번 빌리지의 밀도[18]가 경제특구 밖의 어번 빌리지의 밀도보다 높다는 얘기다.

어번 빌리지 입주자들의 직업군 역시 경제특구를 경계로 크게 달라진다. 경제특구 안의 어번 빌리지에는 화이트칼라가 상대적으로 많이 거주하며 경제특구 밖의 어번 빌리지에는 공장이나 소규모 서비스업

---

18 어번 빌리지의 건축 밀도는 일자리 접근성과 토지 가격에 비례한다. 다시 말해 산업 단지Industrial Park나 소규모 제조업이 집중된 곳 그리고 다양한 일자리가 있는 도심이나 고속도로에 접한 곳 혹은 대중교통 이용이 편리한 곳에 위치한 어번 빌리지의 건축 밀도가 높다는 얘기다.

같은 직종에 종사하는 사람들이 주로 거주한다.[19]

어번 빌리지의 용도 역시 경제특구를 경계로 크게 달라진다. 경제특구 안에 있는 어번 빌리지는 경제특구 밖에 있는 어번 빌리지보다 규모가 작다. 용도 역시 공동주택과 저층부의 상업 시설로 비교적 구성이 단순하다. 반면 경제특구 밖의 어번 빌리지는 공동주택 외에도 소규모 공장과 상업 시설 그리고 의료원 등 다양한 용도가 혼합된 근린주구 Neighborhood(동네)의 모습을 보여준다.[20]

이렇듯 어번 빌리지는 입지와 그에 따른 산업 특성에 따라 조금씩 서로 다른 모습을 하고 있지만 저소득 이주민을 위한 주거 단지라는 공통된 사실에는 변함이 없다. 그렇다면 어번 빌리지가 어떠한 과정을 거쳐 선전의 대표적 주거 양식으로 자리 잡게 되었는지 한 번 살펴보자.

어번 빌리지의 탄생과 확산

어번 빌리지는 도시와 그 일대 농지를 소유한 농민(원주민)이 일자리를

---

19 오피스가 밀집한 경제특구 안의 푸톈구와 난산구의 경우 어번 빌리지에 화이트칼라가 주거하는 비율이 약 48퍼센트에 이른다. 반면 경제특구 밖의 어번 빌리지는 소규모 상공업 종사자 비율이 약 44~75퍼센트에 육박한다.

20 경제특구 안의 어번 빌리지는 입지적으로 일자리와 생활 편의 시설에 대한 접근성이 높은 반면, 경제특구 밖의 어번 빌리지는 상대적으로 그렇지 못한 편이다. 이것이 경제특구 밖의 어번 빌리지가 자생적으로 일자리와 생활 편의 시설을 갖추게 된 이유다. 경제특구 안의 푸톈구와 경제특구 밖의 룽화 신구의 위성사진을 비교해보면, 전자의 경우 고층 빌딩에 둘러싸인 빽빽한 '공동주택'의 모습을 볼 수 있는 반면 후자의 경우 빽빽한 '공동주택과 그 주변의 소규모 공장들'이 어우러진 모습을 쉽게 볼 수 있다. 참고로 2009년 현재 선전 어번 빌리지의 건물 구성을 보면 94퍼센트가 주거용이며 6퍼센트가 공공·상업·공업용이다.

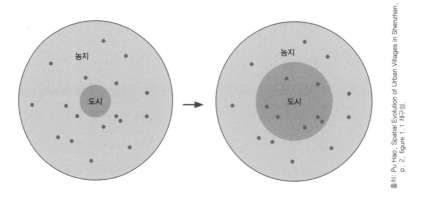

출처: Pu Hao, Spatial Evolution of Urban Villages in Shenzhen, p. 2, figure 1. 1 재구성.

▶ 어번 빌리지(작은 점)가 생성되어 도시로 편입되는 과정. 경제 발전 초기 도시지역 인근에 형성된 어번 빌리지(왼쪽)가 경제성장과 더불어 확장된 도시 영역으로 편입되었다(오른쪽).

찾아 도시 일대로 몰려든 농민공을 대상으로 제공하는 일종의 주거 단지다. 사회주의 국가의 가난한 농민(원주민)이 어떻게 같은 농민(농민공)을 대상으로 주택을 제공(임대)할 수 있을까? 이에 대한 답을 얻기 위해 중국의 토지제도를 살펴보자.

중국의 토지는 크게 두 가지로 나뉜다. 농지와 도시 용지다. 농지의 경우 집체 소유 형식의 농사용 용지와 가구 단위 소유 형식의 농가용 용지[21]로 나뉘는데, 소유권은 농민에게 있다. 반면 도시 용지의 경우 지정 용도에 맞게 다양하게 사용이 가능하며 소유권은 정부에 있다. 중국의 토지제도는 기본적으로 사회주의 계획경제 이념에 기초하

21 농가용 용지는 농촌 마을을 구성하는 단위로 크게 두 가지로 나뉜다. 농가를 짓기 위한 용지와 도로 및 소규모 상업 시설을 위한 기반 시설 용지다. 전자는 가구 단위로 소유하며 후자는 마을 사람들이 공동으로 소유한다.

고 있기에 농촌의 농지는 농민에게, 도시지역의 토지는 계획경제를 이끄는 정부에 귀속되는 것을 원칙으로 한다.

하지만 경제 개혁개방으로 이러한 원칙에도 변화가 생긴다. 정부가 도시경제 활성화를 위해 1987년 도시 용지의 자유로운 토지 사용권 거래를 허가한 것이다. 이전에는 정부가 도시 용지의 사용권을 무상, 무기한, 무거래의 원칙으로 사용자에게 위임하였으나 1987년 이후 공시, 경매, 입찰을 통하여 사용권을 시장에 내다 팔기 시작했다. 그리고 그렇게 시장에 나온 토지 사용권은 일반인들 사이에서 자유롭게 거래되었다(도시지역의 토지 소유권은 여전히 정부에 귀속된다). 그리고 사용권의 자유로운 거래는 도시지역 개발 사업을 비롯해 각종 산업이 발전할 수 있는 발판이 된다. 반면 농지는 여전히 오직 농민만 소유권과 사용권을 행사할 수 있으며 원칙적으로는 사용권을 거래할 수 없다.[22] 그리고 이는 입지가 좋은 농가용 용지를 보유한 농민(원주민)이 농민공(이주민)을 대상으로 박리다매의 주택 임대업을 할 수 있는 전제 조건이 되었다.

앞서 언급한 것처럼 선전은 제조업을 시작으로 도시경제가 성장하면서 도시와 교외 지역의 도로망을 따라 공장들이 생겨나기 시작한다. 그 결과 내륙 지방으로부터 농민들이 공장이나 서비스업 등의 일자리를 찾아 도시와 그 주변으로 이주하고, 이는 자연스레 임대료가 싼 주거 공간의 수요 증가로 이어졌다. 그리고 이러한 수요를 간파한 공장 주변의 농민(원주민)은 자신이 거주하고 있는 공장 주변(혹은 도심 요충지) 마을(농가용 용지)에 밀도 높은 공동주택을 세워 일자리를 찾아 내륙 지

---

22 앞서 언급한 것처럼 2013년에 발표된 신형 도시화 계획으로 농가용 토지 사용권의 자유로운 시장 거래가 허용되었다. 물론 소유권은 여전히 농민과 정부 사이에서만 거래가 가능하다.

▶ 선전 룽강구龍崗區에 위치한 어번 빌리지. 높이가 각기 다르고 색이 다양하지만 '열악한 밀도'라는 공통분모는 굳건하다.

▶ 선전 푸톈구에 위치한 어번 빌리지. 7층 높이의 건물이 죽 늘어서서 만들어진 대형 블럭super block은 마치 하나의 거대한 건물을 보는 듯하다.

▶ 선전 뤄후구에 위치한 어번 빌리지. 주변의 정상적인 아파트에 비해 층수는 낮지만 밀도는 상당히 높아 보인다.

▶ 선전 뤄후구에 위치한 어번 빌리지. 저층부에는 의류점부터 슈퍼마켓, 음식점, 마사지숍, 미용실에 이르기까지 다양한 상점이 들어서 있으며 상층부에는 주거 공간이 밀집되어 있다. 말 그대로 주상 복합이다.

방에서 온 농민(농민공)에게 저렴한 임대료[23]로 주거 공간을 제공한다. 다시 말해 원주민(농민)이 자신이 소유한 토지를 활용해 부동산 임대업을 하는 것이다. 그리고 이들은 수익을 극대화하기 위해 공동주택을 과밀하게 짓는다. 이는 농지 건축 규정이 허술한 데다[24] 토지 소유주가 정부가 아니라 농민이었기에 가능했다.

선전의 어번 빌리지는 1980년대 이후 급속한 산업화(도시화) 과정과 더불어 경제특구 안팎에 산발적으로 형성되기 시작했다. 그리고 2000년대에 그 성장이 두드러졌다. 특히 1999년부터 2004년까지의 성장세가 가파르다. 1999년 어번 빌리지가 차지한 토지 면적은 73제곱킬로미터에서 2004년에 94제곱킬로미터로 증가하였으며 빌딩 수는 24만 동에서 35만 동으로 증가하였다. 또한 전체 바닥면적은 5,400만 제곱미터에서 1억 600만 제곱미터로 증가하였는데 이는 총 바닥면적이 단 5년간 두 배 가까이 증가한 셈이다. 하지만 2000년대 후반부터는 소유주들이 어번 빌리지를 리모델링하는 경우가 늘고 정부 규제가 강화됨에 따라 증가세가 둔화되었다.

문제는 선전의 경제 활성화로 도시 영역이 확산[25]되고 기존의 어번 빌리지들이 도시로 편입되면서 재개발되거나 개발 압력에 시달리고 있다는 것이다. 이렇듯 개발(수요)의 논리로 태어난 어번 빌리지는 현재 또 다른 개발(수요)의 논리로 위협받고 있다.

---

23 2005년 현재 선전 푸텐구의 단위면적(1제곱미터)당 주택 임대료는 매월 20~70위안인 반면 어번 빌리지의 경우 15~30위안에 불과하다.

24 개혁개방 초기 도시지역의 건축 관련 규정은 엄격한 편이었으나 그에 반해 농지의 건축 관련 규정은 허술했다.

25 경제 활성화는 도시지역의 확대를 공식화했다. 1993년 당시 경제특구 밖의 지역은 선전이 아니었으나 도시경제의 팽창으로 도시지역(선전)으로 편입되었다.

정부와 원주민의 동상이몽

선전의 경제 발전 초기에 정부는 도시경제 활성화를 위해 도시 기반 시설을 제공해야 했다. 하지만 이제 막 사회주의 경제체제로부터 벗어난 터라 재정이 여의치 않았다. 기존 도시 용지의 사용권 매매 외에 정부가 재원을 마련하는 손쉬운 방법은 농지 수용뿐이었다. 농지를 수용하여 도시 용지로 전환하면 사용권 판매를 통해 막대한 이득을 올릴 수 있기 때문이었다. 명분 또한 맞아떨어졌다. 도시 용지를 많이 확보해야 오피스와 공장도 짓고 아파트도 지을 수 있었다. 그래야 몰려오는 외부 자본과 사람들을 수용하여 도시경제를 성장시킬 수 있었기 때문이다.

도시화가 본격적으로 시작된 1990년대 들어 정부는 농지 수용을 적극적으로 시도하기 시작한다. 방대한 토지의 가치에 눈을 뜬 것이다. 1992년 선전 정부는 경제특구 안에 남아 있는 농촌 지역을 도시지역으로 변환하고 농민 호적을 비농업 종사자로 전환한다. 호적을 전환함으로써 토지를 강제 수용할 수 있는 명분을 확보한 것이다. 정부의 이러한 조치는 그 후 경제특구 외곽으로까지 확대되었다.

1994년 중국은 지방정부가 지역 개발의 재정을 책임져야 하는 지방자치 시스템을 수립한다. 중앙정부에 책임과 권한이 집중되던 시절과 달리 지방정부가 각 지역의 살림살이를 자신들의 권한으로 책임지게 된 것이다.[26] 그 결과 지방정부는 좀 더 쉽게 농지를 시장가격 이하

---

26 앞에서 언급한 것처럼 지방정부는 해당 지역 사회복지 재정의 70퍼센트를 부담해야 하는 만큼 상당히 높은 재정 자립도를 달성해야 한다.

로 강제 수용할 수 있게 되었다. 지방정부의 본격적인 토지 쟁탈은 그렇게 시작되었다. 이렇듯 정부는 경제 발전이라는 거시적 목표와 지방정부의 재정 확대라는 미시적 목표를 향해 농지 수용을 적극적으로 추진해나갔다.

지방정부는 토지수용으로부터 막대한 이득을 얻는다. 2008년 현재 토지 사용권 양도 수입은 지방정부 재정수입의 약 50퍼센트를 차지한다. 또한 현재 재정 시스템에서 토지 사용권 양도소득은 100퍼센트 지방정부의 수입이 되며 예산 내 수입에 잡히지 않는다. 지방정부 입장에서는 토지수용과 사용권 매매야말로 살림에서 보이지 않는 효자 노릇을 하는 셈이다. 실제 정부가 수용한 농지는 평균 열 배 이상의 가격으로 개발업자에게 사용권이 양도되며 수익의 단 5퍼센트만이 농민 개인에게 보상금으로 배분된다.

사실 지방정부 입장에서는 토지수용 보상금을 최소화하고 토지 사용권 가격을 극대화할 수밖에 없다. 지방정부가 도시 개발을 책임져야 하기 때문이다. 다시 말해 도로와 상하수도 같은 기반 시설과 기업을 유치하기 위한 저가의 공장 용지를 조성하는 데 막대한 비용이 지출되기 때문이다. 이러다 보니 토지수용 과정에서 정부와 원주민이 충돌하는 경우가 많다. 보상금 문제와 더불어 수용 규정이 정부에게 절대적으로 유리하기 때문이다. 예를 들어 집체 소유 형태의 토지수용에 관한 규정을 보면 수용에 앞서 농민과 협의를 하게 되어 있으나 필요시 정부는 임의로 강제 수용할 수 있다. 이러한 불합리한 규정은 원주민과 정부 사이에 심각한 분쟁을 불러왔다. 이는 통계를 통해서도 쉽게 확인할 수 있다. 현재 토지 관련 소송은 전체 소송의 40퍼센트에 해당하는 약 400만 건이며 그중 토지수용에 대한 소송이 85퍼센트를 차지한다.

　그렇다고 지방정부가 토지수용을 중단하기는 어려워 보인다. 도시 개발에 대한 중앙정부의 강력한 요구와 더불어 토건 사업만큼 지역 경제를 단시간에 활성화시킬 대안이 없기 때문이다.[27] 가급적 많은 토지를 수용하여 재원도 확보하고 개발 사업을 촉진하여 지역 경제를 활성화시킬 수 있다는 믿음은 지역 경제를 책임져야 하는 지방정부에게 크나큰 매력이 아닐 수 없다.[28] 더군다나 지난 5년 동안 지방정부의 토지 양도 수입은 꾸준히 감소해왔다. 지방정부의 재정수입 비중은 2008년 50퍼센트에서 2012년 24퍼센트로 감소했다. 어찌 보면 도시화의 속도 완화에 따른 자연스러운 현상이겠지만 지방정부 입장에서는 조바심이 나는 상황임은 틀림없다. 지방정부로서는 토지수용에 박차를 가해야 하는 상황인 것이다.

　앞에서 살펴본 것처럼 지방정부는 농지를 수용하는 과정에서 원주민과 소유권을 놓고 심각한 대립을 보여왔다. 하지만 예외가 있었으니 그것이 바로 '농가용 토지(농촌 마을)'다. 정부는 농사용 토지를 적극적으로 수용하는 한편 농가용 토지는 수용 절차와 민감한 분쟁을 이유로 보전해왔다. 그리고 앞서 언급한 것처럼 원주민들은 보전된 농가용 토지에 이주민들을 위한 주거 단지를 조성하여 부동산 임대업자로 변신

27　토건 개발은 단기간에 고용을 창출하고 연관 산업을 활성화할 수 있다는 장점이 있다. 그러나 과도한 토건 개발은 지속적인 수익보다는 지속적인 지출을 야기한다. 개발을 했지만 수요가 그에 못 미치는 경우다. 중국 지방정부의 부채 문제가 심각한 이유도 마찬가지 원리다. 이처럼 수요를 넘어선 과도한 토건 개발은 두바이의 모라토리엄moratorium 사태처럼 오히려 경제성장의 발목을 잡을 수도 있다.

28　중국의 경우 국가 GDP의 70퍼센트를 인프라 건설과 부동산 개발 관련 산업 부분이 차지한다. 부동산 개발이 극에 달했던 1980년대 일본의 경우도 그 비중이 35퍼센트였음을 생각하면 중국의 토건 개발 의존도는 분명 비정상적이다.

했다. 물론 정부가 의도한 것은 아니었다. 어쨌든 결과적으로는 정부가 원주민 생계의 마지막 보루를 남겨준 셈이다.[29]

사실 도시화 과정에서 교육 수준이 낮은 원주민 대다수가 농업이 아닌 생계 수단을 갖기란 상당히 어렵다. 보통은 농지를 수용할 때 정부가 원주민에게 도시민 호적을 부여하는데, 교육 수준이 낮은 원주민이 도시에서 일정 수준 이상의 직업을 얻기란 사실상 불가능하다. 소유한 토지를 기반으로 임대업을 하지 않는 이상 원주민 역시 농민공처럼 살아가야 하는 것이다.

결과적으로 원주민은 자신들에게 남은 농지를 활용하여 농민공을 상대로 주택 임대업을 할 수 있었고, 그 덕분에 몇몇은 하루아침에 부자가 됐다. 특별한 기술이나 지식 없이 자본주의 논리에 따라 신분이 급상승하게 된 것이다. 결국 원주민에게 남아 있는 농지는 꼭 지켜야 하는 생계 수단[30]이자 신분 상승의 유일한 기회인 셈이다.

---

29 정부가 농지를 수용하는 과정에서 원주민의 생계를 배려한 듯이 취한 조치는 크게 두 가지로 요약된다. 첫째는 농가용 토지의 보전이고, 두 번째는 가구당 최대 200제곱미터에 달하는 농사용 토지의 일부 보전이다. 간단히 말해 집과 최소한의 일터를 남겨준 것이다. 참고로 이렇게 남겨진 농사용 토지는 농업이라는 생계 수단을 잃은 원주민들이 생계를 유지할 수 있도록 상공업의 집단 경제활동이 가능한 토지로 전환, 보전되었다. 하지만 이렇다 할 교육 자본도 기술도 없는 원주민들에게 이러한 정부의 조치는 배려라기보다 무책임한 정책에 불과했다. 진짜 구세주는 도시화(산업화)로 밀려드는 이주민들이었다. 결과적으로는 농가용 토지의 경우 원주민이 주택 임대업을 할 수 있는 토대가 되었으며 전환, 보전된 농사용 토지의 경우 소규모 상공업 투자자들을 상대로 한 임대업의 토대가 되었다. 이렇듯 특별한 기술도 교육 자본도 없는 원주민들에게 남은 유일한 선택이란 임대업뿐이었다.

30 2005년 현재 푸텐구에 위치한 어번 빌리지 소유주(원주민)들이 얻는 수입의 60퍼센트는 주택 임대 수입이다.

정부와 원주민의 적대적 공생, 어번 빌리지

어번 빌리지의 건물들은 대부분 불법 건축물이다. 주어진 대지에 법으로 정한 한계를 초과해 건축했기 때문이다. 자연히 주거 환경은 열악할 수밖에 없다. 도시경관의 문제는 물론이요 치안과 위생 등 어번 빌리지는 사회적, 공간적으로 많은 문제를 안고 있다(이 부분에 대해서는 뒤에서 자세히 다루겠다). 선전 정부가 처음부터 공식적으로 어번 빌리지의 철거를 주장해온 이유다.[31]

그렇다면 왜 정부는 막강한 힘을 가지고 있으면서도 불법 건축물인 어번 빌리지를 없애지 못하는 걸까? 어번 빌리지가 행정구역상 도시가 아니라서 그런 걸까? 어느 정도는 맞는 얘기다. 최소한 선전 정부는 행정구역상 비非도시지역에 해당하는 어번 빌리지에 대해 제재를 가하기가 쉽지 않다. 하지만 어느 행정단위에 속해 있든 불법 건축물은 의지만 있다면 얼마든지 제재할 수 있다는 것이 상식이다. 더군다나 중국같이 정부의 권력이 막강한 사회주의 국가에서는 더욱더 그럴 것이다. 정부가 어번 빌리지를 묵인하는 진짜 이유는 아주 현실적이다. 중국의 경제성장을 위해 도시와 그 주변에 값싼 노동력이 지속적으로 공급되어야 하기 때문이다. 공장과 기업을 지속적으로 유치하기 위해서는 값싸게 노동력을 제공할 이주민이 필요하다. 하지만 이주민들은 도시의 집값을 감당할 수 없다. 결국 이주민들의 노동력을 사용하기 위해서는 아주 저렴한 주거 시설이 필요한데, 어번 빌리지가 바

---

31 선전 정부의 어번 빌리지 대응 정책은 1980년대 '철거'에서 1990년대 이후 '철거 후 전면 재개발'로 바뀌었다.

로 그 역할을 하는 것이다. 다시 말해 정부 입장에서는 어번 빌리지를 '필요악' 정도의 개념으로 받아들이고 있는 것이다(물론 정부의 공식적인 입장은 아니다).

과거 정부가 어번 빌리지에 제재를 가하지 않은 것은 아니었다. 개혁개방 직후 1980년대 중반 정부는 농가용 토지[32]에 건축할 건물의 층수, 농가용 토지 소유주 가족 1인당 건축 연면적 할당 등의 건축 규정을 마련했다. 하지만 어번 빌리지의 무분별한 확산을 막지는 못했다. 이에 정부는 1990년대 어번 빌리지의 불법 건축물에 대한 규제를 구체화하기 시작하였으며, 최근 일부 어번 빌리지는 전면 재개발을 조건으로 철거되기도 하였다. 하지만 여전히 선전 일대에는 어번 빌리지들이 많이 남아 있다. 1990년대부터 현재까지, 어번 빌리지에 대한 규제와 규제의 결과를 조금 더 깊이 살펴보자.

어번 빌리지는 앞서 언급한 대로 불법 건축물이다. 기본적으로 농지에는 4층까지만 주택을 지을 수 있지만 원주민들은 자신이 소유한 토지에 더 넓고 높은 건물을 짓기 위해 층수 규정을 무시하고 더 높고 더 빽빽하게 공동주택을 지었다. 입주자 수를 늘려 임대료를 더 많이 받기 위해서였다. 이러한 상황이 지속되자 정부는 1990년대 중반 일시적으로 건축 허가를 내주지 않았다. 하지만 결과는 오히려 더욱 악화되었다. 1980년대 후반부터 1990년대 초반까지 지어진 어번 빌리지 건물들은 5층 이하였으나 1990년대 후반부터 새로 지어진 건물들은 80퍼센트 이상이 6층에서 9층 사이의 건물들이다. 심지어 신축 건물의 약 5퍼센트는 10층이 넘으며, 드물긴 하나 높이가 20층 되는 것도

---

32 어번 빌리지 대부분은 농가용 토지에 지어진다는 사실을 기억하자.

▶ 어번 빌리지의 건물 간격. 상당히 좁다. 만약 이곳에서 화재가 발생한다면? 소방차가 들어갈 수 없는 이곳에서 화재가 나면 어떻게 진압할 수 있을까?

▶ 아래서 올려다본 어번 빌리지 건물들. 대낮인데도 건물들이 서로에게 헐떡거리며 햇빛 대신 어두운 그림자를 선사할 뿐이다.

있다. 이렇듯 강력한 처벌 규정이 없는 법은 이윤을 추구하는 욕구 앞에서는 무기력해질 뿐 규제할 힘을 갖지 못한다.

선전 정부는 1990년대 악화된 어번 빌리지의 상황을 타개하고자 2001년 불법 건축물 양성화 정책을 발표하였다. 요지는 법이 정한 규정을 어기고 초과 건축한 부분만큼, 토지 사용료와 벌금을 원주민에게 부과하는 것이었다. 하지만 그 금액은 매우 낮았다. 토지 사용료는 건물을 두 채 이상 소유할 경우에만 부과되었으며, 그 금액 또한 표준 토지 사용료의 75퍼센트에 불과했다. 초과 건축물에 대한 벌금은 더욱 낮았다. 초과 건축 면적 1제곱미터당 벌금 최고액이 100위안(한화로 1만 6,500원)을 넘지 않았다. 이는 같은 해 도심의 민간 분양 주택의 평균 매매가가 1제곱미터당 6,300위안(한화로 103만 원)이었음을 고려할 때 현실적으로 매우 낮은 수준이었다.

원주민 친화적인 처벌 내용은 이뿐만이 아니었다. 원주민들은 새로운 규제에 따라 토지 사용료와 초과 건축에 대한 벌금을 납부한 후, 불법 건축물에 대한 재산권을 합법적으로 행사할 수 있게 되었다. 원주민들이 벌금을 납부함으로써 토지 소유권이 정부에게 자동 귀속되지만, 불법 건축물의 재산권은 공식적으로 인정받을 수 있게 된 것이다. 열심히 건물을 짓고 벌금을 조금 내면 불법 건축물에 대한 재산권을 인정받으니 원주민 입장에서는 아주 고마운 제도이다. 그렇다고 원주민에게만 이익이 돌아간 것은 아니었다. 정부도 불법 건축물을 인정해 주는 대신 토지 소유권을 확보하고 토지 사용료에 대한 수입이 증가하니 말 그대로 윈윈win-win인 셈이다. 결국 이 제도는 오히려 불법 건축물의 신축을 부추기는 결과를 낳았다. 이렇듯 정부는 경제 발전에 필수 불가결한 이주민들의 주거 공간으로서 어번 빌리지를 교묘히 묵인해

온 것으로 보인다.

어번 빌리지라는 교착상태

앞서 살펴본 대로 정부는 어번 빌리지가 가지고 있는 도시 풍경의 문제나 위생 및 치안 등의 이유로 어번 빌리지가 조성되던 초기부터 그 존재를 공식적으로 반대해왔다. 하지만 효과도 없었을뿐더러 그리 적극적이지도 않았다. 오히려 현실적인 이유로 정부의 어번 빌리지에 대한 태도는 협력에 가까운 모습을 띠었다.

하지만 2000년대 후반 이후 지방정부의 태도는 원주민과의 협력에서 대립으로 변화하게 된다. 도시가 팽창하고 개발 가능한 유휴지가 부족해짐에 따라 정부의 태도가 변화하기 시작한 것이다. 이는 개발 가능한 토지가 감소하면 그에 따라 지방정부의 수입이 감소할 것이며 경제성장이 둔화될 것이라는 걱정이 만들어낸 지방정부의 태도 변화로 해석된다. 이러한 관점에서 어번 빌리지는 가장 탐나는 타깃이었다. 도시 성장과 더불어 어번 빌리지 주변이 개발되고 기반 시설이 확충되는 등 어번 빌리지 개발의 잠재 가치가 상승했기 때문이다. 특히 대중교통이 편리한 도심 요지에 위치한 어번 빌리지의 재개발 가치는 상당했다. 개발을 위해 정부가 토지를 수용할 경우 막대한 사용권 매매 이익이 예상됐다. 이에 2005년 선전 정부는 2010년까지 연면적 1,150만 제곱미터에 해당하는 어번 빌리지를 재개발하고, 우선 2008년까지 137개의 어번 빌리지를 재개발하겠다는 연간 계획을 공표한다. 하지만 2009년 7월 현재 경제특구 안에 위치한, 연면적 17만

2,000제곱미터에 해당하는 소규모 어번 빌리지 세 곳만 재개발됐을 뿐 별 진척이 없다.

이렇듯 선전 정부의 계획과 달리 어번 빌리지의 재개발은 진행 속도가 상당히 느리다.[33] 여러 가지 이유가 있지만 근본적인 이유는 재개발 계획에 관련된 이해 당사자들의 입장 차이 때문이다. 보통 중국의 재개발 계획은 한국과 마찬가지로 정부와 민간 개발사가 주도하는데, 그 과정에서 원주민에 대한 보상 문제와 재개발 가능 규모에 대한 정부의 도시계획 결정 같은 이슈들이 주로 재개발을 어렵게 만든다.[34]

가장 큰 걸림돌은 역시 보상 문제다. 원주민과 정부의 손익계산법이 다르기 때문이다. 어번 빌리지를 소유한 원주민 입장에서는 정부의 보상이 황금 알을 낳는 거위를 내놓을 만큼 매력적이지 않다. 다시 말해 원주민(토지 소유주) 입장에서는 재개발 보상금을 받고 토지와 건물을 양도한다 하더라도 장기적이고 안정적인 고정 수입이 사라지니 토지 수용 제안에 선뜻 응하기가 쉽지 않다. 설사 충분한 보상이 이루어진다 하더라도 향후 발생할 경제적 가치와 비교하면 그 가치는 상대적으로 낮을 것이다. 예를 들어 어번 빌리지를 아파트로 재개발할 경우 보통 원주민에게는 임대업을 유지할 수 있도록 몇 채의 아파트가 주어지지만 향후 지속적으로 개선되고 발전할 어번 빌리지 주변을 고려한다

33 정확히 얘기하면 어번 빌리지의 공동주택 부분을 의미한다. 앞서 언급한 것처럼 어번 빌리지의 대부분은 가구 단위 소유의 농가용 용지에 지어진 공동 주택들로 원주민들의 주요 수입원이다. 그러다 보니 개발 수용에 대한 보상 기준도 높고 저항 또한 만만치 않다. 반면 같은 농가용 토지에 속하는 공공 용지 및 소규모 상공업 용지는 마을 주민들의 공동소유로 소유권 관계가 명확지 않고 그 비중이 낮아 개발 수용이 상대적으로 쉬운 편이다.

34 어번 빌리지가 재개발될 경우 원주민(토지주)은 보상이라도 받지만 그 안에 살고 있는 세입자들은 강제 철거되면 떠날 수밖에 없다. 아이러니하게도 그들은 재개발 과정에서조차 소외되는 것이다. '재산권'이 '주거권'을 우습게 만드는 경우다.

면 현상을 유지하는 것이 원주민에게 훨씬 유리하다. 어번 빌리지 주변이 계속해서 발전한다면 입지상 어번 빌리지의 부동산 가치도 계속해서 상승할 것이고, 이는 원주민들의 지속적인 자산 가치 상승이라는 결과로 이어지기 때문이다.

장기적 관점에서 원주민들은 특별한 보상을 받지 않는 한 임대료 상승과 더불어 안정적인 자산 가치의 지속적 증가라는 메리트를 포기할 이유가 없다. 하지만 정부와 민간 개발업자 입장에서는 원주민에게 특별한 보상을 하기가 쉽지 않다. 높은 보상금은 곧 사업비의 증가를 야기하며 사업비의 증가는 순이익의 감소로 이어질 것이기 때문이다. 토지를 수용하는 정부나, 정부로부터 토지를 매입해야 하는 민간 개발사나 모두 부담스러울 뿐이다. 높은 보상비를 상쇄하는 방법은 민간 개발사가 수익률이 높은 용도로 건물을 최대 용적으로 짓는 것뿐이다. 대규모 쇼핑몰이나 오피스 혹은 고가의 민간 분양 아파트를 최대 용적으로 지어야 하는 것이다. 문제는 공공성을 견지해야 할 정부가 무조건 민간 개발사가 요구한 대로 높이나 개발 가능 면적 등에 관한 개발 규제를 조정하기 쉽지 않다는 데 있다. 이렇듯 삼자의 입장 차이는 어번 빌리지 재개발을 어렵게 만들고 있다. 오늘날 여전히 어번 빌리지가 선전 일대를 장악하고 있는 이유이다.

앞서 살펴본 바와 같이 어번 빌리지에 대한 선전 정부의 입장은 '필요악'에서 최근 '전면 재개발' 쪽으로 선회한 듯하다. 하지만 그렇다 하더라도 선전 정부의 계획대로 상당한 양의 어번 빌리지를 모두 전면 재개발하기는 현실적으로 상당히 무리가 있어 보인다. 도시 노동력의 상당수를 차지하는 이주민들의 거주처가 충분히 마련되어 있지 않기 때문이다. 다시 말해 어번 빌리지가 전면 재개발될 경우 이주민은 높

▶ 선전 푸톈구에 위치한 어번 빌리지. 푸톈구에 위치한 15개의 어번 빌리지는 총 3.9제곱킬로미터의 토지 면적을 차지한다. 어번 빌리지는 공식 행정구역의 총 5퍼센트밖에 차지하지 않지만 푸톈구 인구의 절반 정도에 해당하는 57만 명 이상의 이주자를 수용한다. 과밀함 덕분이다. 푸톈구 안 어번 빌리지의 건축물 평균 연면적은 910제곱미터로 정부가 제시한 연면적 적정 규모의 상한선인 480제곱미터의 두 배 정도에 이른다. 이렇듯 선전의 어번 빌리지는 과밀함으로 실질적인 도시인구의 상당 부분을 담아낸다. 선전의 어번 빌리지를 전면 철거하는 것이 현실적으로 무리라고 보는 이유다.

아진 주거 비용을 감당하거나 도심 외곽으로 밀려나 늘어난 교통비를 감수해야 한다. 현실적으로 매우 어려운 얘기다. 결국 호적 제도와 그에 수반되는 사회보장제도가 개선되어 이주민들의 실질임금이 올라가고 생활환경이 개선되지 않는 한 어번 빌리지의 전면 재개발은 선전에 또 다른 숙제를 안겨줄 것이다.

어번 빌리지의 두 얼굴

과연 어번 빌리지는 전면적으로 철거해야 할 아무런 가치가 없는 흉물일 뿐인가? 정책 방향을 수립하기 전에 진지하게 고민해봐야 할 부분이다. 물리적 특성만 보자면 어번 빌리지는 분명 흉물에 가깝다. 세계 도시 역사를 보면 산업화 시기에 생성된 저소득층 주거 단지는 과밀 건축물로 질이 매우 떨어질 뿐 아니라 도시 풍경마저 어지럽혔다. 어번 빌리지 역시 산업화 시기 저소득층 주택의 특징으로부터 크게 벗어나지 않는다.

어번 빌리지의 건물들은 보통 6층에서 9층 정도의 높이이며 건물 간 이격 거리는 매우 좁다. 건물 안에서 사람이 밖으로 손을 내밀면 서로 닿을 정도이다 보니 키스하는 빌딩Kissing Buildings 혹은 악수하는 빌딩Handshake Houses이란 닉네임으로 불린다. 당연히 채광과 통풍이 매우 좋지 않으며 과밀 건축으로 프라이버시를 보장받기도 매우 어렵다. 아울러 미로같이 만들어진 단지 내 외부 공간 역시 주민들을 위한 변변한 휴게 공간 하나 제공하지 못한다.

더군다나 상당수의 어번 빌리지는 기반 시설이 부실하다. 이유는 두 가지다. 첫째는 어번 빌리지가 초과 건축된 불법 건축물이기에 정부로부터 실제 거주 인원에 걸맞은 전기나 상하수도, 학교, 도로 같은 생활 기반 시설을 제공받기가 쉽지 않다는 것이고, 둘째는 재산권 행사에서도 불법 건축물이라는 불안한 상황이어서 원주민들이 기반 시설에 투자하기를 꺼려 한다는 사실이다. 대부분의 어번 빌리지가 최소한의 전기 공급과 상하수도 시설만을 갖춘 이유다. 이렇듯 어번 빌리지의 생활환경은 상당히 열악하다.

이러한 이유로 경제학자와 부동산 개발사 그리고 이제는 정부마저 어번 빌리지에 대한 강력한 규제를 주장한다. 그럼에도 불구하고 어번 빌리지는 간과하기 어려운 긍정적 요소 몇 가지를 내포하고 있다. 첫째, 어번 빌리지는 원주민들의 커뮤니티 해체를 방지한다. 원주민들은 어번 빌리지를 개발한 후 임대한 주거 공간을 관리하기 위해 그곳에 거주하는데, 이는 커뮤니티를 지속시키는 결과를 낳는다.[35] 실제 원주민의 95퍼센트가 어번 빌리지가 조성된 후에도 계속 거주한다. 둘째, 어번 빌리지는 이주민뿐 아니라 소규모 창업자와 학생에게도 경제적으로 부담 없는 주거를 제공함으로써, 그들에게 현실 가능한 경제적 출발점이 된다. 셋째, 어번 빌리지는 소규모 상업 활동을 촉진시킨다. 보통 도심에 위치한 어번 빌리지는 상층부는 주거로, 저층부는 소규모 상업 시설과 생활 편의 시설로 이루어지는데, 이는 도심 한가운데서도 상대적으로 저렴한 비용으로 소규모 상업 활동을 시작할 기회를 제공한다.

도심에 위치한 어번 빌리지의 장점을 모아보면 기념비적인 미국의 도시 연구가 제인 제이콥스Jane Jacobs가 《미국 대도시의 죽음과 삶The Death and Life of Great American Cities》(1961)에서 주장한 지속 가능한 도시계획의 원리와 상당 부분 일치함을 알 수 있다. 제인 제이콥스 주장의 핵심은 보행자 중심의 혼합 용도의 마을 만들기를 바탕으로 경제적으로나 사회문화적으로 안전하고 지속 가능한 도시를 만들자는 것이다. 좀 더

---

35 한동네 살던 농민들은 마을을 어번 빌리지로 개조한 후에도 그곳에 남아 모여 산다. 이는 임대를 효율적으로 관리한다는 목적 외에도 자신들의 '동네'라는 사회적 자본과 그들 역시 상대적으로 저렴한 주거 공간에서 살 수 있다는 장점을 포기할 수 없기 때문인 것으로 보인다. 하지만 원주민들은 경제적, 사회적 이유로 예전 그대로의 커뮤니티를 유지할 뿐 임차인(이주민)과 어울리며 커뮤니티를 적극적으로 확장시키지는 않는다.

▶ 도로를 사이에 두고 대형 쇼핑몰과 마주한 선전 푸텐구의 어번 빌리지(위 오른쪽). 한적한 쇼핑몰 앞 가로(아래)와 활기찬 어번 빌리지 내 가로(위 왼쪽)의 모습이 대조적이다. 브랜드가 주도하는 폐쇄적인 대형 공간보다 자생적인 소규모 상업 가로가 도시 풍경에 더욱 유익하다는 사실을 알게 해준다.

자세히 살펴보면 제인 제이콥스는 다양한 스케일의 주거와 상업 시설이 가로를 중심으로 뒤섞일 때 가로가 활성화되고 다양한 사람의 보행으로 감시의 눈[36]이 생겨 가로가 안전해진다고 했다. 또한 오래된 건물과 새 건물이 다양한 스케일로 어우러질 때 '성공한' 사업가뿐만 아니라 '성공할' 창업자 역시 도심에서 사업을 시작할 기회를 얻고, 이는 지속 가능한 도시경제 구조를 만들어낸다고 했다. 그리고 제이콥스의 이러한 주장은 오늘날 건강한 도시 만들기의 원리로 널리 받아들여지게 되었다.

선전 푸텐구에 위치한 한 어번 빌리지(오른쪽 위 이미지 참조)를 통해 제인 제이콥스가 제안한 건강한 도시 만들기의 원리가 어떻게 도심의 어번 빌리지들과 일맥상통하는지 한번 살펴보자.

업무 중심 지구에 위치한 이 어번 빌리지는 24시간 저층부의 가로가 활기차다. 건물 1층에 들어선 상가들로 그물망 같은 상업가로가 형성되어 상층부에 거주하는 사람들과 인근 행인의 발길이 끊이지 않기 때문이다. 게다가 오후 11시만 되면 문을 닫는 인근 쇼핑몰과 달리 어번 빌리지의 가로는 24시간 개방되어 있다. 사람들은 대형 쇼핑몰에서는 접할 수 없는 다양한 상점을 찾아 이곳으로 온다. 그 덕분에 가로는 늘 활기차며 다양한 사람의 끊이지 않는 감시의 시선으로 매우 안전한 장소가 된다.

만약 앞서 언급한 어번 빌리지가 전면 재개발되고 그 자리에 대형

---

36 가로가 다양한 용도의 건물로 구성되어야 다양한 사람들이 다양한 시간에 그 길을 걷는다. 그리고 이는 곧 '감시의 눈'이 항상 거리의 안전을 지키는 결과를 낳는다. 반면 대규모 단일 용도의 건물에 면한 가로는 건물이 쓰이지 않는 시간대에는 위험한 장소가 될 수 있다. 이것이 바로 제인 제이콥스가 배타적 용도 지역제exclusice zoning를 기반으로 한 근대 도시계획을 '안전'이라는 측면에서 비판한 대목이다.

▶ 선전 푸톈구 어번 빌리지의 밤 풍경. 밤 11시가 되면 폐점하는 대형 쇼핑몰(아래)과 달리 어번 빌리지(위)는 24시간 활기
찬 풍경으로 도시를 지킨다.

©권영상

▶ 선전 푸텐구 어번 빌리지의 밤 풍경. 밤 10시경 어번 빌리지의 저층부(상업 가로)는 활기찬 모습을 보이는 반면 상층부(주택)는 어두컴컴하다. 이곳에 사는 사람들은 아직도 퇴근을 못한 것일까? 만약 저층부에 상업 시설이 없다면? 늦은 밤 집으로 돌아가는 사람들은 어두컴컴한 골목들을 마음 놓고 다닐 수 있을까? 이렇듯 혼합 용도는 '감시의 눈'으로 가로를 안전하게 만들어준다.

쇼핑몰이 들어선다면 어떻게 될까? 사람들은 도심 지역에서 다양한 규모와 다양한 가격대의 상품을 파는 상업 시설을 이용할 기회를 잃게 되며 소규모 상인들은 도심에서 자신만의 사업을 영위하기가 매우 어려워질 것이다. 또한 저소득층의 사람들 역시 집값을 감당하지 못해 도심 밖으로 이주해야 할 것이다. 이렇듯 도심 내에 위치한 어번 빌리지를 현재의 토지 가치에 맞게 고급 주거 공간이나 쇼핑몰로 재개발한다면 결국 도시는 점점 일정 수준 이상의 사람들만 모여 사는 곳으로 변해갈 것이다. 이는 분명 지속 가능한 도시의 모습은 아니다.

허름하고 빡빡한 도심 속 어번 빌리지는 분명 철거하고 싶은 유혹을 느끼게 한다. 하지만 제인 제이콥스의 주장을 다시 곱씹어본다면 철거만이 능사가 아님을 알 수 있다. 계층 분리를 방지하기 위해 그리고 지속 가능한 도시경제의 성장을 위해 한 지역에 저소득 계층을 위한 오래된 집과 작은 집이 커다란 새 집과 어우러져 있어야 한다는 제인 제이콥스의 주장은 분명 곱씹어볼 만하다. 어번 빌리지라는 작고 허름한 집과 상점 들은 도시 내 계층 간의 융화를 위해서도 그리고 미래의 경제 성장 동력이 될 창업자와 소상공인을 위해서도 필요하다.

농민공의 미래 그리고 어번 빌리지

어번 빌리지의 미래는 중국의 농민공에 대한 정책 방향에서 짐작해볼 수 있다. 2013년 현재 중국에는 1억 6,610만 명의 농민공이 있다. 이들은 지난 30여 년간 열악한 생활환경을 무릅쓰고 저임금으로 중국 경제를 일궈낸 숨은 일꾼들이다. 하지만 언제까지나 이들의 열악한 처지만을 담보로 경제를 성장시킬 수는 없다. 경제성장이 저임금 기반의 수출에만 머물 수는 없기 때문이다. 게다가 2010년 이후 노동인구는 공급보다 수요가 많아지는 역전 현상이 일어나 노동임금이 지속적으로 오르고 있는 실정이다.

농민공 부족 현상과 그로 인한 임금 상승에는 크게 세 가지 이유가 존재한다. 바로 신세대 농민공의 직업관 변화와 내륙 지방의 도시화 그리고 노동 연령 인구 증가율의 감소다. 차례대로 살펴보자.

첫째, 신세대 농민공은 부모 세대와 달리 도시 거주민이라는 권리 의식이 강하다. 다시 말해 직장을 선택하는 데도 임금과 더불어 근무 환경과 자기 개발 가능성 등을 중시한다는 얘기다. 둘째, 내륙 지방의 개발은 동부 연안에 위치한 대도시의 농민공 인력 유출을 가속화시킨다. 다시 말해 과거 연안 지역에 집중되던 개발이 내륙 지방으로 옮겨가면서 농민공의 일자리 선택 폭이 넓어진 것이다. 또한 소득 대비 생활비라는 측면에서 내륙 지방의 일자리는 농민공에게 좋은 대안이 된다. 실제 2009년 현재 중서부 내륙 지역의 도시화는 그 지역의 급속한 임금 상승을 야기하였으며 그 결과 중서부 지역과 동부 지역의 임금 격차는 10퍼센트 정도로 줄어들었다. 하지만 여전히 중서부 지역의 생활비는 동부 지역에 비해 약 25퍼센트 낮다. 일부 농민공이 연해 지역을 떠나 중서부 지역으로 이전하는 이유다. 마지막으로 노동인구 증가량 역시 급격한 둔화세를 보이며 노동 인력의 감소를 부추기고 있다. 실제 2000년에서 2010년 사이 노동 연령 인구 증가는 1퍼센트에 그쳤다. 더 큰 문제는 2015년을 정점으로 노동 연령 인구의 감소가 예상된다는 사실이다.

이에 중국은 최근 첨단 제조업 및 서비스 산업 육성을 통해 제2의 도약을 계획하는 한편 농민, 특히 농민공의 도시민화를 통한 내수 확대로 안정적이고 지속적인 성장을 계획 중이다.

농민공 개인의 소비력은 미약하다. 하지만 워낙 인구수가 많은 덕분에 이들 전체의 소비력은 엄청난 힘을 발휘한다. 실제로 2012년 한 해

동안 농민공은 약 4조 2,000억 위안(한화로 약 685조 원)을 소비했는데 이는 한국 GDP의 약 절반에 이르는 규모다. 좀 더 비교하면, 인도네시아 전체 소비의 약 1.5배 규모이며 2011년 현재 터키 전체의 소비량보다 23퍼센트 많은 수치이다. 수치만 보면 웬만한 국가의 연간 소비액과 맞먹는다.

반면 중국 경제 규모 대비 내수 시장의 크기는 매우 작다. 2010년 현재 중국의 경제 규모는 세계 2위로 미국의 40퍼센트 수준이지만 소비 시장 규모는 미국의 약 16퍼센트 수준에 불과하며 경제 규모가 비슷한 세계 3위의 일본과 비교해도 56퍼센트가량밖에 되지 않는다. 상식적인 얘기지만 경제 규모에 걸맞은 크기의 내수 시장은 안정적인 경제성장의 필수 요소다. 중국이 차세대 경제성장 동력으로 내수 시장 확대를 목표로 삼은 근본적인 이유다.

중국의 경제는 다수의 서민이 자본을 고루 나누어 갖기보다는 소수의 상위층에 부가 집중되어 있는 구조다. 경제적 상식으로 내수 시장이 커질 수 없는 이유다. 내수 시장을 확대하기 위해서는 중산층이 두터워야 하는데 유일한 방법은 농민, 특히 농민공을 도시민으로 전환시켜 그들의 사회복지와 임금수준을 끌어올리는 것이다. 하지만 앞서 살펴본 대로 농민공을 도시민으로 전환하기 위해서는 당장 경제적으로 정부와 기업이 큰 부담을 안을 수밖에 없다. 중국이 건강한 경제성장 정책 방향을 설정하고도 속도를 내지 못하는 이유다.

중국이 정책 방향을 바꾸지 않는 한 농민공의 도시민화는 언젠가 이루어질 것으로 보인다. 그리고 그 과정에서 많은 농민공이 거주하는 어번 빌리지가 농민공의 소득수준이 향상됨에 따라 점진적으로 개선되거나 사라질 것으로 보인다. 관건은 어번 빌리지가 사라져가는 과정을 얼마나 현명하게 소화해낼 것인가이다.

남은 세 개의 질문

세계의 선진 도시들은 산업화 과정을 거치면서 홍역을 한 번씩 앓아왔
다. 한때 국내 수출 물량의 10퍼센트를 담당하며 한강의 기적을 이끌
던 구로공단의 1970, 80년대 노동자 주거 시설인 '벌집'이나 산업혁명
이후 산업도시로 우뚝 선 19세기 영국 맨체스터Manchester의 '벌집 주거'
가 좋은 예이다. 시대가 다르고 사회적, 경제적 배경이 다르지만 선전
역시 도시화(산업화) 과정의 통과의례처럼 성장통을 겪고 있는 것이다.
중요한 것은 그다음에 찾아올 변화에 대한 대응 방식이다. 이러한 맥
락에서 선전은 어번 빌리지의 전면 재개발에 앞서 최소한 세 개의 질
문에 답해야 한다.

첫째, 어번 빌리지 대다수가 단기간에 재개발된다면 선전은, 현재의
농민공(이주민)이라는 값싼 노동력을 어떻게 유지할 것인가? 앞서 언급
한 대로 선전의 경쟁력 중 하나는 값싼 노동력이다. 그리고 이를 제공
하는 농민공(이주민)을 도시에 유치하기 위해서는 어번 빌리지 같은 저
렴한 주거 공간이 필수다. 장기적으로는 몰라도 현재 선전의 경제구조
를 고려한다면 어번 빌리지 재개발 정책은 시기적으로 무리한 발상일
지도 모른다. 선전은 급착륙보다는 연착륙의 개념으로 어번 빌리지에
접근해야 하는 것은 아닐까?
　둘째, 자본의 논리에만 기댄 재개발은 과연 선진 도시로 가는 지름

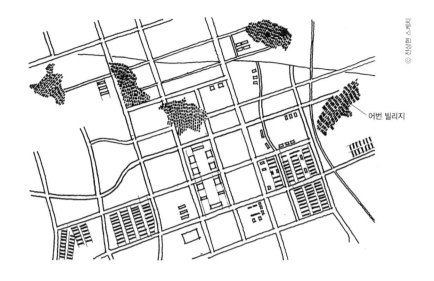

어번 빌리지

▶ 중국 남부 청궁 신도시의 도시 개발 현황. 격자형 도로가 기존의 어번 빌리지와 충돌을 일으키며 파열음을 내고 있다. 과연 어번 빌리지의 미래는 어찌 될 것인가? 그 안의 사람들은 어디로 가야 하는 것일까?

길일까? 선진 도시는 외형이나 자본의 규모로만 결정되지 않는다. 도시 사회에 통용되는 인권 친화적인 의식 수준이야말로 선진 도시가 되기 위한 필수 요소다. 우리가 알고 있는 선진 도시 대부분은 주거권이 자본의 논리보다 우선시된다. 오래 살아왔고 그곳에서의 사회적, 문화적, 경제적 삶이 잘 작동하고 있다면 혹은 생계의 이유로 앞으로도 살 수밖에 없다면 살 수 있어야 하는 것이 바로 주거권이다.[37] 더군다나

---

37 주거권rights to housing이란 개념은, 단순히 최소한의 주거 공간과 수도, 전기 같은 생활 서비스를 사용할 수 있는 권리만 의미하는 것은 아니다. 현재 세계적으로 통용되는 주거권의 개념은 '물리적, 경제적, 사회적, 문화적 일상을 위해 필요한 총체적인 주거 환경에 대한 권리'를 의미한다.

선전 중심부에 위치한 어느 어번 빌리지의 경우 주민의 87퍼센트가 주거 환경에 만족한다는 결과를 볼 때 그들을 일방적으로 몰아내려는 재개발 논리는 과연 유효한 것인가 되물어야 한다.[38]

셋째, 어번 빌리지는 보존 가치가 없을까? 어번 빌리지는 국가 정치, 경제 체제의 대전환기를 바탕으로 급속한 산업화가 만들어낸 독특한 결과다. 한마디로 독특한 산업(근대) 유산이라 할 수 있다. 선진 도시들의 특징 중 하나는 산업 유산을 끔찍이 아낀다는 점이다. 역사의 켜가 풍부할수록 그 도시만이 지닌 얘깃거리가 풍성해지고 그 결과 다른 도시와 차별화되는 강력한 정체성이 형성되기 때문이다. 이는 매력적인 도시가 되는 방법 중 하나이기도 하다. 선전은 속도로 보나 경제적 사이즈로 보나 세계 역사상 유례없는 도시화 과정을 겪었다. 독특한 흔적이라면 전부는 아니더라도 상징적인 위치에 조금이라도 남겨 다른 용도로라도 활용해야 하지 않을까? 선전의 어번 빌리지 전면 재개발 계획이 더욱 확대되기 전에 고민해봐야 하는 대목이다.

오래되고 허름한 것을 없애고 싶은 욕구는 개발 논리가 압도하는 사회에서는 당연해 보일지도 모른다. 하지만 제인 제이콥스의 주장처럼

예를 들어 오랫동안 교류해온 이웃과 계속해서 살 권리, 이웃으로부터 소외되지 않은 환경에서 살 권리, 생계 수단을 유지하는 데 불리한 곳으로 강제 이주당하지 않을 권리, 편의 시설에 대한 접근성이 보장된 위치에 살 권리 등 일상의 권리를 포괄적으로 포함하는 것이 바로 주거권의 개념이다.

38 뤄후구의 어느 어번 빌리지 주민을 대상으로 한 주거 만족도 조사 결과 이곳 주민들은 물리적인 주거 환경부터 이웃과의 관계, 근린 환경 같은 다양한 요소에 이르기까지 대체로 만족하는 것으로 나타났다. 물론 주거 만족도가 높다고 해서 주거 환경이 좋다고 보기는 어려울 듯하다. 만족도란 상대적인 개념이기 때문이다. 중요한 것은 '만족하느냐 아니냐, 이사를 가느냐 마느냐'를 평가하고 결정할 주체가 정부가 아닌 거주민이어야 한다는 것이다. 다시 말해 개발 과정에서 현존하는 거주민의 의사가 배제되어서는 안 된다는 얘기다.

오래되고 허름한 것 역시 새것이 할 수 없는 그것만의 순기능이 있는 법이다. 선전은 어번 빌리지의 전면 재개발에 앞서 그 '순기능'에 대해 깊이 고민해봐야 할 것이다.

디트로이트

모터 시티의 쇠퇴,

도심 쇠퇴

모터 시티, 디트로이트

미국 북동부에 위치한 디트로이트는 미시간Michigan 주에서 인구가 가장 많은 도시로 면적은 약 370제곱킬로미터이며 인구는 약 68만 명이다. 서울과 비교하자면 면적은 약 60퍼센트 수준이지만 서울 인구의 10분의 1도 안 되는 인구가 살고 있는 밀도 낮은 도시다. 참고로 메트로 디트로이트는 현재 1만 130제곱킬로미터의 면적에 약 430만 명이 거주한다.

 디트로이트는 모터 시티Motor City라는 닉네임으로 잘 알려져 있다. 미국 문화와 산업의 아이콘인 자동차 생산의 본거지가 바로 디트로이트다. 현대적 의미의 자동차를 처음 발명한 건 독일이지만 대중화를 가장 먼저 이루어낸 것은 미국이었다. 1920년대 미국은 이미 자국을 제외한 전 세계의 자동차 수를 합친 것보다 더 많은 자동차를 보유했으며, 전 세계 자동차의 85퍼센트를 생산해냈다. 전 세계 자동차 대중화의 선두 주자였던 셈이다. 그리고 그 한가운데 디트로이트가 있었다.

▶ 오대호에 둘러싸인 디트로이트.

디트로이트는 오대호Great Lakes 한복판에 위치한다는 지리적 이점을 발판 삼아 일찍이 무역항이자 공업 도시로 성장해왔다. 수륙 교통이 상대적으로 유리했기 때문이다(수륙 교통의 발달로 디트로이트의 인구는 1830년에서 1860년 사이 여섯 배 증가하였다). 이러한 이점 덕분에 1900년대 초 미국 3대 자동차 메이커인 포드Ford와 크라이슬러Chrysler 그리고 제너럴모터스General Motors Corporation가 디트로이트를 중심으로 자리 잡게 된다. 1903년에 포드, 1908년에 제너럴모터스 그리고 1925년에 크라이슬러가 디트로이트와 인근에 회사를 설립한다.

1903년 포드가 자동차 공장을 설립한 후 디트로이트는 자동차 회사들의 메카로 자리 잡으며 급속한 인구 증가를 보였다. 1900년 약 28만 명에 불과하던 디트로이트 인구는 불과 30년 만인 1930년 157만 명으로 급증하고 1950년에는 185만 명으로 미시간 주 인구의 절반을 차지하며 정점을 이룬다.

© William Creswell

▶ 자동차 대중화에 크게 기여한 포드 자동차의 T 모델. 1909년에서 1910년 사이 출시된 모델로 추정된다.

▶ 1910년대 포드의 생산 라인(왼쪽)과 교대 시간에 공장 근로자들이 공장 앞 가로를 가득 메운 풍경(오른쪽).

20세기 전반 디트로이트의 발전은 눈부셨다. 제2차 세계대전 때는 발달된 자동차 산업을 이용하여 영국을 비롯한 연합군에 군수물자를 제조, 공급하기도 하였으며, 1940년대에는 세계 최초로 도시에 지하 고속도로를 건설하기도 하였다. 또한 디트로이트는 자동차 산업의 폭발적 성장으로 한때 미국에서 네 번째로 큰 도시였을 만큼 20세기 전반의 디트로이트는 명실상부한 자동차 왕국이었다.

BIG 3의 몰락

전 세계 기업사를 돌아보면 항상 정점에 서 있는 기업을 찾기란 매우 어렵다. 올라가면 내려오는 법이다. 디트로이트의 자동차 산업도 예외가 아니었다. 자동차 도시의 몰락은 서서히 진행되었다. 그 결과 1950년 185만 명에 달하던 디트로이트 인구는 1980년 120만 명을 거쳐 현재 약 68만 명이 되기까지 꾸준히 감소해왔다. 1950년에 비해 인구가 60퍼센트나 감소한 것이다.

디트로이트 자동차 산업의 몰락은 복합적인 원인으로 꾸준히 그리고 최근에는 급속히 진행되었다. 제2차 세계대전 이후 디트로이트의 공업 도시로서의 입지 경쟁력이 감소한 것이 첫 번째 요인이었다. 과거에는 지역 산업이 번영하기 위해서 수로와 철도 접근이 용이해야 했다. 그래야만 운송비에서 채산성을 확보할 수 있었기 때문이다. 하지만 자동차의 대중화로 더 이상 수로와 철도에 인접할 필요가 없어졌다. 자동차 덕분에 훨씬 저렴한 비용으로 운송이 가능해졌을 뿐 아니라 다른 운송 수단의 비용도 전반적으로 저렴해졌기 때문이다.

1973년과 1979년 발생한 두 차례의 오일쇼크Oil Crisis 역시 디트로이트 자동차 산업에는 악재였다. 주로 중대형 자동차에 집중하는 미국의 자동차 산업은 소형차를 제작하는 외국 자동차 제조사들 때문에 고전을 면치 못했다. 그 결과 1978년에서 1980년 사이 미시간 주 자동차 생산량이 40퍼센트나 감소하였으며 실업률 또한 급증하여 디트로이트의 자동차 산업은 파산 직전에 이르렀다.

　　1980년대 이후 상황은 더욱 악화된다. 일본 자동차의 시장 점유율이 증가하여 미국 자동차 산업이 휘청거리기 시작한 것이다. 1990년대에는 미국 내 베스트셀러 카 10대 중 4대가 일본 차였을 만큼 미국 자동차 산업은 일본 자동차 업계로부터 큰 타격을 받았다.

　　시대의 흐름을 놓친 미국의 자동차 산업은 점점 트렌드로부터 밀어져만 갔다. 자동차 시장이 차세대 성장 동력인 전기차와 하이브리드카 시장으로 재편되고 있음에도 불구하고 미국의 자동차 산업은 에너지 효율이 낮은 8기통의 대형차 생산에만 안주했던 것이다. 결과는 경쟁력의 악화였다.

　　위태롭던 미국 자동차 산업은 결국 2008년에 서브프라임 모기지 Subprime Mortgage 사태로 파국을 맞이한다. 제너럴모터스와 크라이슬러는 파산 보호 신청을 하면서 대규모 감원을 단행했으며 포드는 90억 달러의 구제금융을 요청했다.[1]

　　BIG 3의 파산은 디트로이트를 최악의 상황으로 몰아넣었다. 실제 2000년에서 2010년 사이 디트로이트의 일자리는 21퍼센트 감소하였으며 제조업 일자리는 52퍼센트나 감소하였다. 이는 산업구조의 변화

1　2014년 5월 크라이슬러는 결국 이탈리아 자동차 브랜드 피아트Fiat에 인수 합병되었다.

로 쇠퇴의 길을 걷는 피츠버그Pittsburgh나 버팔로Buffalo 같은 전형적인 북부 공업 도시들과 비교해도 급락의 정도가 심한 편이었다.[2] 그만큼 디트로이트는 자동차 산업에 의존을 많이 하고 있었다(뒤에서 자세히 설명할 것이다).

일자리 손실은 곧 인구 손실로 나타났다. 디트로이트의 인구는 25퍼센트 급감했고 미국 10위 규모의 도시에서 18위로 내려왔다. 한때 자동차 산업의 영광으로 4위를 차지했던 도시가 반세기 만에 인구가 절반 이상 줄어들며 18위로 내려온 것이다. 이렇듯 자동차 산업의 몰락은 곧 디트로이트의 몰락을 의미했다.

날개 없는 추락, 디트로이트

2000년대 이후 가속화된 디트로이트의 몰락은 결국 파국을 맞이한다. 2013년 12월 3일 재정난에 허덕이던 디트로이트는 185억 달러 규모의 파산 신청을 하게 된다. 한화로 18조 원이 조금 넘는 규모다. 인구 1,000만 명인 서울의 1년 치 예산이 21조 원임을 감안하면 인구 68만 명의 도시의 파산 규모 치고는 엄청난 것이다. 참고로 디트로이트의 파산은 미국에서 집계가 시작된 1937년 이후 645개의 지방자치단체 파산 신청 중 가장 큰 규모였다.

현재 디트로이트의 모습은 참담하기 그지없다. 빈곤과 불안, 범죄로

---

2 1970년부터 2006년까지 디트로이트의 인구는 45퍼센트 그리고 가구 평균수입은 35퍼센트 감소하였다. 동일 기간을 비교하면 피츠버그는 인구가 43퍼센트, 가구 평균수입이 10퍼센트 감소하였으며, 버팔로는 인구가 44퍼센트, 가구 평균수입이 23퍼센트 감소하였다.

뒤덮인 디트로이트에서 희망을 찾기란 불가능해 보일 정도다. 추락의 깊이가 워낙 깊기 때문이다.

디트로이트 시민은 정말 가난하다. 디트로이트의 가구 평균수입은 2만 8,000달러로 미국 전체 평균인 4만 9,000달러의 절반을 약간 넘는 수준이다. 빈곤층 비율은 미국 전체 평균인 16퍼센트를 훌쩍 넘는 36퍼센트에 달하며 시내 주택의 평균 매매가격은 미국 전체 평균인 13만 7,000달러의 절반 정도인 7만 1,000달러에 불과하다. 실업률 또한 매우 높다. 2014년 현재 디트로이트의 공식 실업률은 약 16퍼센트 수준으로 미국 평균 실업률인 6퍼센트의 세 배에 가깝다.[3] 한마디로 시민들의 생계가 위협받는 상황이다.

시민들의 경제적 어려움은 지방재정의 악화로 이어졌다. 2011년 30만 5,000개의 부동산 소유주 중 절반 이상이 세금을 납부하지 못하였으며, 2억 4,600만 달러에 이르는 세금과 각종 미납 요금 때문에 디트로이트의 살림살이는 더욱 악화되었다.

재정 악화는 디트로이트의 치안을 불안하게 만들었다. 디트로이트는 재정 악화를 이유로 2006년 공무원 수를 1만 8,000명에서 1만 2,000명으로 줄였다. 경찰 인력도 30퍼센트 감원하였다. 이듬해 디트로이트는 미국 내 25개 대도시 가운데 1인당 폭력 범죄 발생비율에서 1위를 차지했다. 2008년 현재 인구 1,000명당 폭력 범죄는 16.73건, 재산 관련 범죄는 62.18건으로 미국 전체 평균인 5건, 32건에 비해 각각 세 배, 두 배 정도 범죄율이 높다. 이뿐만 아니다. 2011년 현재 미

---

3 디트로이트의 실업률은 통계마다 차이가 크다. 비공식 통계는 50퍼센트에 달하기도 한다. 이는 공식 통계상 시간제 근로자part time workers와 구직 포기자가 포함되지 않았기 때문이다.

시간 주 살인 사건의 약 3분의 2는 디트로이트에서 발생했다. 미시간 주 인구의 10퍼센트도 안 되는 사람들이 살고 있는 디트로이트에서 주 전체 살인 사건의 3분의 2가 발생한다는 것은 살인 사건이 디트로이트에서 집중적으로 발생했음을 말해준다.

이렇게 치안 문제가 심각한데 디트로이트의 치안 시스템은 재정 악화로 제 기능을 못하고 있다. 디트로이트에서 시민들이 경찰에 긴급 신고 전화를 할 경우 출동 시간은 평균 58분이 소요된다. 이는 미국 전체 평균인 11분의 다섯 배에 해당하며, 긴급 출동이라는 의미를 무색하게 한다. 예방 시스템도 문제지만 사후 해결 능력 또한 문제다. 디트로이트의 범죄 해결률은 8.7퍼센트로 미시간 주 전체 범죄 해결률인 30.5퍼센트의 4분의 1에 불과하다. 이뿐만이 아니다. 구급차는 3분의 1만 출동 가능하며 시내 가로등의 40퍼센트는 고장 난 채 방치되어 가로를 더욱 위험한 곳으로 만들고 있다. 《포브스Forbes》에 따르면 2012년 현재 디트로이트는 미국에서 인구 20만 명 이상인 도시 가운데 가장 위험한 도시다.

지방재정의 악화는 치안 문제 외에도 공공서비스의 부실을 야기했다. 대표적인 예가 수도 공급이다. 재정난에 시달리던 디트로이트 상하수도부Detroit Water and Sewerage Department는 2013년 수도 요금 연체 가구[4]에 수도 공급을 중지했다. 취약 계층의 삶은 혼란 그 자체였다. 사람들은 궁여지책으로 30달러를 내고 불법으로 수도를 끌어다 쓰고 있다. 하지만 상황은 더욱 악화될 듯하다. 정부가 수도세를 8.7퍼센트 인상하기로 결정했기 때문이다. 인상된 수도세는 4인 가족 기준 약 75달러 정

---

4 디트로이트 가구의 약 40퍼센트 이상이 수도 요금 체납 상태다.

▶ 디트로이트, 버려진 자동차 제조 공장.

도이며 이는 국가 평균 수도세의 두 배에 이르는 수준이다. 결국 공공
서비스에 '자본'의 논리를 접목시키면서 취약 계층의 삶을 더욱 어렵
게 만들고 있는 셈이다. 문제는 공공서비스의 비극이 여기서 끝날 것
같지 않다는 것이다.

　최근 디트로이트는 공공서비스의 민영화privatization를 추진 중이다.
쓰레기 수거 서비스는 2014년 현재 민영화를 완료하였으며 상하수도
서비스는 민영화 혹은 미시간 주에서 다른 지역으로의 이관을 고려하
고 있다. 민영화했을 때의 장단점에 대한 논란이 있지만 자본의 논리
에 기댄 민영화는 보통 공공서비스의 질 저하를 야기하거나 사용자에
게 비용을 전가하는 방식으로 시민들의 삶을 불편하게 만들 뿐이다.
공공서비스가 인간의 기본권human rights과 결부된 삶의 기초단위라는 점

에서 디트로이트의 공공서비스 민영화 추진은 시민들의 삶을 더욱 어렵게 만들 것으로 예상된다.

이렇듯 현재의 디트로이트는 높은 실업률, 부동산 시장의 붕괴, 세수 손실로 인한 치안 부재 및 공공서비스의 위기로 아비규환 상태다.[5] 그 결과 사람들은 도시를 떠나고 디트로이트는 유령도시에 가까워졌다. 2009년 행한 필지 조사에 따르면, 도시 내 주거 용지 가운데 4분에 1가량이 미개발 상태이거나 비어 있으며, 주택의 약 10퍼센트가 공실 상태다. 이뿐만이 아니다. 디트로이트 시내에는 2013년 현재 방치된 건물만 7만 8,000개에 달한다. 도시 미관과 안전을 위해 시는 철거 계획을 세웠지만 건물 하나당 8,000달러에 달하는 철거 비용을 감당하지 못해 흉물스러운 풍경을 지켜볼 수밖에 없는 실정이다. 이렇듯 도시의 몰락은 끝이 없어 보인다.

배드 뱅크, 디트로이트

지난 반세기 동안 꾸준히 진행되어온 디트로이트의 도심 쇠퇴Urban decay 는 중산층 백인들의 도시 탈출White Flight[6]과 함께 진행되었다. 1950년대

---

5 물론 디트로이트 전체가 이런 문제를 안고 있는 것은 아니다. 제너럴모터스 본사가 있는 다운타운에서는 디트로이트 고용의 20퍼센트가 이루어지며 치안이나 공공서비스도 문제없이 기능한다.

6 도시 탈출이란 백인 거주지에 흑인이 들어와 살기 시작해 흑인 비율이 일정 수준에 도달하면 백인이 거주지를 떠나는 현상을 말한다. 백인이 도심에 유입된 흑인을 피해 교외 지역으로 이주하는 현상으로 교외화 현상(145쪽 16번 각주 참조)의 원인 중 하나로 거론된다. 도시 탈출은 미국의 도시에서 공통적으로 나타나는 현상이다. 참고로 디트로이트는 미국 내에서 도시 탈출 현상이 가장 심각한 도시로 손꼽힌다.

▶ 디트로이트 일대의 인종 구성을 보여주는 지도. 붉은색은 백인, 파란색은 흑인을 나타낸다. 도심에 집중된 흑인 인구와 교외 지역에 집중된 백인 인구가 시 경계를 중심으로 극명히 대조된다.

이후 발달한 고속도로에 힘입어 디트로이트의 중산층 백인은 교외 지역과 다른 지역으로 이주했으며 그 결과 오늘날 디트로이트는 가난한 흑인들이 거주하는 도시로 변모하게 되었다.

2010년 현재 디트로이트의 흑인 인구는 전체 인구의 약 83퍼센트를 차지한다. 미시간 주의 흑인 인구가 13퍼센트에 불과하며 메트로 디트로이트의 경우 23퍼센트임을 고려할 때 디트로이트의 흑인 집중 현상은 비정상적인 수준이다. 이렇듯 디트로이트는 가난한 흑인 인구가 집중되어 세수 확보에 어려움을 겪으며 공공서비스의 질 저하와 빈곤의 악순환으로 고통스러운 나날을 보내고 있다.

빈곤하고 위험한 디트로이트의 일상과는 대조적으로 교외 지역은 부유하고 안정적인 일상의 풍경을 보여준다. 메트로 디트로이트는 디트로이트와 비교하면 상대적으로 생활수준이 상당히 높은 편이다. 메트로 디트로이트의 가구 평균수입은 약 4만 8,500달러이며 평균 주택매매가격은 약 15만 8,400달러 수준이다. 이를 디트로이트와 비교하면 가구 평균수입은 무려 2만 달러나 차이가 나며 평균 주택 매매가격 역시 두 배 이상 차이가 난다. 실업률 또한 차이가 크다. 메트로 디트로이트의 실업률은 2014년 현재 약 7퍼센트 수준으로 디트로이트의 실업률과 비교하면 약 9퍼센트 정도 낮다. 이렇듯 메트로 디트로이트는 자동차 산업의 쇠퇴기인 지난 반세기 동안에도 약 100만 명 수준의 인구 증가를 이루며 성장해왔다. 그 결과 메트로 디트로이트는 미시간 주 인구의 절반에 해당하는 430만 명이 거주하는 안정적인 대도시가 되었다. 메트로 디트로이트는 디트로이트와는 전혀 다른 세상인 셈이다.

디트로이트 다운타운 중심에서 외곽으로 향하는 34킬로미터 길이의 우드워드 애버뉴Woodward Avenue는 디트로이트와 교외 지역 간 극명한 생활수준 차이를 이해할 수 있는 최고의 코스다. 이 길을 따라가다 보면 시내의 빈민가를 시작해서 교외의 고급 주택가로 이어지는 풍경이 드라마틱하게 변화한다. 버려진 집으로 대변되는 시내와 달리 교외 지역의 경기는 매우 좋다. 주말에 식당은 줄을 서서 들어가야 할 정도로 붐비며, 집값은 시내의 버려진 집과는 비교가 되지 않을 만큼 비싸다. 중산층이 거주하는 방 세 개짜리 주택이 2008년 현재 40만에서 50만 달러 정도로 디트로이트 평균 주택 가격의 예닐곱 배 수준이다. 조금만 더 가면 블룸필드Bloomfield라는 소도시township가 나오는데 이 지역의 평균 집값은 무려 800만 달러에 이른다. 교외 지역에 거주하는 사람들은 높은 집값만큼이나 자신들의 생활환경에 만족한다. 일상에서 자연

환경을 맛볼 수 있다는 점과 생활 편의 시설이 잘 갖추어졌다는 점이 이들이 꼽는 교외 생활의 장점이다. 디트로이트의 삶과는 너무나도 다른 삶이 펼쳐지는 곳이다.

이렇듯 디트로이트는 우량 자산을 분리하여 악성 채무만 남기고 파산 신청을 하는 배드 뱅크Bad bank 같은 개념의 도시가 되어버렸다. 세금을 낼 중산층과 고소득층은 전부 교외로 빠져나가고 그 결과 디트로이트의 재정 상태는 점점 악화되어간다. 당연히 공공서비스는 부실해질 수밖에 없으며 가장 안정적이라는 공무원마저 고용과 복지 보장이 불투명한 상태에 이른다.[7] 이를 만회하고자 디트로이트는 지방채를 발행하여 재원 확보를 위해 애쓰지만 악순환의 가속도를 감당하지 못하고 파산하는 사태에 이른다.

뿌리 깊은 차별, 흑인 잔혹사

오늘날 디트로이트가 가난한 흑인들의 도시로 변해버린 건 왜일까? 단순히 자동차 산업의 몰락 때문일까? 도시 현상에는 늘 복합적인 원인이 따른다. 이유의 정도는 서로 달라도 도시 현상의 이면에는 최소한 몇 가지의 이유가 얽혀 있는 법이다. 디트로이트가 가난한 흑인들의 도시로 쇠퇴를 거듭하는 이유 가운데 하나는 디트로이트의 뿌리 깊은 흑인 차별 역사 때문이다.[8]

---

7 디트로이트 채무의 상당 부분은 퇴직 공무원, 경찰, 소방관에게 지불해야 하는 건강보험 급여 및 연금의 미적립분이다.

8 흑인 차별의 오래된 역사는 미국의 공통된 과제이지만 디트로이트만큼 인종 분리 현상이 심한 도

디트로이트가 처음부터 흑인들의 도시였던 건 아니다. 1940년대까지만 해도 시 인구의 90퍼센트가 백인이었다. 흑인 인구가 급증하게 된 것은 1910년대에서 1970년대까지 이루어진 흑인들의 대이주the Great Migration 덕분이었다. 이 시기 남부 농업 지역의 흑인들은 일자리와 자유를 찾아 북부 공업 도시로 대거 이주한다. 이 시기 북부 지방은 남부 지방에 비해 더 나은 교육 환경을 제공하였으며 흑인에게도 투표권을 보장했다.[9] 다시 말해 흑인들에게 북부 지역은 인생의 새로운 기회였던 셈이다.

1900년대 초 대이주 시기 포드Henry Ford는 남부 지방을 두루 돌면서 백인과 같은 임금을 보장해주겠다며 교육 수준이 낮은 수많은 흑인들을 자동차 산업으로 끌어들였다. 그리고 이는 곧 디트로이트의 흑인 중산층이 형성되는 계기가 되었다. 이렇듯 디트로이트는 흑인들에게 기회와 평등의 도시인 듯했지만 현실은 녹녹지 않았다.

백인들은 흑인들이 백인 거주 지역이나 공장에 들어오는 것을 강력히 반대했다. 그 결과 인종 갈등이 심화되어 백인과 흑인 간의 폭력 사태가 발생하고 종종 폭동이 일어났다. 1943년 발생한 폭동은 3일간 34명이 죽고 600명이 부상을 입는 등 디트로이트 사회에 큰 타격을 주었으며, 1967년 흑인 청년들과 경찰 간의 갈등으로 시작된 폭동은 43명의 사상자와 467명의 부상자 그리고 7,200명이 체포되는 결과를 낳았다. 폭동의 결과는 참혹했다. 2,000개 이상의 건물이 파괴되었고 그 결과 수천 개의 상점들이 문을 닫거나 다른 지역으로 이주하였다.

시를 찾기란 쉽지 않다.

9 미국은 1965년에 이르러서야 모든 흑인에게 투표권을 보장한다.

이후 폐허의 풍경은 수십 년간 디트로이트의 모습을 지배했다.

흑인들에 대한 백인들의 차별과 분노는 단순한 물리적 충돌로 끝나지 않았다. 정부가 주도한 흑백 차별 정책은 교묘하고 치명적이었다. 그리고 이는 디트로이트의 흑백 간 사회 통합을 요원한 것으로 만들어버렸다.

1933년 정부는 대공황 타개 정책의 일환으로 주택 시장 안정화를 위해 주택소유자대부공사HOLC[10]라는 공기업을 설립한다. 동일한 목적으로 설립된 연방주택대출은행[11] 이사회Federal Home Loan Bank Board는 1935년 주택소유자대부공사에 모기지론morgage loan의 안정성을 파악하기 위해 전국 239개 도시의 부동산 투자 적합성에 관한 등급을 지도로 작성해달라고 요청한다. 주택소유자대부공사는 각 도시를 네 등급으로 나누어 지도를 작성한다. 그 결과 교외 지역 대부분은 투자가 적합한 최상위 A등급을 받으며, 오래된 도심 지역의 대부분은 투자가 부적합한 최하등급인 D등급을 받는다. 그러나 그 등급은 채무 상환 능력을 기준으로 한 조사 결과가 아니라 인종 위주의 커뮤니티 단위로 작성된 것이었다. 도심에 집중되어 있는 흑인 거주지에 대한 차별이었던 셈이다. 이것이 바로 오늘날 인종 분리 현상과 미국 도심 쇠퇴의 원인으로 주목받는 레드라이닝[12]이다.

---

10 주택소유자대부공사Home Owners' Loan Corporation는 주택 시장의 안정화를 목적으로 설립된 공공기관으로 부실 모기지 채권을 사들여 금융기관 부실화를 방지하고 채무자들의 상환 기간과 이자를 조정한다.
11 연방주택대출은행은 일반 은행의 주택 보급에 대한 금융 서비스 강화를 목적으로 정부가 만든 금융기관이다. 하지만 소유권은 민간에 있다. 시중 은행 등 7,500개의 민간 금융기관이 출자하여 공동 소유하기 때문이다. 물론 저금리 대출의 혜택 역시 지분이 있는 7,500개의 민간 금융기관에 한정된다.
12 레드라이닝redlining이란 명칭은 부동산 투자 적합성 최하 등급인 D등급 영역을 지도상에 빨간색

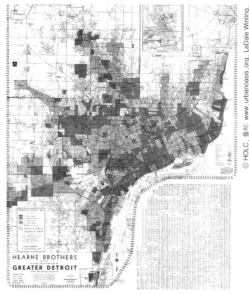

▶ 주택소유자대부공사가 작성한 부동산 담보 대출 대상 등급 지도. 투자 부적격 지역으로 표시된 최하위 등급인 D지역이 디트로이트 도심에 집중되어 있다.

레드라이닝은 금융기관으로 하여금 특정 지역 거주민에게 금융 서비스를 차별적으로 제공함으로써 흑백 간 거주 공간 분리라는 구도를 공고히 하게 된다. 예를 들어 은행 대출의 경우 똑같은 채무 상환 능력을 지녔더라도 백인에게는 대출을 해주는 반면, 흑인에게는 대출을 거부하거나 이자를 더 많이 부과했다. 그 결과 새롭게 개발된 교외 주거 지역에는 주로 백인만 거주하게 되고 흑인들은 자신들의 거주지에서 벗어나기가 힘들어졌다.

이렇듯 불공정한 사회 분열 수단으로서 악용되던 레드라이닝은

으로 표시한 데서 유래하였다.

1968년 제정된 공정주거법The Fair Housing Act과 1977년 제정된 지역재투자법The Community Reinvestment Act에 따라 불법으로 간주되어 공식적으로 폐지되었다. 하지만 지금도 레드라이닝은 비공식적으로 존재한다. 여전히 일부 금융기관에서는 흑인이 백인 밀집 지역 안의 집을 구입할 경우 흑인 밀집 지역의 집을 구입할 때보다 불리한 조건을 제시한다. 이렇듯 레드라이닝으로 굳어진 흑백의 공간 구도는 오늘날까지 이어지고 있다.

레드라이닝은 흑백의 공간 분리라는 결과 외에도 그에 따른 심각한 교육 불균형 문제를 야기하였다. 1970년 전국 유색인 지위 향상 협회The National Association for the Advancement of Colored People는 주지사를 포함한 미시간 주 관료들을 고발했는데, 이유는 디트로이트와 인근 카운티County의 학교에서 인종 분리 정책이 시행되고 있다는 것이었다.[13] 그리고 그 원인으로 레드라이닝을 지목했다. 주거 공간이 흑백으로 분리되니 그에 따라 학교마저 자연스레 흑백으로 분리되었다고 지적했다. 하지만 법원은 레드라이닝으로 인한 흑백 공간 분리와 그에 따른 교육의 흑백 분리 현상에 대한 해법도 제시하지 않은 채 분리된 도시지역 사회를 통합하는 것은 주의 책임이라고 판결을 내렸다. 이에 고소당한 관료들은 대법원에 항소하고, 1974년 대법원은 다시 레드라이닝이라는 원인을 무시한 채 학교의 흑백 분리 현상은 학교가 의도적으로 인종을 분리하지 않은 이상 책임이 없다는 판결을 내렸다. 그 결과 백인들이 교외로 탈출하는 현상은 더욱 심화되고, 그 후 인종이 분리된 주택 개발 패턴이 현재까지 이어져왔다. 그리고 자연스레 교외 지역의 학교는 백

---

13 1954년 미국 대법원은 공립학교의 인종 분리를 위법이라고 판결 내렸다.

인들을 위한 학교로, 도시 중심부의 학교는 흑인들을 위한 학교로 자리 잡았다.[14] 대법원 판결 후 지금까지 디트로이트 학교의 흑백 분리 현상은 더욱 심화되었다. 1987년에는 디트로이트 공립학교의 흑인 학생 비율이 90퍼센트를 넘어섰으며, 2011년에는 95퍼센트에 육박했다. 그 결과 가난한 흑인들이 집중된 공립학교의 학업 성취도는 재정 궁핍과 더불어 심각한 질적 저하를 겪게 되었다.[15] 이렇듯 공립학교는 천덕꾸러기로 전락했다.

레드라이닝은 주거와 교육의 질적 불균형 외에도 보험 서비스, 의료 서비스 및 일자리 제공 등 흑인에 대한 차별의 근거로 활용되었다. 이렇듯 백인은 흑인을 자신과 동등한 주민으로 받아들이지 못하고 레드라이닝이라는 경제적, 사회적 차별 수단으로 흑인들을 사회적, 공간적으로 분리시켰다. 1970년대에 레드라이닝이 공식적으로 사라졌다지만 아직도 그 영향력은 살아 있으며, 과거 레드라이닝으로 형성된 흑백 분리 구도는 오늘날 자동차 산업의 쇠퇴와 더불어 디트로이트의 몰락에 크게 기여했다.

14 주택과 교육의 흑백 분리 현상은 디트로이트뿐만이 아니라 미국 전역에서 나타났고 현재도 나타나고 있는 현상이다.
15 2009년 디트로이트 공립학교 학생들의 국가수학능력시험The National Math Proficiency Test 점수는 21년 역사상 최하점을 기록했다.

방만 경영, 미국식 도시계획

디트로이트가 몰락한 이면에는 자동차 산업의 쇠퇴 그리고 레드라이닝으로 대변되는 뿌리 깊은 인종차별 외에도 방만한 도시계획이라는 이유가 존재한다.

앞서 언급한 것처럼 메트로 디트로이트는 미국의 다른 도시들처럼 1950년대부터 1980년대까지 고속도로 시스템을 집중적으로 구축, 확장하였다. 그 결과 교외 지역의 무분별한 개발이 이루어졌고 이는 곧 백인들의 도시 탈출로 이어졌다.

미국의 백인 중산층은 보편적으로 밀도 낮은 교외 지역 거주를 선호한다. 넓은 마당이 있는 단독주택을 선호하는 데서 기인하기도 하지만 주된 이유는 도심에 자리 잡은 흑인들과 거리를 두기 위한 것이다. 디트로이트 교외 지역의 개발 역시 이러한 백인들의 수요에 부응한 결과였다(136쪽 주석 6번 참조).

1950년대 이후 백인들은 흑백 갈등으로 일어난 몇 차례의 폭동을 겪으며 디트로이트를 미련 없이 떠났다. 그 결과 메트로 디트로이트는 미국 내에서 가장 심각한 주거와 산업의 교외화[16] 현상을 겪게 된다.

---

16 교외화 현상Urban Sprawl, 즉 어번 스프롤이란 도심 인구가 무분별한 도로 및 토지 개발로 도시 외곽으로 퍼져나가는 현상을 말한다. 도시계획 측면에서 보면 인구 증가에 따라 도심 재개발이나 도심 재정비가 이루어지는 대신, 도시 외곽의 토지가 그 수요에 부응하여 저밀도로 확산, 개발되는 현상을 지칭한다(구글맵으로 미국 도시의 교외 지역을 들여다보면 듬성듬성한 단독주택과, 멀리 떨어진 학교와 오피스 단지를 볼 수 있다). 어번 스프롤은 철도 규제, 자동차 지원이라는 미국 정부의 정책이 형성된 1930년대부터 본격적으로 시작되었다. 그 결과 오늘날 미국의 교외 지역 주민들은 자동차 없이는 슈퍼마켓이나 학교도 가기 힘든 상황이 되었다. 영화에서 아침에 엄마가 자동차로 아이들을 학교에 데려다주며 뽀뽀하는 장면이 빠지지 않는 이유다. 이렇듯 어번 스프롤은 토지와 도시 인프라의 낭비를 야기하며 과도한 자동차 사용으로 인한 환경 및 건강 문제의 주범으로 오늘날 미국 사회의 대표적인 문제가 되어버렸다.

실제 메트로 디트로이트 일자리의 75퍼센트는 디트로이트 업무 중심 지구로부터 16킬로미터에서 56킬로미터 이격된 범위에 위치한다. 다시 말해 일자리 대부분이 교외 지역에 있는 셈이다. 결과적으로 지난 반세기 동안 교외 지역의 인구와 일자리는 꾸준히 증가한 반면 디트로이트의 인구와 일자리는 지속적으로 감소했다. 이렇듯 도시인구의 감소는 단순히 산업 쇠퇴의 결과가 아니었다.

교외화 현상으로 인한 도시의 인구 감소는 디트로이트의 저밀도화를 야기하였다. 한때 180만 명이 살던 도시에 절반도 안 되는 인구만 남았으니 도시는 자연스레 헐거워질 수밖에 없었다. 게다가 자동차 산업의 쇠퇴와 산업의 교외화로 공장마저 버려졌다. 그 결과 디트로이트의 토지 면적의 약 27퍼센트가 유휴지로 변했다. 현재 디트로이트의 인구밀도는 1제곱킬로미터당 1,895명으로 서울과 비교하면 9분의 1 수준에 불과하다. 도시가 허허벌판으로 변한 셈이다.

문제는 도시의 저밀도화가 인구 대비 도시 유지 관리 비용의 상승을 야기하며 고비용의 도시 구조를 만들어낸다는 것이다. 이해를 돕기 위해, 1킬로미터 길이의 도로와 상하수도에 100채의 집이 연결되어 있는 경우와 열 채의 집이 연결되어 있는 경우를 상상해보자. 전자의 경우 한 채당 10미터의 기반 시설을 사용하지만 후자의 경우 한 채당 100미터의 기반 시설을 사용하는 셈이다. 후자의 경우 세수에 기반한 재정 형태로 감당하기에 부담이 클 수밖에 없다. 이렇듯 도시의 저밀도화는 디트로이트에 재정 악화라는 악순환을 가중시키는 요인으로 작용했다. 그리고 재정 악화는 곧 공공서비스의 부실로 이어졌다.

공공서비스의 문제는 생각보다 심각했다. 앞서 언급한 것처럼 급수와 전기, 치안 체제가 부실해진 것은 물론이요 대중교통 서비스 역시 심각한 질 저하를 겪으며, 사람들의 삶을 더욱 어렵게 만들었다.[17] 대중교통 문제를 한번 들여다보자.

앞서 언급한 것처럼 주거와 직장의 교외화는 디트로이트의 저밀도화를 야기하였고 이는 대중교통 운행의 채산성 저하로 이어졌다. 그리고 이는 다시 서비스의 질 저하를 불러왔다.[18] 최근 디트로이트는 오전 1시부터 4시까지 운영되는 심야 버스 운행을 중단하였으며, 저녁 8시 이후 일부 노선을 폐지했다. 운행 축소와 더불어 운행의 질도 문제가 되었다. 최근 4,000회의 버스 운행을 조사해보니, 절반만 제시간에 버스가 도착하였으며, 일부 노선의 20~50퍼센트는 아예 버스가 운행되지 않았다.[19] 이렇듯 디트로이트의 대중교통은 헐거워진 도시와 그에

---

17 부실해진 공공서비스 문제를 해결하고자 데이브 빙Dave Bing 시장은 2009년 시의 규모를 축소하겠다고 발표했다. 도시 구역이 축소되면 부실한 공공서비스를 받는 외곽 지역 거주민들이 다른 지역으로 편입되어 정상적인 공공서비스를 받을 수 있다는 생각에서 나온 발표였다. 물론 데이브 빙 시장의 계획에 반대하는 의견도 있다. 디트로이트의 부활을 위해서는 디트로이트를 축소할 것이 아니라 오히려 확장해야 한다는 주장이다. 세수 확보와 재정 건전성 그리고 불필요한 행정 비용을 고려한다면 현재의 디트로이트가 인근 교외 지역을 통합하는 것이 유리하다는 주장이다. 사실 인구 70만의 도시가 별도의 도시 행정 체계를 갖추는 것이 비효율적이기는 하다. 하지만 이는 어디까지나 디트로이트의 부활을 위한 행정상의 전략이 될 수 있을 뿐이다. 행정 통합이 이루어져 부실한 도시경제를 교외 지역의 세금으로 지탱하고 상향 조정된 신용 등급으로 지방채 발행이 원활해진다 해도 부실한 도시경제의 원인을 근본적으로 치료하지 않는 한 상황은 크게 달라지지 않을 것이다. 다시 말해 '규모의 경제'가 모든 것을 해결해주지는 않는다는 얘기다. 이는 부실한 계열사를 떠안은 대기업이 동반 몰락하는 것과 같은 이치다. 행정 통합 전략은, 즉 '규모의 경제'는 부실 요소(디트로이트)의 체질 개선이 이루어질 때만 그 효력을 발휘할 것이기 때문이다. 데이브 빙 시장의 주장도 반대하는 주장도 현실화된 것은 없다.

18 엄밀히 말해 디트로이트의 부실한 대중교통 체계는 도시의 저밀도화 때문만은 아니다. 1950년대 이후 디트로이트는 자동차의 대중화와 정부의 주州간 고속도로interstate highway 확장 정책 그리고 시와 교외 지역의 대중교통 통합 정책의 실패로 교외 지역과 더불어 대중교통의 입지를 지속적으로 악화시켜왔다.

19 디트로이트 교통부Detroit Department of Transportation는 버스 운행에 차질을 빚은 것이 버스 수리공들에게 근무외수당을 지급하지 않기로 결정한 데서 비롯되었다고 주장한다. 일종의 태업으로 운행의 차질을 빚었다는 얘기다.

따른 재정 악화의 영향으로 날이 갈수록 더욱 열악해지고 있다.

문제는 열악한 대중교통이 교외화 현상과 더불어 자동차 의존도를 과도하게 높인다는 것이다. 2000년 현재 메트로 디트로이트는 미국 내 상위 50개 도시 중 대중교통을 이용해 출근하는 비율이 가장 낮다. 반면 1인 자동차 통근은 전체 통근 수단 가운데 84퍼센트를 차지할 만큼 절대적이다.[20] 출퇴근 시간이면 도로는 막히고 버스는 언제 올지 모른다. 그 결과 2008년 현재 디트로이트는 조지아Georgia 주 애틀랜타Atlanta에 이어 두 번째로 출퇴근하기 어려운 도시가 되었다.

자동차에 의존해야 하는 도시는 저소득층의 삶을 더욱 어렵게 만든다. 저임금 노동자들이 자동차를 이용해 출퇴근해야 한다면 그들의 임금수준으로 볼 때 상당한 부담으로 작용할 것이기 때문이다.[21] 그렇다고 부실한 대중교통을 이용할 수도 없다. 문제는 앞서 언급한 것처럼 산업의 교외화 현상으로 일자리 대부분이 교외 지역에 있다는 것이다. 값비싼 자가용을 이용하기에도 부실한 대중교통을 이용하기에도 부담스러운 거리다. 결국 출퇴근 수단의 문제가 도심에 거주하는 저소득층의 취업을 어렵게 만들고 있는 것이다. 이처럼 부실해진 공공서비스는 단순히 부실하다는 사실을 넘어 삶을 위협하는 요소가 되기도 한다.

도시의 저밀도화는 부실한 공공서비스뿐만 아니라 도시 풍경을 쇠퇴시키는 문제를 야기하였다. 산업의 쇠퇴와 더불어 교외화로 버려진

---

20 참고로 뉴욕의 1인 자동차 통근 비율은 56퍼센트 수준이다.

21 미국은 자동차 의존도가 높은 나라다. 당연히 자동차 관련 소비 지출액이 상대적으로 높을 수밖에 없다. 실제 미국 가계의 자동차 관련 비용은 가계 예산 가운데 약 19퍼센트를 차지한다. 이는 가계 수입 가운데 주택 관련 비용과 맞먹는 수준이다. 또한 1인당 기름 소비량은 하루 평균 20파운드(약 9리터)에 달한다. 하지만 디트로이트의 경우 상황이 더욱 심각할 것으로 추측된다. 평균 소득은 더 낮고 자동차 의존도는 더 높기 때문이다.

▶ 가로에 면한 상가를 배경으로 보행자와 차량이 어울려 활기찬 모습을 연출하는 뉴욕 맨해튼 거리. 활기찬 가로는 도시 활성화의 전제 조건이다.

도시의 빈 땅들이 주차장으로 채워졌기 때문이다. 이해를 돕기 위해 디트로이트의 다운타운을 들여다보자. 다운타운의 토지 면적 가운데 40퍼센트는 주차장으로 쓰인다. 다운타운의 길 양옆에는 야외 주차장이 있으며 거의 모든 교차로마다 주차용 건물이 자리 잡고 있다. 한마디로 길가의 풍경이 곧 자동차의 풍경인 것이다.

 도시 활성화의 기본단위는 가로Street다. 가로가 활성화되려면 적정 밀도의 건물이 거리를 향해 열려 있어야 한다. 보행자에게 끊임없이 볼거리를 제공해야 한다는 얘기다. 1층에 상가가 빼곡히 들어선 가로가 활기찬 이유다(강남구 신사동의 가로수길을 떠올려보자). 사람들로 북적이는 가로는 지역 커뮤니티를 증대시키며 활기찬 도시의 모습을 연출한다. 하지만 앞서 살펴본 다운타운의 모습처럼 디트로이트의 가로는 그 반대이다. 가로 풍경은 야외주차장과 주차장 건물로 인해 지루하다. 게 다가 주차 용도 외의 건물마저 가로에 듬성듬성 접해 있다. 목적(가로 에 접한 건물)의 밀도가 낮으니 보행의 밀도도 낮다. 단순히 이동 목적으 로 길을 걷는다 해도 자동차로 둘러싸인 길을 걷기란 심리적으로 지루 하거나 불편할 뿐이다. 걷기 좋아하는 사람도 자동차를 타게 만드는 도 시다. 또한 주차 수요 최대치를 기준으로 계획된 주차장들은 평상시 텅 빈 가로 풍경을 연출하며 도시 풍경을 을씨년스럽게 만든다. 극심한 경 기 침체로 집과 가게가 비어 유령도시 같은 모습이 연출되는 이 시기에 자동차 중심의 가로 환경은 설상가상의 악재일 뿐이다. 이렇듯 보행자 가 실종된 도시의 풍경은 사람들의 소외감을 증폭시키며 도시의 몰락 을 시각적으로 강조하는 효과를 만들어낼 뿐이다. 그리고 이는 디트로 이트를 살고 싶은 도시의 모습으로부터 점점 더 멀어지게 만들고 있다.

도시경제의 악재들

디트로이트가 몰락한 원인은 다양하게 분석된다. 자동차 산업의 강성 노조[22]와 과도한 복지, 그로 인한 높은 인건비, 경영의 실패 그리고 공 무원에 대한 과도한 복지 등 크고 작은 많은 원인들이 회자된다. 하지 만 근본적인 원인은 앞서 살펴본 것처럼 크게 세 가지로 요약될 듯하

---

22 1935년 설립된 미국 자동차노조 United Automobile Workers 는 디트로이트에 본부를 두었으며 대표적인 강성 노조로 알려져 있다.

▶ 자동차 조립 라인에서 일하는 노동자. 이들은 분명 사회에 필요한 존재이지만 이들이 절대적 다수를 차지할 때 도시경제의 혁신은 어려워진다.

다. 트렌드를 놓친 자동차 산업의 몰락과 뿌리 깊은 인종 갈등 그리고 그로 인한 도시 공간의 분리와 저밀도화다. 이 세 가지 요소를 도시경제Urban economics라는 관점에서 정리해보자.

도시경제는 지적인 다양성을 대변하는 다양한 크기의 기업들이 경쟁하고 혁신이 거듭될 때 지속 가능한 발전을 한다. 하지만 디트로이트는 반대의 길을 걸어왔다. 디트로이트의 경제는 세 개의 대형 자동차 회사가 수직적으로 중소기업을 통합해 운영하는 단순한 구조에 기대어왔다. 이러한 구조는 포드와 제너럴모터스가 중소 자동차 부품 업체들을 인수해 거대 기업으로 성장한 1930년대부터 시작되었다. 중소기업들이 기술 경쟁을 통해 혁신을 이루어낼 토대 자체가 일찍이 사라진 셈이다. 이렇듯 디트로이트는 소수의 대기업이 모든 것을 흡수해버려 더 이상 지적인 혁신이 일어나기 힘든 독식 체제의 경제구조를 견지해왔다.

　도시는 지식 근로자들의 교류와 경쟁을 바탕으로 혁신을 이루어내고 발전한다(대표적인 예가 실리콘밸리다). 하지만 자동차 산업이라는 단일 구도는 디트로이트 경제의 혁신을 어렵게 만들었다. 자동차 산업에는 대규모의 비지식인 근로자가 필요하다. 그 결과 디트로이트는 비지식인 근로자로 가득 찬, '도시'가 아닌 '공장'과 같은 인적 구성을 띠게 된다. 실제 디트로이트에 거주하는 성인의 11퍼센트만이 대졸자이며, 35세 이하 인구 가운데 4년제 대학 학위를 보유한 인구는 1만 2,000명에서 1만 5,000명에 불과하다. 대학 졸업장을 가진 젊은 층이 절대적으로 부족하다는 얘기다. 이는 인근에 위치한 시카고Chicago와 미니애폴리스Minneapolis를 동일한 조건에서 비교하면 더욱 분명해진다. 이들 도시의 35세 이하 4년제 학위 보유자는 각각 13만 명과 8만 명 수준으로 디트로이트와는 비교가 되지 않는다.[23] 이렇듯 디트로이트는 지식인 근로자의 절대적 부족으로 혁신을 기반으로 한 경제성장에 불리한 구조라 할 수 있다.

　다행히 최근 미국의 자동차 시장은 회복세를 보이고 있다. 하지만 디트로이트의 사정은 크게 달라지지 않았다. 예전과 달리 국내외 자동차 회사들이 생산 기지로 디트로이트 대신 미국 내 다른 지역이나 해외를 선택하기 때문이다. 다시 말해 고용 창출 효과가 미미하다는 얘기다. 이는 전 세계 자동차 업체들의 현지 생산량 증가라는 추세와 미국 내 각 주의 생산 시설 유치 경쟁의 결과다. 실제 미국의 주들은 세

23　2010년 현재 시카고와 미니애폴리스의 인구는 각각 270만 명과 38만 명이다. 다시 말해 35세 이하 4년제 대학 학위자 인구 비율을 비교하면 디트로이트는 약 2퍼센트, 시카고는 약 5퍼센트, 미니애아폴리스는 21퍼센트다.

수 확대 및 일자리 창출을 위해 세금 감면, 인프라 및 공장 부지의 무상 제공 등의 인센티브로 치열한 생산 시설 유치 활동을 벌이고 있다.

디트로이트를 기반으로 한 빅 3도 더 이상 디트로이트에만 머물지 않는다. 포드는 전 세계 79개의 생산 시설을 운영하고 있지만 디트로이트 인근에 위치한 시설은 13곳에 불과하다. 한때 10만 명에 달했던 디트로이트 인근의 직원 규모도 현재 2만 명 미만으로 대폭 감소했다. 제너럴모터스나 크라이슬러의 상황도 비슷하다.

해외 브랜드가 미국에 진출하는 경우에도 디트로이트는 수혜의 대상이 아니다. BMW는 사우스캐롤라이나South Carolina에, 메르세데스-벤츠Mercedes-Benz는 사우스캐롤라이나와 앨라배마Alabama에 공장을 설립했다. 혼다Honda는 앨라배마와 인디애나Indiana 그리고 오하이오Ohio에 공장을 설립하였으며 닛산NISSAN은 미시시피Mississippi와 테네시Tennessee에 공장을 설립했다. 그리고 토요타Toyota는 인디애나와 켄터키Kentucky 그리고 미시시피와 텍사스Texas에 각각 공장을 설립했다.

자동차 산업의 쇠퇴만큼이나 디트로이트의 몰락에 영향을 미친 요소는 인종 간 공간 분리다. 교외의 백인 중산층과 도시의 흑인 저소득층으로의 분리는 곧 교외의 지식인 근로자 대 도시의 비지식인 근로자라는 구도를 양산해냈다. 그리고 이는 자동차 산업의 쇠퇴와 더불어 도시로의 빈곤 집중 현상을 낳았다. 그 결과 디트로이트는 높은 실업률과 그로 인한 사회적 비용의 증가라는 악순환에 시달리게 된다. 또한 인종 간 공간 분리는 도시 취약 계층의 실업률 해소에 악재로 작용한다. 앞서 언급한 것처럼 교외 지역에는 도심과 달리 일자리가 많지만 도심에 거주하는 대다수의 흑인들에게는 그림의 떡일 뿐이다. 예를 들어 교외 지역의 생명공학 연구소는 고급 생명공학 기술자들이 필요하지만 경비원과 청소부 역시 필요하다. 하지만 도시에 거주하는 가난한 흑인들은 부실한 대중교통과 자동차 통근의 채산성 문제 때문에 취직하기가 어렵다. 이는 단순 노무 인력부터 고급 기술 인력까지 다양한 노동 계층이 적정 비율로 공존할 때 도시경제가 가장 효율적으로 작동한다는 사실로 볼 때 매우 비극적인 상황이다.

인종 분리 현상으로 빈곤이 도시에 집중된 경우 교외지역을 포함한 대도시권의 소득 증가율과 자산 가치 증가율이 그렇지 않은 경우에 비해 상대적으로 느리다는 연구 결과가 있다. 디트로이트가 가장 적절한 예일 듯싶다. 미국에서 가장 심각한 인종 분리 현상을 보이는 메트로 디트로이트의 인종 분리 수준이 국가 평균 수준으로 하향 조정될 경우 연간 2조 달러의 수입이 증가할 것으로 예측된다. 이렇듯 인종 간 공간 분리는 도시경제라는 관점에서 나쁜 전제 조건으로 작용할 뿐이다.

심각한 교외화로 인한 도시의 저밀도화 역시 도시경제 측면에서 보면 치명적이다. 디트로이트의 교외화 현상은 교외 지역과 도시지역 모두를 저밀도의 공간으로 만들어버렸다. 저밀도의 도시는 도시 유지 관리 비용이 높아 지방정부 재정에 악영향을 미치기 마련이다. 자연스레 빈곤 계층이 집중된 도시지역의 재정은 최악의 상황을 맞이할 수밖에 없다. 또한 자동차 위주의 도시 공간은 저밀도화와 더불어 도시 공간의 매력을 반감시킨다. 그 결과 디트로이트는 생기 없는 도시 풍경으로, 살고 싶지 않은 도시가 되어가고 있다.

오늘날 전 세계 도시들은 인재를 유치하기 위해 치열하게 경쟁한다. 도시경제의 성패가 '인재' 유치에 달려 있기 때문이다. 최근 인재들은 직장을 선택할 때 회사 자체보다 회사의 위치를 더욱 중요하게 여기기 시작했다. 2008년 시카고 일대의 최고 경영자들의 발표에 따르면 글로벌 지식 근로자의 64퍼센트는 직장을 선택할 때 회사 자체보다는 회사의 위치를 더 중히 여긴다고 한다. 한마디로 살고 싶은 도시liveable city의 직장을 선택한다는 얘기다. 오늘날 살고 싶은 도시가 전 세계 글로벌 도시들의 공통 주제로 자리 잡은 이유다. 하지만 빈곤층이 집중된 밀도 낮은 도시는 살고 싶은 도시의 모습과는 거리가 멀다. 세수 부족으로 기초 체력에 해당하는 공공서비스에 투자할 여력이 없기 때문이다. 도시 경쟁력 확보의 기초 단계부터 흔들리고 있는 셈이다. 또한 살고 싶은 도시의 주요 요소의 하나인 도시 공간의 쾌적성amenity 역시 자동차 중심의 도시 공간으로는 구현하기 어려워 보인다. 그 결과 디트로이트는 교육도 치안도 대중교통도 신뢰하기 어려우며 도시 풍경마저 매력이 없는 경쟁력 낮은 도시의 모습을 보여줄 뿐이다.

　도시경제라는 측면에서 살펴본, 디트로이트를 몰락으로 이끈 근본적인 문제는 산업의 다양화, 계층 간의 혼합 그리고 지속 가능한 도시 계획에 대한 대안 등을 통해 점진적으로 해결할 수 있을 것으로 보인다. 하지만 디트로이트는 엉뚱한 곳에서 도시경제의 부활을 꿈꾸고 있는 듯하다.

토건 개발, 요원한 르네상스

20세기 중반 이후 쇠퇴를 거듭하던 디트로이트는 1970년대 후반 이후 부활Renaissance을 꿈꾸며 도시 재생에 착수한다. 그 결과 1980년대에는 시내에 버려진 건물의 일부가 재개발로 철거되었으며 수변 공간International Riverfront을 중심으로 고급 콘도와 오피스 등의 대규모 개발이

▶ 1970년대 말 디트로이트 다운타운의 수변 공간에 건립된 르네상스 센터renaissance Center. 제너럴모터스 본사와 오피스, 호텔, 콘도 등으로 이루어진 대형 복합건물로 디트로이트 부활renaissance 정책의 출발을 알리는 신호탄이었다. ⓒ Ray Dumas

이루어졌다. 다운타운에는 피플 무버Detroit People Mover라는 경전철이 들어섰고, 시내에는 제너럴모터스와 크라이슬러의 대규모 자동차 조립 공장이 신축되는 등 디트로이트는 토건 산업 중심으로 도시의 부활을 꿈꾸기 시작했다.

1990년대에는 재생 사업이 도심에 집중되었다. 그 결과 대규모 개발이 집중된 도심의 스카이라인은 주변부와는 다른 모습을 보여주기 시작한다. 2000년대 들어서는 도심의 변화가 더욱 두드러졌다. 대형 경기장 두 개와 대형 카지노 세 개가 들어서고 수변 공간이 정비되는

뉴센터

미드타운

다운타운

▶ 디트로이트 도심은 르네상
스 센터가 자리 잡은 다운타운
Downtown과 그 위의 미드타
운Midtown 그리고 뉴센터New
Center로 이루어져 있으며, 개
발은 주로 다운타운과 미드타운
에 집중된다.

등 도심은 위락 시설 개발로 새로운 정체성을 확보하기 시작했다. 그
덕분에 2007년 디트로이트는 대규모 카지노를 등에 업고 미국 5위의
도박 시장gambling market으로 자리매김했으며 대형 경기장을 활용해 굵
직한 스포츠 이벤트를 유치했다.[24] 또한 2011년에는 디트로이트 메디
컬 센터Detroit Medical Center와 헨리포드 병원Henry Ford Health System이 도심에
위치한 의료 연구 기관과 병원에 대대적으로 투자를 늘리는 등 디트로
이트 도심은 다양한 테마로 재생을 시도하였다.

　디트로이트의 재생에 대한 노력은 2000년대 이후 광고, 에너지, 자
동차 등의 다양한 회사들이 도심으로 이주함으로써 산업구조의 다각

24　2005년 메이저리그 올스타 게임MLB All-Star Game, 2006년 슈퍼볼 게임Super Bowl XL, 2012년 월드시
　　리즈World Series를 유치하며 디트로이트는 스포츠 이벤트 실적을 쌓아올렸다.

▶ 토건 산업으로 경제를 살릴 수 있다는 과도한 믿음이 존재하는 것은 미국이나 한국이나 마찬가지인가 보다. 도심 쇠퇴로 도로가 텅텅 비어 있는데도 기어이 건립한 디트로이트 피플 무버(위, ⓒ Javier Rapoport)와 심각한 재정난에 시달리는 인천시가 853억 원이라는 거금을 들여 2010년 완공한 은하레일(왼쪽, ⓒ 전상현). 전자가 운영 손실이 큰 경우라면 후자는 부실 시공으로 운영조차 못하는 경우다.

▶ 일부 고층 빌딩이 있는 다운타운 중심과 유휴지가 눈에 띄는 그 주변. 안간힘을 쓴 개발 의지와 무기력한 현실이 극명한 대조를 이룬다. ⓒ Babara Eckstein

화와 그에 따른 젊은 지식 근로자의 유입이라는 소기의 성과를 거둔 다.[25] 이에 디트로이트는 2008년 본격적인 산업구조 다각화를 목표로 주정부 주도하에 신성장 산업으로 대체에너지와 영화 산업을 선정, 집 중적으로 육성하기 시작했다. 하지만 도심 일부만이 재생의 노력으로 활기를 찾았을 뿐 디트로이트는 여전히 침체의 늪에서 벗어나지 못하 고 있다.

25 2007년 한 연구에 따르면 다운타운 신규 거주자의 57퍼센트가 25~34세이며 45퍼센트가 학위를, 그리고 34퍼센트는 석사학위 혹은 전문학위를 보유하고 있다.

30여 년에 걸친 노력에도 불구하고 파산 신청을 할 만큼 디트로이트의 상황은 지난 10여 년간 급속도로 악화되어왔다. 왜일까? 토건 개발에 의존해 도시 재생을 해왔기 때문이다. 토건 산업은 단기간에 높은 고용 유발 효과를 낳는다는 장점을 가진 반면 개발 타당성이 뒷받침되지 못할 경우 경기 침체로 연결되는 단점을 가진다(에스파냐의 경제 위기를 떠올려보자). 디트로이트는 과도한 부채를 짊어진 상황에서 교육, 치안, 보건 같은 부실한 분야의 예산을 삭감하고 타당성이 불확실한 대형 건설 프로젝트에 매진했다. 그리고 그 결과는 이익 대신 손실로 나타났다. 경전철 피플 무버가 대표적인 예다.

피플 무버는 다운타운 상공에 단일 선로를 따라 운영되는 길이 4.7킬로미터짜리 자동화 경전철 시스템이다. 정부는 2010년 현재 가치로 4억 2,100만 달러의 거액을 투자하여 1987년에 야심 차게 피플 무버의 운행을 시작하였다. 하지만 결과는 초라하기 짝이 없었다. 계획 당시 1일 탑승객을 6만 7,700명으로 예상했으나 현재 1일 이용 인구는 약 5,300명에 불과하다. 그 결과 매년 1,200만 달러의 정부 보조금이 투입되고 있다.

피플 무버는 태생부터 불합리했다. 건립 당시 피플 무버 아래 도로는 텅 빈 상태였기에 버스가 더 다녀도 무리가 없었다. 대중교통 수단을 확충하는 것이 목표였다면 비용이 훨씬 적게 들 버스 노선을 확대하는 것이 정답이었을 것이다.[26] 2009년 현재 탑승객 1인을 1마일(약 1.6킬로미터) 이동시키는 데 피플 무버는 4.26달러가 소요되는 반면 버

---

26 버스 교통 시스템을 새로이 구축한다 해도 지하철이나 경전철을 구축하는 데 드는 비용의 100분의 1이면 된다.

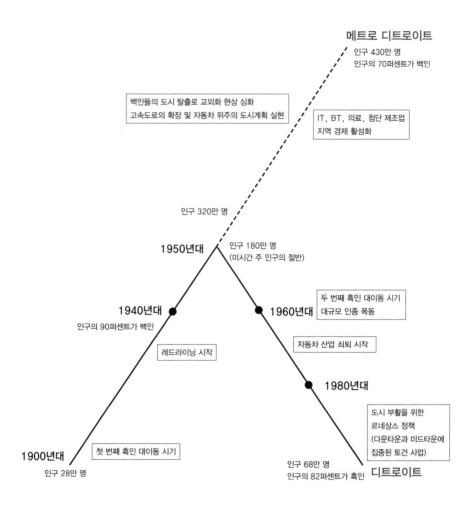

메트로 디트로이트
인구 430만 명
인구의 70퍼센트가 백인

백인들의 도시 탈출로 교외화 현상 심화
고속도로의 확장 및 자동차 위주의 도시계획 실현

IT, BT, 의료, 첨단 제조업
지역 경제 활성화

인구 320만 명

1950년대
인구 180만 명
(미시간 주 인구의 절반)

1940년대
인구의 90퍼센트가 백인

두 번째 흑인 대이동 시기
대규모 인종 폭동

1960년대

레드라이닝 시작

자동차 산업 쇠퇴 시작

1980년대

도시 부활을 위한
르네상스 정책
(다운타운과 미드타운에
집중된 토건 사업)

1900년대
인구 28만 명

첫 번째 흑인 대이동 시기

인구 68만 명
인구의 82퍼센트가 흑인

디트로이트

▶ 정책 및 경제 요인에 따른 디트로이트와 메트로 디트로이트의 인구 변화.

스는 0.82달러밖에 안 든다. 결국 피플 무버는 지으면 흥하리라는 이상한 믿음의 결과이거나 불필요한 뽐내기식 토건 산업이었던 셈이다.

하지만 정부는 피플 무버에 이어 다운타운에서 뉴센터에 이르는 새로운 전차 시스템Tram을 확충하기로 결정했다. 텅 빈 도로에 버스만 추가하면 될 일을 기반 시설이 새로 필요한 전차를 도입하겠다는 것이다. 여전히 이해하기 어려운 대목이다.[27]

피플 무버 외에도 비효율적인 토건 산업은 도심 여기저기서 발견된다. 대규모 복합 개발 사업의 상징인 르네상스 센터는 헨리 포드 2세 Henry Ford II가 1977년 3억 5,000만 달러를 들여 건립한 야심작이었지만 1996년 1억 달러도 안 되는 가격에 제너럴모터스에 매각된다. 또한 2000년과 2002년에 개장한 대형 경기장 커머셜 파크Comerica Park와 포드 필드Ford Field는 초기에 투자한 건설 자금에 대한 빚을 갚지 못해 아직도 자금을 조달하느라 고군분투하고 있다.

디트로이트에는 경기 침체로 빈 건물이 많다. 다시 말해 새 건물을 짓는다고 해서 부가가치가 창출되기 어렵다는 얘기다. 하지만 디트로이트는 토건 산업이 부가가치를 창출하고 경제를 활성화시킬 수 있다고 믿었던 모양이다. 그리고 그 결과 디트로이트의 부활은 점점 더 어려워지는 듯하다. 어떻게 도시가 번영할 수 있는지 디트로이트가 깊이

---

27 트램Tram은 정해진 길을 예측 가능한 속도로 다닌다. 보행 친화적이란 얘기다. 또한 오래된 트램은 도시의 낭만을 불러온다. 장기적인 안목에서 활기차고 매력적인 도시 풍경을 연출하기 위해 트램을 선택한 것이라면 이해할 수 있다. 하지만 재정난에 처한 디트로이트가 당장 서민들의 출퇴근 문제를 고려해 트램을 선택한 것이라면 이해하기 어렵다. 지금 서민들의 출퇴근을 위해 필요한 건 교외 지역과 도심을 연결할 촘촘하고 운영 간격이 짧은 대중교통 시스템이다. 그렇다고 새로운 대중교통 수단을 도입할 필요는 없다. 부실한 버스 운영 체계를 보완, 확장하는 것만으로도 어느 정도 효과를 낼 수 있기 때문이다. 중요한 건 비용 대비 효과와 우선순위다. 있는 것부터 제대로 활용해야 하지 않겠는가?

고민해볼 대목이다.

체질 개선이 필요한 디트로이트

한때 북부 최대의 공업 도시로 미국 경제의 견인차 역할을 한 디트로이트는 20세기 후반 쇠퇴를 거듭하며 급기야 역대 최대 규모의 파산을 선언했다. 어떻게 보면 디트로이트의 몰락은 미국의 유명 경제학자 폴 크루그먼Paul Robin Krugman 교수의 말대로 산업구조의 변화 과정에서 발생하는 자연스러운 현상일지 모른다. 다시 말해 도시경제가 제조업 중심에서 서비스업, 정보기술업 등 다양한 산업으로 재편되는 과정에서 어느 도시나 겪을 수 있는 성장통이라는 얘기다. 하지만 그럼에도 불구하고 디트로이트는 적극적인 체질 개선이 필요해 보인다. 몰락의 원인이 산업구조의 변화 그 이상의 범주에 있기 때문이다.

디트로이트의 몰락은 미래의 성장 동력인 다양한 분야의 중소기업과 인재가, 산업구조상 쇠퇴할 수밖에 없는 대규모 독식 제조업의 빈자리를 채워주지 못해 벌어진 참극이다. 그리고 그 이면에는 극심한 인종 갈등과 교외화 현상이 있었다. 다시 말해 디트로이트의 몰락은 산업, 인종, 도시 공간이라는 세 요소가 부정적 시너지 효과를 일으키며 만들어낸 결과라 할 수 있다. 지금 디트로이트에 필요한 건 이 세 요소에 대한 근본적인 체질 개선이다.

체질 개선의 내용은 지극히 상식에 기초한다. 도시경제의 원동력을 찾기 위해 디트로이트는 중산층 지식 근로자를 끌어와야 한다. 그러기 위해서는 산업 다양화를 추구하는 한편, 디트로이트를 살고 싶은 도시로 만들어야 한다. 다양한 산업을 유치하기 위해서는 매력적인 인센티브를 만들어내야 하며, 살고 싶은 도시로 거듭나기 위해서는 공공서비스와 공공 공간을 정비하고 흑백의 공간 구도를 타파해야 한다. 물론 재정이 최악인 상황에서 변화를 모색하기란 쉽지 않다. 그럼에도 불구하고 디트로이트는 도시 재생에 성공한 도시들은 늘 절박한 상황으로부터 시작했다는 점을 기억해야 한다.

참고로 디트로이트의 부채 규모는 연평균 예산의 일곱 배 규모다. 세수입을 한 푼도 쓰지 않고 갚는다 해도 꼬박 7년이 걸린다. 머뭇거릴 시간도 낭비할 예산도 없다. 지금 디트로이트에 필요한 건 타당성이 불확실한 대규모 토건 개발이 아니라 도시 몰락의 근본적인 원인을 제거할 체질 개선 작업이다. 현명한 방향감각이 절실한 시기다.

상파울루

계급 도시,
코퍼레이트 어버니즘

부자 도시, 상파울루

상파울루는 브라질 남단에 위치한 도시로 브라질 최대 규모의 도시다. 행정구역상 브라질에서 인구가 가장 많은 상파울루 주에 위치하며, 2010년 현재 브라질뿐만 아니라 라틴아메리카에서도 인구가 가장 많은 도시에 속한다. 면적은 서울의 약 2.5배에 달하는 1,523제곱킬로미터이지만 인구는 서울과 비슷한 1,100만 명 수준이다. 메트로 상파울루는 우리나라의 수도권에 해당되는 범위로 면적은 7,943제곱킬로미터이며 인구는 약 2,080만 명 정도다. 우리나라 수도권과 비교해보면 인구는 약 80퍼센트, 면적은 70퍼센트 수준인 셈이다.

　상파울루는 브라질 경제의 중심이다. 인구는 브라질 전체 인구의 약 5퍼센트에 불과하지만 GDP는 브라질 전체 GDP의 12.6퍼센트를 차지한다. 또한 브라질 내 다국적 회사의 63퍼센트가 상파울루에 집중되어 있으며 남미에서 가장 큰 증권거래소가 시내 중심에 자리 잡고 있다. 이렇듯 경제 면으로만 보면 상파울루는 브라질 경제의 중심이자

출처: OpenStreetMap.

콜롬비아

페루

브라질

볼리비아

리우데자네이루

상파울루

아르헨티나

칠레

▶ 상파울루는 브라질 남단에 위치하며,
관광지로 잘 알려진 리우데자네이루Rio
de Janeiro와는 360킬로미터가량 떨어
져 있다.

명실상부한 글로벌 시티다. 세계 1위의 다국적 회계 감사 기업인 프라
이스워터하우스쿠퍼스PwC PricewaterhouseCoopers에 따르면 2008년 현재 구
매력 기준의 GDP로는 상파울루가 전 세계에서 아홉 번째로 부유한
도시다. 동일 기준으로 봤을 때 인구 규모가 비슷한 서울이 21위임을
감안한다면 상파울루는 분명 부자 도시임이 틀림없다.

극'빈'과 극'부'의 공존, 상파울루

상파울루가 부유한 도시라고 해서 상파울루에 거주하는 사람 모두가
잘산다는 의미는 아니다. 상파울루는 전 세계에서 소득 불균형이 가장

심각한 도시 가운데 하나로 극'빈貧'과 극'부富'가 공존하는 브라질을 잘 대변해준다. 브라질은 이미 2000년대 초반 전체 인구의 10퍼센트가 국가 수입의 50퍼센트를 차지하고, 단 2만여 가구가 국가 전체 부富의 절반을 소유하는 독과점 성격의 극'부'가 출현했다. 반면 2003년 현재 인구의 21퍼센트가 하루 2달러 미만으로 생활하며 8퍼센트는 1달러 미만으로 생활할 만큼 브라질의 극'빈'층 문제는 심각하다. 2002년 룰라Luiz Inácio Lula da Silva 대통령이 하루 세끼 먹을 수 있는 나라를 만들겠다며 빈곤 퇴치를 공약으로 내걸어 대통령에 당선된 것만 봐도 브라질의 빈곤 문제가 얼마만큼 심각한지 쉽게 알 수 있다. 이렇듯 브라질은 극심한 소득 불균형 문제로 몸살을 앓고 있으며, 이는 국가 경제의 중심지인 상파울루에서 극단적인 모습으로 나타난다.

상파울루에는 약 3만 명의 백만장자가 있다. 이는 빈곤 계층 100명에 백만장자가 1명꼴로 존재하는 셈인데, 다시 말해 약 300만 명의 빈곤 계층과 3만 명의 백만장자가 한 도시 안에 공존하는 것이다. 그리고 이들은 다른 개발도상국 도시처럼 공간적으로 철저히 분리되어 있다. 도시인구 가운데 400만 명에 가까운 빈곤 및 저소득 계층 인구가 브라질 슬럼인 파벨라[1]나 게토인 코르치수[2]에 살고 있다. 반면 부자들은 자신들만의 동네이자 도시인 알파빌리[3]에 살고 있다(파벨라와 알파

---

1 파벨라Favela는 대도시로 몰려든 사람들이 토지를 무단 점유하여 발생한 일종의 슬럼이자 주거지이다.

2 브라질과 포르투갈에서 코르치수Cortiço는 게토를 의미한다. 보통 게토에서는 한 가족이 좁은 방 한 칸에 거주하며 화장실을 공유한다. 예전 서울 구로공단 쪽방촌과 거의 유사한 환경으로 위생 상태가 좋지 않고, 프라이버시가 보호되지 않는다.

3 알파빌리alphaville는 부유층이 모여 사는 그들만의 공간으로 게이티드 커뮤니티를 의미하며, 규모는 주거 단지부터 도시 단위까지 다양하다.

▶ 상파울루 도심. 고층 빌딩이 무질서하게 자리 잡은 모습은 경제활동은 활발하나 도시의 쾌적성을 고려한 경관 관리가 부재함을 말해준다. '공공성'보다는 '자본'의 풍경에 가까운 모습이다. ⓒ Deni Williams

빌리에 대해서는 뒤에서 자세히 설명하겠다). 이렇듯 빈자와 부자가 철저하게 분리되어 사는 모습이 오늘날 빈부 격차가 심한 상파울루의 현실이다.

빈자와 부자가 공간적으로 분리되는 현상은 전 세계 어느 도시에서나 볼 수 있지만 상파울루의 경우는 좀 극단적이다. 상파울루는 단순히 펜스로 둘러싸인 요새 같은 부잣집과 슬럼의 대비를 뛰어넘어 계층 간 극심한 공간적 대립 구도를 보여준다. 상파울루에서 빈자와 부자는 사는 곳은 물론이요 출입이 가능한 곳과 이동 경로마저 철저히 분리되어 있다(이 부분은 뒤에서 자세히 설명하겠다). 한마디로 부자와 빈자가 서로 마주칠 일이 없는 도시인 셈이다. 이렇게 극심한 공간적 분리가 일어나게 된 데에는 극심한 경제적 격차 외에 또 하나의 이유가 있다.

불안한 도시, 상파울루

앞서 언급한 것처럼 상파울루는 빈부의 차가 극심한 도시다. 상파울루의 아침 풍경을 보면 이를 잘 알 수 있다. 빈곤 계층이 몰려 있는 교외 지역 사람들이 새벽 버스를 기다리느라 길게 줄 서 있는 풍경과 부유층 사람들이 고용된 기사가 운전하는 고급 차량으로 출퇴근하는 대비된 풍경은 이를 잘 설명해준다. 하지만 여기에는 빈부 격차가 심한 세계 다른 도시의 모습에서 볼 수 없는 요소가 하나 더 있다. 바로 방탄 차량이다. 높은 범죄율에 대응하려는 수단으로 사람들은 방탄 차량을 애용한다. 실제로 상파울루에서 방탄 차량 수요는 상당히 높다. 이는 브라질의 방탄 차량 수요를 통해 유추 가능하다. 브라질은 1999년 이후 콜롬비아, 멕시코, 미국을 제치고 세계 최대의 방탄 차량 시장이 되었다. 2000년에 이미 브라질 내 차량 가운데 3,000대가 방탄 차량이었으며, 방탄 차량 시장은 2001년부터 매년 15퍼센트씩 성장한 것으로 추정된다. 또한 방탄 차량 가격이 높으므로 중산층을 고려한 저렴한 방탄 차량 개조 업체가 우후죽순 생겨났으며 최근에는 세계적 화학 기업인 듀폰 DuPont이 브라질에서 방탄 차량 개조 세트를 판매해 선풍적인 인기를 끌었다.

하지만 부자들은 방탄 차량에 만족할 수 없었다. 그들은 자동차 대신 헬리콥터를 선택했다. 방탄 차량이 범죄로부터 자신들을 완벽히 지켜줄 수 없다는 것을 알기 때문이다. 참고로 국제헬리콥터협회Helicopter Association International 대표인 매트 주카로Matt Zuccaro에 따르면 2013년 현재 라틴아메리카의 헬리콥터 판매량은 전 세계 헬리콥터 판매량의 약 7퍼센트를 차지하며, 브라질이 그중 절반을 차지한다.

헬리콥터는 지상의 범죄로부터 부자들을 철저히 보호해준다. 그 덕분에 상파울루는 뉴욕과 도쿄를 제치고 전 세계에서 헬기 등록 대수가 가장 많은 도시가 되었다. 2011년 현재 상파울루에 등록된 헬리콥터 수는 593대이며 2007년 현재 약 240개의 헬리패드가 고층 빌딩에 설치되어 있다. 전 세계에서 가장 소득수준이 높은 도시 가운데 하나인 뉴욕에 헬리패드가 같은 해 단 열 곳밖에 없었다는 사실로 볼 때, 상파울루의 헬기 사용 빈도가 심상치 않은 수준임을 짐작할 수 있다. 실제로 상파울루에서는 2010년 한 해에만 약 7만 회가량의 헬리콥터 이동이 있었다. 이렇듯 부유층 엘리트들은 헬리콥터를 이용하여 자신만의 아지트인 알파빌리에서 도심의 오피스로 출근하고 다시 퇴근하는 안전한 동선을 확보하였다.

어느 사회나 그렇듯 부유층의 소비 패턴은 중산층이 모방하기 나름이다. 또한 지상의 범죄로부터 완전히 자유로워지기를 바라는 것은 중산층도 마찬가지다. 헬리콥터 구매가 부담스러운 중산층을 위해 헬리콥터 택시까지 등장한 이유다.

상파울루의 헬기 사용량이 증가한 데는 안전에 대한 욕구 외에도 교통 체증이 심각하다는 이유가 있다. 하지만 교통 체증 또한 상당 부분 치안 문제로부터 발생했음을 부인하기 어렵다. 상파울루에서 대중교통을 이용하는 것은 무방비 상태로 범죄에 노출된다는 의미이다. 이

▶ 교외 지역에 자리 잡은 부자들의 동네 알파빌리와 도심을 연결하는 카스텔루브랑쿠 고속도로Rodovia Castelo Branco의 아침 출근길 풍경. 차량 정체는 차량 강탈Carjacking을 노리는 범죄자들에게 더없이 좋은 기회다.

러한 이유로 사람들은 가능하면 자가용을 이용하려 한다. 하지만 아이러니하게도 자가용 사용량의 증가로 발생한 상습 정체[4]는 범죄자들에게는 더 좋은 기회를 제공하였다. 교통 체증으로 자동차가 도로에 거의 서 있다시피하니 범죄자들이 접근하기가 더 쉬워진 것이다. 정체된 출퇴근길에 차량 강탈 같은 범죄가 빈번히 일어나는 이유다. 한마디로 악순환이다. 이러한 이유로 부유층부터 중산층까지 지상에서 하늘로 탈출을 시도하고 있다.

4 상파울루 도로의 상습 정체는 자동차 판매량이 급속히 증가했는데도 도로 건설 속도가 이를 따라잡지 못한 불균형에서 비롯된 결과이기도 하다.

▶ 상파울루의 헬리콥터 택시는 중요한 회의가 있거나 쇼핑이나 관광을 하고 싶을 때 예약만 하면 언제든 이용할 수 있다.

앞서 방탄 차량과 헬기의 인기에서 보듯이 상파울루의 치안은 매우 불안하다. 통계를 살펴보면 2007년 현재 살인 사건의 경우 뉴욕은 10만 명당 7.8건이 발생한 반면, 상파울루에서는 60건이 발생하였다. 또한 인구 30명당 1명꼴로 사설 무장 경비원을 두고 있는데, 경찰 인력의 세 배에 달하는 150만 명의 사설 경호원이 주민의 안전을 책임지는 상황이다. 사실상 치안 유지라는 공공 책무를 민간 스스로가 해결하고 있는 셈이다.

경제학자 입 테이세이라Ib Teixeira에 따르면 브라질 국민은 2001년 현재 한화로 11조 원에 해당하는 240억 브라질 레알Brazil Real을 치안 유지에 소비하고 있는 반면, 공공 부문에서 치안 유지에 지출하는 금액은 한화로 8조 2,000억에 달하는 180억 브라질 레알 수준에 불과하다. 이렇듯 치안에 대해서는 민간 소비가 공공 부문을 앞지른다. 다시 말해 브라질에서 치안은 공공 부문이 보장해야 할 주민의 기본권이 아니라 시장에서 사고파는 상품에 가깝다.

다행히 과거에 비해 민간 부문의 치안 유지 비용이 비교적 많이 감소했다. 현재 브라질 사람들이 사설 경호 및 치안 서비스에 쏟아붓는 금액은 한화로 8조 1,300억 원에 달하는 180억 브라질 레알이다. 물가 상승률을 감안하면 10여 년 전에 비해 대폭 감소했다고 볼 수 있다. 하지만 여전히 민간 부문이 치안 유지에 쏟아붓는 금액 치고는 엄청나다. 참고로 치안 유지에 민간 부문이 쏟아부은 180억 브라질 레알은 미국 정부가 이라크 전쟁 초기 4년 동안 쏟아부은 안보 비용과 맞먹는다. 이렇듯 브라질 전체의 통계로 보나 상파울루의 통계로 보나 상파울루는 치안이 매우 불안하며 이를 해결하기 위해 공공이 아닌 민간이 상당한 자금을 쏟아붓고 있는 상황이다. 개인의 경제력과 치안이 비례하는 도시가 바로 상파울루인 것이다.

게이티드 시티, 알파빌리-탐보레

앞서 살펴본 대로 상파울루는 빈부 격차가 심하고 치안이 상당히 불안하다. 그리고 이는 자연스레 빈자와 부자가 공간적, 사회적으로 분리되는 현상을 야기하였다. 상파울루의 교외 지역은 대부분 사회적 취약 계층인 빈곤층이 주로 거주한다. 또한 빈곤층이 집중적으로 유입되어 파벨라의 인구 증가가 두드러진 곳이기도 하다. 그렇다고 해서 교외 지역에 빈곤 계층만 산다고 생각하면 오산이다. 부자들의 동네 알파빌리 역시 교외 지역에 위치한다. 다만 개방 구조가 아닌 폐쇄 구조일 뿐이다. 반대로 빈곤 계층 역시 교외 지역에만 있는 것은 아니다. 도심

한복판에 자리 잡은 고급 상업 시설 바로 옆에 파벨라가 존재하기도 한다. 이렇듯 메트로 상파울루는 물리적 거리상 빈자와 부자가 가까이 혹은 멀리 공존한다. 중요한 건 그들이 어떠한 위치에 자리 잡고 있든 철저히 서로 분리되어 있다는 점이다.

빈자와 부자가 한 사회에 공존할 때 공공 부분의 특별한 개입이 없다면 부유층이 그들만의 공간을 형성하며 살아가는 것은 자본주의 논리상 지극히 자연스러운 현상이다. 특히 상파울루같이 공공 환경이 부실한 개발도상국의 경우는 더욱더 그렇다. 더군다나 공공 부문이 치안에 대한 책임을 다할 수 없는 상황에서 부유층이 자신들만의 장소를 만들고 안전을 확보하는 것은 지극히 자연스러워 보이기까지 한다.

앞서 언급한 것처럼 상파울루 교외 지역에는 부유층만 모여 사는 '알파빌리-탐보레Alphaville-Tamboré'라는 일종의 소도시가 있다. '알파빌리-탐보레'는 아주 큰 규모의 게이티드 커뮤니티gated community[5]다. 알파빌리-탐보레는 말 그대로 철저한 통제를 기초로, 외부와의 공간적, 사회적 교류를 기본적으로 거부하는 그들만의 공간이다. 게이티드 커뮤니티는 어느 사회에나 존재한다. 미국 교외 지역에 상류층을 대상으로 조성된 단독 주택단지나 한국의 타워팰리스 혹은 교외 지역의 고급 타운하우스 같은 것이 이에 해당한다.[6] 하지만 알파빌리-탐보레는 규모가 다르다. 게이티드 커뮤니티는 보통 주거 단지 규모인 반면 알파빌

---

5 게이티드 커뮤니티는 말 그대로 빗장을 걸어 잠근 커뮤니티를 지칭한다. 주로 주거 단지에 적용되는 개념으로 비슷한 소득수준과 문화적 취향, 보안 등의 이유로 배타적인 공동체 생활 형식을 견지하는 것을 그 특징으로 한다.
6 엄밀하게 말하면 담장을 쳐 배타적 영역을 확보한 한국의 수많은 아파트 단지 역시 게이티드 커뮤니티다.

리-탐보레는 도시 규모다. 주거 공간과 그와 연계된 일상 공간이 그들만의 도시 공간을 만들어낸다. 구조로 보자면 주거 단지로서의 게이티드 커뮤니티와 각종 편의 시설이 모인 게이티드 시티gated city인 셈이다.

알파빌리-탐보레의 탄생

알파빌리는 부동산 상호이자 브라질과 포르투갈의 게이티드 커뮤니티를 의미한다. 알파빌리의 의미는 으뜸 도시first among cities다. 말 그대로 부동산 상품으로서 최고의 도시를 의미한다. 주택단지부터 도시 규모까지 게이티드 커뮤니티 개발을 특징으로 하는 알파빌리는 지난 40여 년간 브라질 여러 도시로 확산되었으며 포르투갈에도 수출되었다. 브라질에서는 알파빌리가 고유명사에서 게이티드 커뮤니티를 의미하는 일반명사로 정착했다. 현재 21개의 브라질 주에 70군데 이상의 알파빌리가 개발되었거나 개발 중이며 그 면적만 6,500만 제곱미터에 달한다.

알파빌리는 1970년대 알파빌리 어버니즈모[7]라는 민간 개발사에 의해 상파울루의 교외 지역에서 탄생했다. 그 당시 상파울루는 중산층의 자가용 소유 비율이 급격히 증가하면서 고속도로를 따라 주거지가 분산 개발되는 교외화 현상이 일어나고 있었다. 반면 도심은 빈곤 증가와 교통 체증 그리고 높은 범죄율로 쇠퇴의 길을 걷고 있었다. 자연스

---

7   알파빌리-탐보레는 알파빌리 어버니즈모Alphaville Urbanismo와 탐보레Tambore SA 그리고 엠브이티MVT Ltda라는 세 민간 개발사에 의해 개발되었으며, 알파빌리 어버니즈모는 그중 가장 넓은 면적을 개발한 개발사이다.

레 교외 지역의 개발이 인기를 얻어가던 시기였다. 이러한 배경을 등에 업고 알파빌리 어버니즈모는 상파울루의 교외 지역에 첫 번째 알파빌리를 조성하게 된다.

알파빌리 어버니즈모는 상파울루 도심에서 약 23킬로미터 떨어진 바루에리Barueri 카운티 일대의 대규모 농경지를 매입해 알파빌리를 조성했는데, 그것이 바로 브라질 최초의 알파빌리인 알파빌리-탐보레다. 바루에리 카운티 일대는 대규모 농경지이지만 개발을 하기에 입지 조건이 좋았다. 개발 전에 이미 고속도로가 이 지역을 지나가고 있었기 때문이다.

1968년 1차 개통된 카스텔루브랑쿠 고속도로Rodovia Castelo Branco는 상파울루와 알파빌리-탐보레를 쉽고 빠르게 연결시켰다. 그리고 1981년까지 3단계 확장을 거쳐 브라질에서 가장 넓고 교통량이 많은 도로 가운데 하나로 자리 잡으며 알파빌리-탐보레의 확장을 촉진하였다.

알파빌리-탐보레의 개발은 1973년에 시작하여 점진적으로 이루어졌다. 처음에는 환경 공해가 없는 첨단 제조업 단지 알파빌리 인더스트리얼Alphaville Industrial이 조성되었으며 곧 휴렛팩커드 같은 다국적 기업들이 입주했다. 이는 자연스레 임직원을 위한 고급 주택단지 수요로 이어졌다. 그 결과 1975년 약 200평(약 660제곱미터) 규모의 단독주택 900채로 구성된 레지덴셜-1Residencial-1이 첫 번째 주거 단지(알파빌리)로 조성되었다. 그 후 연이어 주택단지가 개발되었다.

1980년대에는 알파빌리-탐보레의 인구가 두 배로 증가하며 쇼핑몰이 들어섰다. 거주민 증가와 더불어 편의 시설들이 조성되기 시작한 것이다.

1990년대 후반 이후에는 제3의 민간 업체가 수요에 부응하여 학교,

▶ 상파울루의 경계로부터 약 12킬로미터 떨어져 있는 알파빌리-탐보레는 카스텔루브랑쿠 고속도로로 도심과 연결되어 있다.

클리닉, 우체국, 경찰서 같은 기반 시설을 조성하였다. 이렇게 알파빌리-탐보레는 30여 년 동안, 꾸준히 수요를 바탕으로 민간 개발 업체에 의해 개발, 확장되었으며 그 결과 오늘날 소도시의 기능을 갖춘 그들만의 도시로 자리매김하게 되었다.

알파빌리-탐보레

알파빌리-탐보레에 거주하는 인구는 2007년 현재 약 9만 명으로 우리나라 판교 신도시와 비슷한 규모다. 반면 면적은 약 3,630제곱미터로 판교 신도시의 약 네 배에 달한다. 그만큼 밀도가 낮다는 얘기다. 평균 400제곱미터에서 600제곱미터의 토지에 건설되는 대형 고급 단독주택이 주거지역 대부분을 차지하다 보니 자연스레 밀도가 낮아졌다. 이는 판교 신도시의 주택 용지 비율과 비교하면 더욱 도드라진다. 판교 신도시의 주택 용지 비율은 25퍼센트이지만 알파빌리-탐보레의 주택 용지 비중은 60퍼센트에 육박한다. 이렇듯 알파빌리-탐보레 사람들은 더 넓은 땅에 더 적은 수의 주택을 짓고 살아간다.

알파빌리-탐보레는 기본적으로 자동차 사용을 전제로 한 배타적 용도 지역제exclusive zoning[8]를 원리로 계획되었다. 다시 말해 집에서 쇼핑몰이나 오피스로 이동하려면 자동차를 이용해야 한다는 얘기다. 단일 용도의 건물이 서로 떨어져 있기 때문이다. 또한 알파빌리-탐보레의 공간은 지형적으로 크게 이원화되어 있다. 상업 및 산업 시설은 남쪽의 평지에 몰려 있는 반면 주택단지는 북쪽의 언덕이나 숲 속에 퍼져 있다. 프라이버시 측면에서 주택단지의 입지는 최고다.

토지 이용 계획상 주요 시설이 차지하는 면적을 살펴보면 주거 면적이 총 2,100만 제곱미터를 차지하며 상업 시설이 600만 제곱미터 그리고 업무 시설이 300만 제곱미터 정도를 차지한다. 주요 시설의 특징을 차례대로 살펴보자.

알파빌리-탐보레에는 총 39개의 게이티드 커뮤니티(알파빌리, 주택 단지)가 있으며 총 2만 2,000호의 주택이 들어서 있다. 각각의 게이티드 커뮤니티는 평균 49만 5,000제곱미터 대지에 2,000명에서 3,000명의

---

8 배타적 용도 지역제는 현대 도시계획의 주된 원리로 단일 용도의 건물군 단위로 도시를 구성하는 방식을 의미한다. 다시 말해 오피스는 오피스끼리, 주택은 주택끼리 그리고 상가는 상가끼리 서로 배타적으로 일단의 토지를 점유하며 도시가 구성되는 방식이다. 하지만 20세기 후반 이후 배타적 용도 지역제는 불필요한 교통 에너지와 기반 시설의 낭비 그리고 도심 공동화 현상의 주범으로 몰리며 지속 가능하지 않은 도시계획 원리로 지탄받게 된다. 현재는 배타적 용도 계획 대신 혼합 용도 계획이 지속 가능한 도시계획 원리로 각광받고 있다.

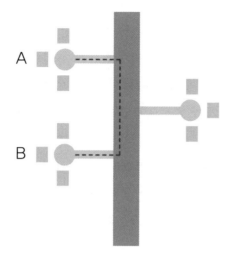

▶ 프랑스어로 '막다른 길'이라는 뜻의 퀼드삭 Cul-de-sac은 주로 교외 주거 단지계획에 적용되는 도로 체계로 커뮤니티를 단절시키고 주요 도로의 교통 흐름을 방해한다는 비판을 받고 있다. 예를 들어 A의 집에서 B의 집으로 이동하기 위해서는 퀼드삭(붉은색 수평 라인)으로부터 주요 도로(붉은색 수직 라인)를 거쳐 다시 퀼드삭(붉은색 수평 라인)을 통해야 한다. 자가용을 이용할 경우 주요 도로의 교통 흐름을 방해할 수밖에 없고 보행할 경우 멀리 돌아가야 한다. 서로가 만나기 힘든 구조다.

거주민을 수용하며, 엄격하게 출입을 통제하는 폐쇄적인 구조를 띠고 있다.

게이티드 커뮤니티는 퀼드삭cul-de-sac과 막다른 도로로 끝나는 커브 도로에 주택이 연결되어 있는 구조로 미국의 교외 지역에서 흔히 볼 수 있는 게이티드 커뮤니티의 모습과 매우 닮았다. 토지 이용 계획상 상당히 방만한 단지계획인 셈이다.

게이티드 커뮤니티는 스포츠 트레이닝부터 요리, 청소, 세차 등을 책임지는 서비스 프로그램을 운영하며 사우나, 테니스 코트, 골프 코스, 호수, 공원 등의 시설을 클럽하우스 형태로 보유한다. 공원은 게이티드 커뮤니티 외부에 위치하기도 있지만, 이런 경우에도 공원은 게이티드 커뮤니티 입주자를 위한 반半사적 공간의 성격을 띤다. 정리하자면 게이티드 커뮤니티 안팎에 존재하는 '공공' 성격의 공간은 대부분 '사유화'된 것이다. 그러다 보니 철저하게 출입이 통제된다.

게이티드 커뮤니티의 보안은 사설 경비회사가 맡으며, 관리가 매우 철저하다. 출입구에서 강력히 출입을 통제한다. 외부인이 방문하는 경우에는 개인 신상명세서를 작성하고 임시로 출입증을 발급받아야 하며 입주자가 신분을 확인해주지 않으면 접근 자체가 불가능하다. 그렇다고 외부인만 엄격히 통제되는 것은 아니다. 입주자 역시 통제의 대상이다. 입주자는 주택 소유주 단체(이 부분에 대해서는 뒤에서 자세히 설명하겠다)와 사설 경비회사가 만든 엄격한 규칙을 준수해야 한다. 예를 들면 단지 내의 차량 속도나 소음 방지 규정 같은 것이다. 이처럼 게이티드 커뮤니티는 거주자와 외부 방문객 모두를 정해진 규칙에 따라 통제한다.

게이티드 커뮤니티의 철저한 보안 관리는 출입구와 담장을 통해서도 여실히 드러난다. 게이티드 커뮤니티의 정문은 하나이지만 출입구는 세 개다. 거주민과 손님 그리고 서비스의 동선을 분리하기 때문이다. 또한 담장은 보통 4미터에서 5미터 높이로 거리와의 소통을 거부한다. 철통같은 보안 관리다.

게이티드 커뮤니티의 주택은 보통 2, 3대의 차량을 수용하는 대형 차고를 둔다. 앞서 언급한 대로 알파빌리-탐보레 전체가 차량 이용을 전제로 계획되었기 때문이다. 참고로 알파빌리-탐보레 내에서 보행은 게이티드 커뮤니티 안에서만 가능하다. 외부 공간의 경우 보행로가 있기는 하지만 불연속적이어서 사실상 이용하기가 상당히 불편하기 때문이다.

알파빌리-탐보레의 상업 시설은 대형 쇼핑몰과 레스토랑 같은 중소 규모의 상점으로 구성되어 있으며 폐쇄성을 그 특징으로 한다. 대형 쇼핑몰의 경우 형식적으로는 누구나 접근이 가능하지만 대부분 멤버십 제도로 운영되며 자동차로만 출입이 가능하다. 중소 규모 상점들 역시 아무나 이용할 수 있는 건 아니다. 펜스와 게이트로 알파빌리 커머셜Alphaville commercial(상업 지역)의 출입이 통제되기 때문이다. 주거 단지 뿐만이 아니라 상업 시설 역시 사실상 게이티드 커뮤니티인 셈이다.[9]

업무 시설의 경우 주로 고층 오피스와 첨단 제조업 위주의 공장으로 구성되어 있다. 약 79만 제곱미터에 달하는 업무 중심 지구에는 나이키Nike나 듀폰 같은 다국적기업의 헤드쿼터Regional Headquarters를 포함하여 2,500개의 사업체가 자리 잡고 있으며 약 12만 명의 사무직 근로자가 일을 하고 있다. 알파빌리-탐보레 내에 총 13만 개의 일자리가 있음을 고려한다면 대부분의 일자리가 업무 중심 지구에 집중되어 있음을 알 수 있다.

상업과 업무 시설 외에도 알파빌리-탐보레 내에는 11개의 학교와 대학이 주거지역과 어우러져 있으며 어학원 및 트레이닝 센터 같은 교육 시설 역시 곳곳에 자리 잡고 있다. 또한 16개의 은행과 5개의 병원 및 클리닉이 있으며 8개의 호텔이 자리 잡고 있다. 이렇게 알파빌리-탐보레는 다른 일반 소도시와 구성에서 별 다른 차이가 없다. 다만 특정 계층이 특별한 방식으로 살아간다는 점이 다를 뿐이다.

---

9 구글맵에서 바루에리 지역 가운데 '알파빌리' 혹은 '탐보레'로 보이는 주거 단지와 '알파빌리 커머셜'로 보이는 상업 지역의 스트리트 뷰를 보면 알파빌리-탐보레가 얼마나 폐쇄적인 도시 공간인지 쉽게 알 수 있다.

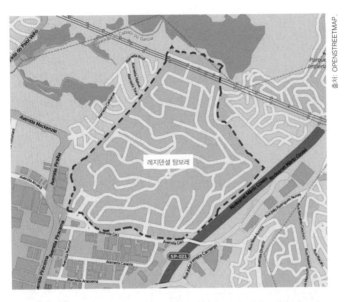

▶ 레지덴셜 탐보레(위)와 미국 교외 주택단지(아래). 쿨드삭(181쪽 참조)과 막다른 도로라는 비효율적인 동선 체계를 바탕으로 조성된 밀도 낮은 주택단지라는 점에서 이 둘은 매우 닮았다.

© Thiago Ogoshi

▶ 상파울루 외곽에 위치한 알파빌리-
탐보레의 게이티드 커뮤니티.

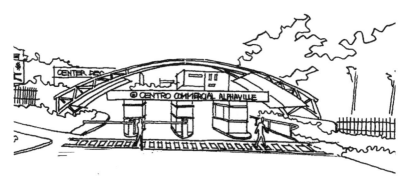

© 진성현 스케치

▶ 알파빌리 커머셜(상업 지역)은 펜스와 게이트로 통제되어 사실상 하나의 대형 쇼핑몰처럼 운영된다. 조그만 레스토랑을 이
용하려 해도 보행자나 자가용 이용자 모두 관문을 통과해야만 한다.

그들만의 도시, 알파빌리-탐보레

이처럼 알파빌리-탐보레는 부유층과 다국적 기업이 자리 잡은 작은 부자 도시다. 알파빌리-탐보레의 인구는 메트로 상파울루의 0.04퍼센트를 차지하며 면적은 0.2퍼센트를 차지할 뿐이지만 평균수입은 브라질 최저임금의 스무 배가 넘을 만큼 부가 집중되어 있다.

알파빌리-탐보레 인구의 30퍼센트는 지역 안에 직장이 있다. 알파빌리 사람들은 아침에 헬기를 타고 상파울루 도심으로 출근하거나 자가용을 이용해 인근 사무실로 출근한다. 대중교통이 있지만 매우 복잡하여 상파울루 도심으로 출근하는 데 1시간 반 이상이 소요된다. 안전이라는 이유 외에도 사람들이 대중교통을 이용하지 않는 이유다. 설사 안전하고 빠르다 하더라도 부유층이 대다수인 알파빌리-탐보레에서 대중교통을 이용할 확률은 극히 적어 보인다.

알파빌리 내에는 개발도상국이나 저개발 국가에서 흔히 존재하는 길거리 노점상이나 짐꾼 같은 비공식 직업informal job이 없다. 이는 두 가지 이유로 설명이 가능한데 첫째는 대부분의 사람들이 차를 타고 이동하기 때문에 노상에서 행인을 상대로 수익을 낼 만한 행위가 극히 제한적이며, 둘째는 설사 지나가는 차량을 대상으로 호객 행위를 하려해도 공공 공간마저 엄격한 통제 아래 있어 그런 행위 자체가 불가능하기 때문이다.

공공 공간에서 엄격한 통제가 이루어지는 이유는 사실상 공공 공간이 사유 공간이기 때문이다. 알파빌리-탐보레의 토지 이용 계획을 살펴보면 70퍼센트가 사유 공간이며 30퍼센트가 공공 공간이다. 하지만 공공 공간의 80퍼센트 이상은 소유주가 공공이 아닌 민간이다. 바로 부동산 소유주이다. 대부분의 도로나 공원이 강력히 통제되는 이유다. 공공이 소유한 실질적인 공공 공간은 알파빌리-탐보레 전체 부지면적의 5퍼센트에 불과하다. 하지만 이마저도 공공 공간의 역할을 다하지 못한다. 사람들이 잘 이용하지 않기 때문이다. 부유층이 사유화된 공공 공간을 두고 진짜 공공 공간을 사용할 이유가 없기 때문이다. 진짜 공공 공원에 사람이 없는 이유다. 이렇듯 그들은 그들만의 공간에서 그들만의 방식으로 살아가고 있다.

주식회사, 알파빌리-탐보레

알파빌리-탐보레는 브라질의 다른 도시에 있는 알파빌리에 비해 규모가 엄청나게 크다. 아마도 이렇게 큰 도시 단위의 게이티드 커뮤니티가 조성된 사례는 세계 어디서도 찾아보기 힘들 것이다. 재미있는 사실은 이와 같은 도시 규모의 개발을 민간 개발업자가 계획하고 조성했다는 사실이다. 도시 조성에 필요한 공공 부문의 역할까지 민간 개발사가 대신했다는 얘기다.

보통 신도시가 조성될 때 공공 부문은 토지 이용 계획을 수립하고 그에 맞게 토지를 매입한다. 그리고 각각의 토지에 건립될 개별 건물과 사용자를 고려해 상하수도나 전기, 도로 같은 도시 기반 시설을 조성한다. 그리고 개별 필지를 민간 개발사에 매각하여 토지 이용 계획에서 지정한 용도와 규모에 맞는 건물을 민간 개발사가 짓도록 유도한다.

다시 말해 공공 부문은 도시의 기본 틀을 짜고 민간 개발사는 그 틀에 맞게 건물로 도시를 채우는 것이다.[10] 하지만 알파빌리-탐보레는 민간 개발사에 의해 이 모든 것이 이루어졌다. 점진적인 개발로 자연스레 도시가 된 경우지만 결과만 놓고 보자면 완벽한 민자民資 도시가 탄생한 셈이다.

개발도상국 대부분은 재정과 전문 인력 부족으로 정부가 해야 할 역할을 민간이 종종 대신한다. 도시계획과 기반 시설 조성도 이 경우에 해당한다. 역량이 부족한 공공 부문을 대신해 민간이 그 역할을 대신한다는 점에서는 현실적인 해결책이라고 할 수 있다. 문제는 민간이 공공 부문을 대신할 때 '자본'의 논리가 '시민사회'의 논리를 압도할 수 있다는 사실이다. 공공의 역할은 자본의 논리로부터 벗어나 불특정 다수의 시민이 기본적으로 누려야 할 권리를 충족시키는 데 그 목적이 있다. 공공의 이익을 위해야 한다는 것이다. 하지만 민간이 그 역할을 대신하면 수익을 내야 하는 범위 내에서 운신의 폭이 결정된다. 다시 말해 민간 자본이 사회적 소명을 금과옥조처럼 여기지 않고서는 수익이라는 우선순위로부터 벗어나는 것은 현실적으로 불가능하다는 얘기다.

알파빌리-탐보레는 완벽에 가까운 프라이비트 시티Private city다. 거의

---

10 신도시 개발이 모두 이러한 방식으로 이루어지는 것은 아니다. 때로는 신도시 조성 대상지의 지주들에게 기반 시설을 제공해주는 대가로 공공 부문이 기반 시설 조성에 필요한 토지와 기존 토지의 부동산 가치 상승분에 대한 차익을 지주로부터 토지로 기부받아 신도시 개발을 추진하기도 한다. 본문에 기술한 신도시 개발 방법이 택지 개발 방식이며 바로 앞에 언급한 방식이 토지 구획 정리 사업 방식이다. 이 둘의 가장 큰 차이점은 공공 부문의 토지 매입 비용 부담 여부다. 중요한 것은 어떠한 방식이든 공공 부문이 적극적으로 개입한다는 사실이다. 물론 소규모 택지 개발의 경우 민간이 도시계획을 제안하고 직접 도로나 공원 같은 기반 시설을 조성하기도 한다. 하지만 이 경우에도 민간 사업자가 조성한 기반 시설은 정부에 귀속되어 공공시설로 유지 관리된다. 다시 말해 일정 규모 이상의 도시 공간이 개발될 때에는 어떠한 방식이든 공공 부문이 반드시 개입하게 된다는 얘기다. 하지만 알파빌리-탐보레의 조성 과정은 앞의 세 가지 방식 가운데 어느 것에도 해당되지 않는다.

모든 것이 민간 개발사에 의해 계획되고 조성되었음은 물론이요 그 안에서의 생활마저 부동산 소유주들에 의해 관리, 통제되는 그들만의 도시다. 그리고 그 중심에는 '자본'의 논리가 자리 잡고 있다. 자세히 살펴보자.

알파빌리-탐보레는 브라질의 다른 지역과 달리 통신, 전기, 수도, 도로 같은 도시 기반 시설이 상당히 잘 갖추어져 있다. 앞서 언급한 것처럼 민간 개발사가 공공을 대신해 토지 이용 계획을 수립하면서 도시 기반 시설을 치밀하게 계획, 조성했기 때문이다. 예를 들어 민간 개발사는 알파빌리 지역 안의 도로 대부분을 조성하고 심지어는 기존의 공공 도로까지도 알파빌리 수준에 맞게 개선했다. 그뿐만 아니다. 사설 하수 플랜트 시설 등 기반 시설을 조성한 후 일부를 정부에 이양하기도 했다. 이 정도면 민간 개발사가 공공의 도움 없이 도시 하나 뚝딱 짓는 것이 별일 아닌 것처럼 느껴진다.

알파빌리-탐보레는 부동산 소유주 연합 Sociedade AlphaVille Tamboré에 의해 관리되고 있다. 소유주의 주체가 개발 단계의 민간 개발사에서 개발 후 부동산을 매입한 건물주로 바뀌었기 때문이다. 개발 단계에서 공공의 역할이 거의 없었기에 자연스레 건물과 기반 시설, 심지어는 치안 관리까지 모두 소유주 연합이 유지, 관리, 운영한다. 이를 시설 단위별로 살펴보자.

민간 개발사는 게이티드 커뮤니티(주거 단지)를 개발한 후 계약서에 명기된 대로 주택 소유주 단체 Home Owners Association에 유지 및 관리, 운영에 대한 권한을 이양한다. 그 후 소유주 단체는 계약을 통해 사설 경비회사에 주택단지의 시설 관리와 보안 서비스를 위탁한다. 브라질에서는 사설 경비회사가 게이티드 커뮤니티의 치안 유지를 위한 방범,

순찰 서비스는 물론이요, 정원 관리와 쓰레기 수거까지 생활에 필요한 많은 서비스를 제공한다. 이 역시 공공의 역할이 제대로 작동하지 않기 때문에 생겨난 서비스 분야라 할 수 있다.

알파빌리-탐보레 역시 게이티드 커뮤니티와 동일한 방식으로 관리된다. 다만 운영하고 관리하는 규모가 조금 더 클 뿐이다. 게이티드 커뮤니티가 주택 소유주 단체에 의해 유지, 관리된다면 알파빌리-탐보레 전체는 지역 부동산 소유주 연합에 의해 유지, 관리된다. 지역 부동산 소유주 연합은 1993년 조직된 게이티드 커뮤니티 단위의 소유주 연합과 기업 회원 그리고 사업체 멤버로 구성되어 있다. 쉽게 말해 집주인과 인근 오피스 및 쇼핑몰 소유주가 모여서 만든 단체다. 이 단체는 앞서 언급한 것처럼 알파빌리-탐보레 전체의 치안 유지부터 가로나 소공원 같은 공공 공간까지 모든 시설물에 대한 유지 관리를 책임진다(물론 이 공공 공간은 앞서 얘기한 것처럼 실제로는 대부분 사유 공간이다). 지역 부동산 소유주 연합은 지역 전체에 사설 경호원과 경찰을 통합한 보안 프로그램을 운영할 정도로 치밀한 치안 유지 능력을 보여주고 있다. 심지어는 지역의 주요 교통 경로에 해당하는 카스텔루브랑쿠 고속도로에서도 순찰 및 감시 시스템을 운영한다. 한마디로 지역 부동산 소유주 연합은 알파빌리-탐보레의 모든 생활 범위를 관리하는 것이다. 정리하자면 알파빌리-탐보레는 시설마다 개별적으로 치안 위주의 자치 시스템을 갖추고 있는 동시에 지역 부동산 소유주 연합에 의해 통합 관리되고 있다.

이처럼 알파빌리-탐보레는 민간 개발사가 제공한 시설을 분양받은 부동산 소유주들이 단위별로 연합체를 구성하고 민간 회사와의 위탁 계약을 통해 치안을 중심으로 한 각종 생활 서비스들을 해결한다.

다시 말해 '공공'이 아닌 '민간 자본'에 의해 도시가 운영되는 것이다. 그러다 보니 알파빌리-탐보레의 자치 시스템은 자연스레 민주주의 방식이 아닌 주식회사의 운영 방식을 취하게 된다. 민주주의에 입각한 '1인1표'가 아닌 부동산 소유 비중에 따라 의결권의 양이 주어지는 주식회사의 '주주 회의 결정 방식'을 따르는 것이다. 정리하자면 알파빌리-탐보레는 주택단지 안의 규율부터 지역의 공공 가로 디자인과 운영에 관한 사항들까지 주택 소유주 연합과 지역 부동산 소유주 연합에 의해 결정되는데, 그 과정에서 가장 큰 영향력을 발휘하는 사람은 가장 많은 부동산을 소유한 사람이라는 얘기다. 이러한 논리가 공공성을 기본으로 해야 하는 도시라는 공동체에 적용된다는 것은 알파빌리-탐보레가 민주주의를 기본으로 하는 현대 도시보다 대주주의 의지에 따라 대부분의 것이 결정되는 기업의 지배 구조를 띠고 있음을 의미한다.

남겨진 자의 슬픔, 파벨라

상파울루에는 알파빌리-탐보레와 대조되는 그들만의 공간이 하나 더 있다. 바로 파벨라다. 파벨라는 브라질의 슬럼을 의미하는데, 주로 리우데자네이루나 상파울루 같은 대도시에 위치한다. 브라질 지리통계학회Brazilian Institute of Geography and Statistics에 따르면 2010년 현재 브라질 인구의 약 6퍼센트가 슬럼에 거주한다. 이는 약 1,100만 명 정도에 해당하는 인구로 서울 인구를 조금 넘는 규모다. 그리고 그들 대부분은 대도시의 파벨라에 거주한다. 상파울루의 경우 인구의 약 30퍼센트가 파벨라에 거주하는 것으로 추정된다. 파벨라는 상파울루 도심뿐 아니라 교외 지역에도 고루 퍼져 있다. 결과적으로 약 2,000만 명의 메트로 상파울루 인구 가운데 약 3분의 1이 파벨라에 거주하는 것으로 추정된다. 이처럼 파벨라는 알파빌리-탐보레와는 대조적으로 도시 곳곳에 퍼져 있다. 소수의 부자와 다수의 빈자가 대조되는 대목이다.

　파벨라는 농촌에서 대도시로 몰려든 빈민들이 토지를 무단 점유하며 만들어낸 자생적 주거지다. 현재의 파벨라는 1970년대 집중된 이촌향도離村向都 현상으로 형성됐다.[11] 도시의 급성장과 함께 경제적 기회를 잡기 위해 사람들이 농촌을 떠나 도시로 몰려든 것이다. 멀리 갈 것도 없이 1960년대부터 80년대까지 우리의 서울을 생각하면 될 듯싶다. 그 당시 고향을 떠나 서울에 올라온 사람들은 누구네 집 식모로 일하거나 구로공단에서 쪽잠을 자며 기계와 싸웠다. 그리고 오늘날 그들 중 상당수는 서울의 중산층으로 변신하는 데 성공했다. 하지만 파벨라의 경우는 다르다. 여전히 그들은 파벨라에서 벗어나지 못하고 있다. 그들 대부분은 파벨라에서 태어나고 파벨라에서 죽는다. 그마저도 평온한 죽음을 맞이하길 바랄 뿐이다.

　파벨라는 늘 범죄의 공포에 휩싸여 있다. 파벨라의 청소년들은 어렸을 때부터 마약 거래에 참여한다. 이들은 늘 총으로 무장하고 다니며 서슴없이 살인을 저지른다. 총기 구입도 어렵지 않다. 부패한 경찰이나 외국 무기상에게서 쉽게 구할 수 있다. 자기 아들이 자신처럼 나이 마흔을 넘어서도 살아 있기를 바란다며 눈물을 흘리는 어느 아주머니

11　1970년대 브라질의 대도시는 급속한 경제성장의 결과로 수많은 이주 빈민을 떠안았다. 그 결과 1972년부터 1982년까지 브라질 전역의 파벨라 수는 열세 배 가까이 증가하였다.

의 인터뷰 장면은 파벨라가 얼마나 위험한 곳인지를 단적으로 설명해 준다.

파벨라의 생활환경은 단순히 위험한 데 그치지 않는다. 파벨라는 무단 점유의 형식으로 조성된 주거지이기에 기본적으로 공공서비스의 혜택을 받을 수 없다. 한마디로 깨끗한 식수도, 밝은 전깃불도 정부로부터 제공받을 수 없다는 얘기다. 그럼에도 불구하고 2010년 현재 파벨라의 공공서비스 수준은 생각보다 높다. 파벨라 전체를 놓고 봤을 때 위생 설비는 약 67퍼센트, 급수 88퍼센트, 전기 99.7퍼센트, 쓰레기 수거는 95.4퍼센트 수준에 이른다. 거주민이 돈을 모아 직접 전기와 급수 등을 해결하기 때문이다. 가난한 이들의 생활공간도 부자들처럼 '공공'이 아닌 '자본'의 힘으로 돌아간다.

파벨라마다 생활수준 차는 크다. 어느 파벨라는 극심한 빈곤에 시달리는 반면, 어느 파벨라는 급수, 전기는 물론이요 위성방송 서비스까지 설치되어 있다. 대도시 집값을 감당하기 힘든 일부 중산층 또한 파벨라에 거주하기 때문이다. 소득별로 형성된 파벨라는 전기나 수도 같은 기반 시설을 자체적으로 설치하는 단위가 되기도 하며 종종 무단 점유한 토지에 대한 사용권을 정부로부터 획득하기도 한다. 파벨라는 생활이자 생존의 단위인 것이다.

파벨라에 대한 정부의 정책은 크게 두 가지다. 공공 주택을 지어 거주민을 이주시키거나 고향인 농촌으로 귀향시키는 방법이 첫 번째요 (다시 말해 철거 정책이다), 도시 안에 있는 파벨라를 개선하여 도심의 중산층을 끌어들이는 것이 두 번째다. 전자의 경우 주로 1970년대 군부 독재 시절에 행해졌으며, 후자는 시행한 결과 중산층에 밀린 빈곤층이 노숙자가 되거나 도심 밖 먼 교외 지역으로 밀려났다. 이래저래 빈곤

© Milton Jung

▶ 상파울루 중심에 있는 파벨라 모인호Favela Moinho. 뒤로 보이는 현대식 건물과 극명한 대조를 이룬다.

© Alex Vieira

▶ 상파울루의 파벨라 파라이소폴리스Favela Paraisópolis. 파벨라는 범죄와 각종 사회문제로 늘 불안하다.

층들이 도시에 정착하기는 힘들어 보인다.[12]

경제의 양극화, 공간의 양극화

어느 나라든 경제가 급속히 성장하는 시기에는 보통 대도시를 중심으로 도시 빈민층이 형성되기 마련이다. 이는 세계의 도시 역사에서 흔히 볼 수 있는 일이다. 앞에서 언급했듯이 영국의 공업 도시들이 그랬고 지난 1960, 70년대에 서울이 그랬다. 지금은 인도와 중국의 대도시에서 목격되는 일이기도 하다. 남아메리카의 시카고라 불리는 경제도시 상파울루 역시 지난 반세기 동안 급속히 성장했고 그 과정에서 많은 도시 빈민이 양산됐다.

하지만 상파울루의 도시 빈민 문제는 시간이 지나면서 해결되기보다는 양극화로 인해 더욱더 도드라졌다. 높은 실업률과 낮은 교육 수준으로 심화된 양극화는 사회적 적개심으로 표출되며 부자들을 범죄

---

12 1964년부터 1985년까지 계속된 군부독재는 1965년 도시 빈민촌인 파벨라를 뿌리 뽑아야 할 사회적 악으로 규정하며 도심 및 교외 지역의 빈민촌 철거defavelization 방침을 수립하고 1979년 불법적인 대규모 택지 조성 행위를 엄단할 리먼 법Lehman Act법을 재정, 공포하였다. 이 시기 정부는 도시 빈민을 외면하는 대신 중산층을 위한 공영주택 공급에 온 힘을 쏟았다. 그 결과 1964년부터 1986년까지 공영주택은 브라질 도시에 공급된 신규 주택의 3분의 1을 차지할 만큼 활성화되었지만 도시 빈민들의 삶은 더욱더 피폐해져만 갔다. 하지만 1970년대 후반 이후 급속한 도시화로, 주택 공급의 절대적 부족과 도시 빈민촌의 기하급수적인 증가 그리고 민주화 요구에 따른 독재 정권의 쇠퇴로 철거 정책은 힘을 잃고 도시 빈민촌 양성화 방안이 마련되기 시작했다. 정부는 빈민촌에 기반 시설을 제공하기 시작하였으며 빈민들의 자조 주택 증개축을 지원하고 무단 점유한 토지를 매입하도록 자금을 대출해주었다. 이뿐만이 아니었다. 1988년에는 신헌법에 250제곱미터 이하의 민간 소유지를 5년 이상 평화롭게 점유한 경우 점유권을 인정해주는 규정이 신설됨으로써 일부 도시 빈민이 '불법 점유자'라는 신분에서 벗어날 수 있게 되었다.

▶ 기반 시설마저 부실한 파벨라 파라이소폴리스와 수영장을 갖춘 고급 콘도는 담벼락 하나를 사이에 두고 공존한다. 극빈과 극부를 가르는 저 얇은 담벼락이 과거 베를린장벽만큼이나 묵직하게 느껴진다. ⓒ nakagawaPROOF

의 타깃으로 만들었다. 그렇게 상파울루는 위험한 도시가 되었다. 그 결과 조금의 경제력이라도 갖춘 이들은 더욱더 안전한 곳에서 살기를 희망했으며, 이는 상파울루의 게이티드 커뮤니티 붐으로 이어졌다. 특히 1990년대 이후 게이티드 커뮤니티에 대한 수요가 폭발적으로 증가하며 교외와 도심 지역에 치안 시스템이 갖추어진 아파트guarded condominium가 인기를 얻었다. 부자와 중산층 할 것 없이 모두 안전한 장소를 갈구하게 된 것이다.

불안한 사회일수록 문을 굳게 걸어 잠그는 법이다. LA 폭동 이후 CID[13]라는 형식의 게이티드 커뮤니티가 미국에 확산된 것이나 백인들의 안전하고 쾌적한 생활을 위해 형성된 남아프리카의 게이티드 커뮤니티들이나 모두 불안이 야기한 결과였다. 그리고 그 불안의 주원인은 인종 갈등과 경제 양극화였다. 물론 게이티드 커뮤니티의 생성 원인을 단순히 '불안'으로만 치환할 수는 없다. 신분 차별화의 욕구나 부실한 공공 공간 혹은 공공서비스에 대한 반작용 역시 게이티드 커뮤니티 생성에 일조했을 것이다. 여하간 게이티드 커뮤니티는 계층 간 분리를 심화시킨다는 이유로 건강한 주거 형식이라 보지 않는 것이 보통의 시각이다. 문제는 알파빌리-탐보레의 경우 파벨라와 대립항을 이루며 극심한 공간의 양극화를 만들어낸다는 데 있다.

위험한 알파빌리

알파빌리-탐보레는 중상층 이상이 살고 싶어 하는 선망의 대상이다. 상파울루의 다른 지역과 달리 안전[14]하고 쾌적하며 생활 편의 시설이 잘 갖추어진 데다가 향후 부동산 가치가 상승할 것이라는 기대감까지

---

13 Common Interest Development. 미국 교외 지역에 확산된 게이티드 커뮤니티 형식의 주거 단지로 엄격한 규율과 철저한 보안 통제를 그 특징으로 한다. CID 안에서는 방 색깔과 가구 종류까지 규율을 따라야 할 만큼 생활 규칙이 까다롭다.

14 게이티드 커뮤니티가 꼭 안전한 것만은 아니다. 내부에서 일어나는 범죄에 대해선 취약할 수밖에 없다. 담으로 둘러싸여 있어 오히려 내부에서 발생한 범죄가 외부에 잘 알려지지 않는다.

있기 때문이다. 실제로 알파빌리-탐보레의 부동산 가치는 2001년에서 2005년까지 평균 60퍼센트가량 상승했으며 그 효과로 인근 지역의 부동산 가격까지 상승했다. 이러다 보니 점점 많은 대기업이 게이티드 커뮤니티 시장에 관심을 갖고 적극적으로 진출하고 있는 상황이다.

그렇다면 알파빌리(게이티드 커뮤니티)의 확산은 불안한 상파울루 사회의 현실적인 대안일까? 특정 계층에게는 대안이 될지 몰라도 사회 전체로 보면 대안으로 여기기에는 문제가 많아 보인다. 차례대로 살펴보자.

첫째, 알파빌리는 계층 간 분리를 넘어 불신을 증폭시킨다. 알파빌리-탐보레의 경우 도시의 공공 공간부터 주거 단지 내부의 공공 공간까지 사유화함으로써 다양한 계층의 소통을 원천 봉쇄한다. 그리고 이는 알파빌리의 거주자들이 다른 계층의 사람들을 잠재적인 범죄자로 인식하게 만드는 데 일조한다.

계층 간 분리가 심화될수록 사회가 불안해지는 법이다. 불신과 상대적 박탈감이 집중된 저소득층 밀집 지역에서 범죄가 뿌리내리는 것은 어찌 보면 당연할 결과다. 그리고 이는 게이티드 커뮤니티에 거주하는 이들로 하여금 더욱더 저소득 계층을 불신하게 만든다. 일종의 낙인 효과며 인식의 악순환이다.

둘째, 게이티드 커뮤니티 사이의 비공식 거주지informal settlement(파벨라)는 범죄의 타깃이 되기 쉽다. 앞서 언급한 것처럼 교외 지역에는 도심의 주거비를 감당 못하는 많은 저소득 계층이 비공식적으로 거주한다. 또한 교통비를 절감해야 하는 저소득 계층은 종종 주요 도로에 연접한 게이티드 커뮤니티 근처에 거주하기도 한다. 여하간 이들이 사는 거주 영역은 정체성이 모호하다. 도시도 농촌도 아닌, 존재하나 존재하지 않는 공간이다. 당연히 많은 문제가 발생할 수밖에 없다. 그중에서 가장 큰 문제는 치안이다. 도시의 기본적인 치안 시스템도, 게이티드 커뮤니티의 엄격한 치안 시스템도 이곳에는 적용되지 않기 때문이다. 자연스레 범죄의 타깃이 된다. 범죄의 풍선 효과다.

셋째, 게이티드 커뮤니티는 지속 가능한 도시계획에 위배된다. 게이티드 커뮤니티는 기본적으로 교외화 현상의 결과다. 대부분의 게이티드 커뮤니티는 고속도로를 따라 교외 지역에 생성된 독립된 주거 단지다. 교외화 현상은 최근 지속 가능한 도시계획 모델로 회자되는 압축 도시compact city와는 반대되는 개념이다. 압축 도시는 고밀도의 혼합 용도를 원리로 토지와 건물을 사용하는 반면, 교외화 현상은 단일 용도를 기반으로 한 저밀도의 도시 확산을 의미한다. 저밀도의 도시 개발 확산은 더 많은 토지와 더 많은 도시 기반 시설을 필요로 하며 이는 더 많은 자연을 파괴하고 더 많은 유지 보수 비용을 필요로 한다. 이뿐만이 아니다. 단일 용도의 저밀도 확산은 채산성 때문에 대중교통 대신 자동차 이용을 유도한다. 그리고 이는 교통 체증과 공해 그리고 에너지 사용량의 증가라는 문제를 야기한다. 또한 자동차에 의존하는 삶은 사람 간 대면 기회를 감소시켜 공동체 의식을 약화시킨다. 이렇듯 교외화 현상의 결과로 나타난 게이티드 커뮤니티는 경제적, 환경적, 사회적으로 지속 가능한 도시의 모습과는 거리가 멀다.

넷째, 민주주의 시민의식의 소멸이다. '1인 1표'가 아닌 '주식회사' 형태로 운영되는 알파빌리-탐보레에 거주하는 이들에게 중요한 건 민주주의에 기반한 '시민의식'이 아니라 '소유의 양'이다. 많이 소유해야 큰 목소리를 낼 수 있는 사회는 인간이기 때문에 평등하게 목소리를 낼 수 있는 민주 사회와는 근본적으로 다르다. 사적 서비스로 유지되는 공간에서 이들에게 필요한 건 기껏해야 소비자 윤리 의식 정도일 것이다. 한 사회의 부유층이 시민의식을 잃어버리면 선진사회가 되는 길은 요원해질 수밖에 없다. 더불어 산다는 의식을 갖지 못할 때 '분배'에 대한 사회적 정의는 거부될 것이고 '우리'는 곧 '우리끼리'라는 위험한 공동체 의식으로 대체될 것이다. 극단적인 대립으로 가는 지름길이다.

문 닫힌 사회의 미래

상파울루는 급속한 경제 발전에 힘입어 밀려 들어오는 인구를 수용할 재정과 전문 인력이 부족하다. 그래서 늘 도시 기반 시설이 부족하며 잉여 인력이 넘쳐난다. 산업 논리상 잉여 인력은 복지와 인권에서도 잉여 인간으로 분리된다. 그렇게 잉여 인간을 안아주지 못하는 사회는 삶의 질에서 양극화 현상을 보이며 그 결과 불안한 사회로 변질된다. 하지만 정부는 무기력해 보인다.

안전에 위협을 느끼지만 정부가 많은 것을 할 수 없다고 판단될 때 사람들은 자체적으로 방법을 찾는다. 이때 방어적 건축defensive architecture 과 방어적 도시주의defensive urbanism가 유용한 해결책이 된다. 그리고 방어적 공간 구조는 계층 간 공간적, 사회적 교류와 이를 바탕으로 한 공동체 의식을 가차 없이 지워버린다.

상파울루의 문제는 이 방어적 공간 체계가 부유층뿐만 아니라 사회 전체로 확산된다는 데 있다. 알파빌리-탐보레의 경우 제3의 민간 개발사에 의해 게이티드 커뮤니티와 각종 기반 시설이 추가되는 상황이며, 중산층의 보안 시스템이 갖추어진 아파트에 대한 선호도는 날로 높아만 간다. 심지어는 저소득 계층을 위한 게이티드 커뮤니티도 등장했다. 2003년에는 빌라스 알파Vilas Alpha라는 저소득 계층을 위한 게이티드 커뮤니티가 계획되었다. 이 주거 단지는 저소득 계층의 소득수준을 고려하여 대중교통 이용이 용이한 도심에 계획되었으며 게이티드 커뮤니티의 핵심인 보안 시스템에만 초점을 맞추었다. 반면 비용이 부담스러운 학교나 슈퍼마켓 등 생활 편의 시설은 정부가 추후 개발하도록 계획하였다. 이처럼 문을 걸어 잠그는 생활은 계층을 가리지 않고 상파울루에서 보편화되고 있다.

대문을 열수록, 서로가 서로에게 보여줄수록 안전하다는 이유로 담장 허물기가 설득력을 얻어가는 요즘, 담장으로 너와 나를 구분하려는 상파울루의 도시 공간은 분명 지속 가능한 도시를 추구하는 현대 도시 계획의 철학에 역행한다고 할 수 있다. 물론 담장은 불안한 사회의 일시적이고 원초적인 해결 방안임은 틀림없다. 문제는 불신은 결코 높은 담으로 해결되지 않는다는 사실이다. 근본적인 처방이 필요한 이유다. 이러한 관점에서 지금 상파울루에 필요한 건 게이티드 커뮤니티라는 일시적인 처방이 아니라 공동체 의식을 회복하기 위한 근본적인 처방이 아닐까 싶다. 공동체 의식이 회복되어야만 분열된 공간도 봉합될 수 있기 때문이다.

네 도시를 위한 제안

제안에 앞서

도시 문제를 해결할 만사형통의 원칙이나 마스터플랜master plan은 존재
하지 않는다. 과거 도시계획가들은 마스터플랜이 있으면 자신들이 원
하는 대로 도시를 만들 수 있을 거라 믿었지만 현재의 도시계획가(행정
관료)들은 도시계획(정책)을 시간과 공간 그리고 다양한 요소에 유연하
게 대응하는 열린 시스템의 개념으로 이해한다. 시행착오를 겪으며 현
실과 조우하는 방법을 터득한 것이다. 이 장에서 제안할 내용 역시 이
러한 관점에서 만들어졌다. 방향을 제시하되 그 실천 방안은 개별 상
황에 남겨두는 것이다. 다시 말해 마스터플랜으로서의 제안이 아닌 비
전vision으로서의 제안인 셈이다. 네 도시의 건강한 회복을 바라며 새로
운 비전을 제시해본다.

파리를 위한 제안─시범 도시 만들기

오래된 낙인, 방리외

방리외는 지난 30여 년간 인종과 이민의 문제, 공간의 양극화 그리고 산업구조의 변화를 겪으며 프랑스 사회의 시한폭탄 같은 존재가 되어버렸다. 그리고 그 시한폭탄은 2005년 한 차례 폭발했다. 하지만 그 후에도 방리외는 별 다른 변화 없이 계속해서 시한폭탄 같은 존재로 남아 있는 듯하다. 왜 그럴까? 프랑스라는 복지국가가 예산이 부족해서일까? 아니면 제어하기 힘든 불법 이민이 증가하기 때문일까? 아니면 정말로 극복할 수 없는 문화적 차이 때문일까? 다양한 이유가 있겠지만 근본적인 원인은 방리외의 정체성이 조금도 변하지 않았다는 데 있다. 좀 더 구체적으로 얘기하면 시민들은 여전히 방리외를 문제 있는 사람들이 사는 문제 있는 동네로 인식한다는 데 있다. 결국 방리외는 물리적으로는 존재하지만 인식상 존재해서는 안 되는 동네로 남아 있는 셈이다. 방리외 개선 방안이 사회 통합에 있어 한계를 가질 수밖에 없는 이유다.

사실 방리외라는 낙인은 상당히 오래전부터 형성되었다. 과거 중세 시대부터 파리 시민은 성곽 밖의 사람들[1]을 성곽 안의 자신들과 다른 존재로 여겼다. 이미 오래전부터 파리 시민에게 성 밖의 사람들이란 그저 야만적이고 비행을 일삼는 무례한 존재였던 것이다. 성안의 사람들이 성 밖의 사람들을 차별적 시선으로 보는 데는 그들만의 근거

---

1 정확히는 도시 외곽에 위치한 방리외(농촌 촌락)가 아닌 방리외 사이의 외곽 지역 거주자를 의미한다. 하지만 방리외와 방리외 사이의 외곽 지역 거주자들에 대한 인식의 경계가 흐려지며 이 둘을 구분하는 것이 무의미해졌다.

가 있었다. 성벽을 쌓는 데 필요한 기술적, 제도적 진보를 공유한 파리 시민들은 스스로를 문명적 존재라고 생각한 반면, 성 밖의 사람들은 상대적으로 야만적인 존재라고 생각했다. 또한 이 당시 파리 외곽에는 많은 뜨내기와 부랑자 그리고 이주민[2]들이 살고 있었는데 파리 시민들은 이들을 상당히 위험한 존재로 여기며 불편해했다. 이렇듯 파리 시민들은 아주 오래전부터 파리 외곽 사람들을, 존재하나 존재하기에는 시민의 자질이 부족한 사람들로 여겨왔다. 그리고 오늘날 성 밖 사람들에 대한 파리 시민들의 오래된 부정적 인식은 방리외 문제를 풀기 어렵게 만드는 결정적 장애물이 되었다.

'중심 대 주변'이라는 프레임 깨뜨리기

앞서 살펴본 것처럼 방리외 문제의 본질은 현상 이면에 자리 잡은 뿌리 깊은 인식에 있다. 그리고 그 오래된 인식은 '중심 대 주변'이라는 위계적 공간 구도를 기반으로 형성되었다. 특히 20세기 후반 모더니즘 건축의 실패는 방리외에다 게토라는 정체성을 안겨주며 부티크 도시 파리와의 격차를 더욱 벌려놓았다. '중심 대 주변'의 역사에서 지금이 방리외로서는 최악의 시기인 이유다.

방리외 문제를 근본적으로 해결하기 위해서는 '중심 대 주변'이라는 위계 구도를 깨뜨려야 한다. 이것은 열등한 '주변'으로 힘겹게 살아온 방리외가 새 출발 할 수 있는 가장 확실한 방법이다. 가장 좋은 방법은 방리외가 새로운 키워드를 선점함으로써 도시 공간의 위계로부터 자유로워지는 것이다. 다시 말해 새로운 정체성을 확보해 스스로 새로운

---

2 도시의 비싼 집값을 감당하지 못해 도시 외곽으로 이주한 과거의 도시민들을 말한다.

'중심'이 되어야 한다는 얘기다. 그래야만 다양한 계층이 어울려 사는, 파리와 대등한 도시 공간으로 거듭날 수 있기 때문이다. 그렇다면 새로운 정체성을 확보하기 위한 방법은 어떠한 것들이 있을까? 몇 가지 사례를 통해 실마리를 잡아보자.

네덜란드에 위치한 인구 60만 명의 항구도시 로테르담Rotterdam은 제2차 세계대전 시기 독일의 폭격으로 거의 폐허가 되었다.[3] 이 시기 전쟁으로 폐허가 된 도시는 로테르담만이 아니었다. 하지만 도시를 재건하는 과정에서 보여준 로테르담의 태도는 그 어떤 도시보다 과감하고 독창적이었다. 로테르담은 전후 유럽의 다른 도시들처럼 파괴된 역사를 복원하는 데 초점을 맞추지 않았다. 그 대신 폐허라는 조건을 새로운 기회로 받아들여 로테르담을 현대건축의 실험장으로 만들었다. 로테르담에 가면 유럽에서 보기 힘든 고층 빌딩과 실험적이고 재밌는 건축물을 많이 볼 수 있는 이유다(사진 참조). 그 덕분에 로테르담은 오늘날 '건축'의 도시로 자리매김하며 세계 건축계에 막대한 영향력을 행사하는 도시가 되었다.

　현재 로테르담에는 렘 콜하스Rem Koolhaas와 UN Studio, MVRDV 같은 세계적인 건축가 사무소를 비롯해 300개 이상의 건축 사무소와 어번 디자인 회사가 자리 잡고 있다. 또한 세계 최대 규모의 건축 자료관

---

3 1940년 5월 14일 독일은 로테르담 상공에 폭탄을 투하하였다. 그 결과 로테르담 시민 900명이 사망하고 8만 명이 집을 잃었다.

▶ 로테르담의 명물 큐브하우스Cubic Houses(오른쪽 위, © Michela Simoncini)와 에라스뮈스 다리Erasmus Bridge(오른쪽 아래, © fychu).

이자 박물관인 네덜란드 건축연구소Netherlands Architecture Institute[4] 역시 로테르담에 위치한다. 이렇듯 실험적인 건축과 세계적인 건축가 그리고 건축의 대중화를 위한 다양한 노력이 어우러져 오늘날 로테르담은 폐허의 도시에서 명실상부한 '건축'의 도시로 탈바꿈했다. 네덜란드의 수도는 암스테르담Amsterdam이고 '건축'의 수도는 로테르담이라는 말은 그렇게 형성되었다.

일본의 구마모토熊本 역시 새롭고 재미있는 건축으로 독특한 도시 정체성을 확보한 경우다. 일본 규슈九州 지방에 위치한 인구 74만 명의 구마모토 현縣은 전통적인 농업 지역으로 비교적 늦은 1960년대 제조업을 유치하기 시작했다.[5] 하지만 시대의 변화를 제대로 소화하지 못한 탓인지 구마모토는 그 후 줄곧 쇠퇴의 길을 걸었다. 설상가상으로 공장 폐수에 섞여 나온 메틸수은이 공해병[6]을 일으키는 바람에 구마모토 현은 환경 재앙의 진원지라는 치명적인 이미지까지 얻었다. 사면초가에 놓인 것이다. 이에 1983년 구마모토 현 지사로 당선된 호소가와 모리히로細川護熙는 구마모토 현의 심각한 상황을 해결하고자 '문화'라는 키워드를 선택한다. 그는 사람과 기업을 끌어오기 위해서는 매력적인 도시환경을 만들어야 한다고 생각했다. 이것이 그가 믿는 '문화'의 힘이었다. 그리고 그의 생각은 구마모토 아트폴리스Kumamoto Artpolis라는 정책으로 실현되었다.

---

4 네덜란드 건축 연구소는 전문가와 대중을 위해 건축에 관한 교육, 전시, 홍보 등의 다양한 활동을 펼치고 있다.
5 구마모토 현에서는 1964년 이후 오토바이와 반도체 등의 하이테크 산업을 유치함으로써 제2차 산업의 비중을 늘려갔다.
6 미나마타병으로 알려진 이 병은 신체감각의 마비와 시야 축소, 청각 손실 등 심각한 증상을 수반한다.

구마모토 아트폴리스는 구마모토 현에 새로 지을 건축물을 매력적인 작품으로 만들자는 목표로 1988년부터 시행되었다. 구마모토 아트폴리스는 건축 프로젝트 전반을 총괄하는 커미셔너commissioner[7]와 행정 및 홍보를 담당하는 아트폴리스 사무국을 주축으로 진행된다. 이 둘의 역할을 살펴보면 대략 이렇다. 아트폴리스 사무국은 구마모토 현에서 건물을 지으려는 건축주[8]에게 아트폴리스 정책에 참여할 것을 요청한다. 건축주가 수락할 경우 커미셔너가 직접 건축가를 선정하거나 설계를 공모하여 적합한 건축가를 선정하고 완공까지 아트폴리스 사무국과 함께 프로젝트 전반에 관해 의견을 조율하고 조언한다. 지난 20여 년간 이러한 과정을 거쳐 작품으로 탄생한 건축물과 공공 공간은 87개소에 달한다(다음 쪽 사진 참조). 그 결과 구마모토는 암울한 패자의 모습으로부터 벗어나 유쾌하고 재밌는 모습으로 수많은 건축가와 관광객을 끌어 모으기 시작했으며 27년이 지난 지금 아트폴리스는 구마모토의 브랜드가 되었다.

앞의 두 사례가 '문화'라는 키워드로 도시 재생에 성공한 사례라면 스웨덴의 함마르비Hammarby는 '환경'이라는 키워드로 새로운 도시 개념을 창출한 사례라 할 수 있다.

함마르비는 스웨덴의 수도인 스톡홀름Stockholm 남동부에 위치한 인구 1만 8,000명 규모의 동네로 불과 10여 년 전만 해도 오염으로 얼룩진 공장 지대였다. 하지만 오늘날 함마르비는 스톡홀름 시민들이 가장 살고 싶어 하는 지역이 되었다. 이것은 스톡홀름 시 당국과 민간 건설

---

7 구마모토 현 지사가 직접 임명하는 커미셔너의 권한은 막강하다. 커미셔너를 보조할 어드바이저 advisor 임명부터 프로젝트 건축가 선정까지 커미셔너에게는 많은 권한이 주어진다.

8 공공과 민간 모두 포함한다.

사가 힘을 합쳐 함마르비를 친환경 주거지역Eco-district으로 변화시킨 결과였다.[9]

함마르비는 한마디로 쓰레기를 에너지 삼아 운영되는 도시다. 쓰레기를 태워 에너지를 생산하고 하수처리장에서 발생하는 열을 이용해 지역 난방을 공급하며 전기를 생산한다. 또한 음식물 쓰레기와 오수에서 취한 찌꺼기는 바이오가스Biogas로 변환되어 자동차와 전차의 연료로 사용된다. 다시 말해 함마르비는 화석연료를 끊임없이 소비하는 대신 생활 속 쓰레기를 에너지로 재사용하는 것이다. 이렇듯 함마르비는 에너지, 물과 하수처리 그리고 폐기물 처리라는 3대 요소를 순환적으로 결합한 훌륭한 심비오시티Simbio-city 모델이라 할 수 있다.

함마르비의 친환경 라이프스타일은 에너지 운영에만 머물지 않는다. 함마르비의 건축물은 에너지 사용량을 최소화한 환기 및 창호 시스템과 환경적으로 검증된 내외장재를 사용하여 건강한 라이프스타일을 만드는 데 일조한다. 또한 함마르비는 자동차 대신 대중교통과 보행 문화를 활성화한 덕분에 공해가 적고 아이들이 안심하고 뛰어놀 수 있는 동네가 되었다. 참고로 함마르비의 이동 수단 중 자가용 사용 비율은 21퍼센트에 불과하다.

현재 스톡홀름 시 당국은 구舊 도시나 옛 군사기지 일곱 곳을 함마르비 같은 심비오시티로 만들 계획이다. 오염된 공장 지대에 불과했

---

9 스톡홀름 시 당국과 25개의 민간 건설사가 친환경 주거지역, 즉 함마르비의 건설을 주도했다. 자금의 80퍼센트는 민간 건설사로부터 충당되었으며 20퍼센트는 스웨덴 철도부Swedish Rail Administration와 스웨덴 도로부Swedish Road administration에서 충당했다.

▶ 구마모토의 재미있는 공공 건축물. 모델 하우스같이 생긴 경찰서(왼쪽 위, © Sorasi photograph)와 시민들의 휴식을 위한 파빌리온(왼쪽 아래, © Kenta Mabuchi).

▶ 함마르비의 주택가. ⓒ Hans Kylberg

던 동네가 도시의 새로운 대안으로 떠오른 것이다. 이제 함마르비는 산업의 뒤안길에 버려진 동네가 아니라 시대가 요구하는 도시 모델 그 자체다.

다시 처음으로 돌아가자. 앞서 얘기한 것처럼 방리외는 오래된 낙인을 지워버려야 근본적인 개선이 가능하다. 그러기 위해서는 '파리 대 방리외(중심 대 주변)'라는 위계 구도를 깨트려야 한다. 다시 말해 방리외는 파리가 갖기 힘든 새로운 키워드를 선점해 또 다른 중심으로 거듭나야 한다는 얘기다. 이에 키워드의 실마리를 잡기 위해 세 도시를 살펴보았다. 그렇다면 세 도시들의 키워드를 방리외에 한번 적용해보자.

　방리외도 로테르담이나 구마모토처럼 현대건축의 실험장으로 데뷔할 수 있을 것이다. 19세기 파리가 갖지 못하는 상상력으로 가득 찬 방리외는 '아름다운 파리 대 추악한 방리외'가 아닌 '아름다운 파리 대 창의적인 방리외'라는 구도로 재편될 수도 있다. 서로 다른 문화 코드를 가짐으로써 인식상의 위계로부터 자유로워지는 것이다. 그렇다면 다양한 계층의 사람들이 문화 코드에 따라 뒤섞일지도 모른다. 사회적 융화가 가능해지는 지점이다.

아니면 방리외가 함마르비처럼 '환경' 실험의 장이 될 수도 있다. 기존의 대도시는 현실적으로 새로운 환경 모델을 받아들이기가 쉽지 않다. 건물과 기반 시설을 대대적으로 수술하기가 쉽지 않기 때문이다. 기존의 도시들이 외곽의 소규모 지역을 친환경 도시 모델로 육성하면 좋은 이유다.[10] 함마르비 역시 2제곱킬로미터의 작은 면적에서 이루어진 성공적인 환경 실험이었다. 이러한 관점에서 방리외는 친환경 도시 모델로 거듭나기에 좋은 조건을 갖추었다. 주거 시설에 대한 정비의 필요성과 지역의 규모[11] 덕분이다. 만약 방리외가 함마르비의 모델을 벤치마킹한다면 결과적으로 방리외와 파리의 관계는 '역사의 도시' 대 '미래의 도시 모델'이 될 것이다. 이 역시 방리외가 파리가 갖기 힘든 키워드를 선점함으로써 도시 공간의 위계로부터 탈출하는 좋은 방법이 될 것이다.

그렇다고 방리외가 앞서 살펴본 사례들을 꼭 따라할 필요는 없다.

---

10 아부다비Abu Dhabi의 마스다르 시티Masdar City가 좋은 예일 듯하다. 아부다비에서 17킬로미터가량 떨어진 곳에 6제곱킬로미터 크기의 친환경 도시 모델로 조성 중인 마스다르 시티는 21세기형 친환경 도시를 꿈꾼다. 화석연료 대신 100퍼센트 재생에너지로 운영되는 것을 목표로 한 마스다르 시티는 친환경 기술 분야의 허브가 되기 위해 관련 산업체와 교육 기관을 유치하고 있다. 아직 활성화되지도 않았고 주거 환경에 대한 논란도 있지만 산유국의 반전 키워드로서의 마스다르 시티는 방리외에 시사하는 바가 크다.

11 파리 외곽에 위치한 방리외는 대부분 한국의 '동' 정도의 크기와 인구를 가진다.

중요한 것은 방리외는 파리가 갖기 힘든 새로운 키워드로 새로운 정체
성을 확립해야 한다는 사실이다. 그래야만 방리외는 오랫동안 형성되
어온 인식의 위계로부터 열등한 위치를 벗어던질 수 있을 것이다. 또
한 그럴 때 사회 융합 역시 가능해질 것이다. 사람들이 방리외를 더 이
상 열등한 공간이 아니라고 인식할 때 다양한 소득 계층이 방리외를
거주지로 선택할 것이기 때문이다.

'주변'에서 '중심'으로

앞서 언급한 것처럼 방리외 문제를 근본적으로 해결하기 위해서는 오
래된 낙인을 지워야 한다. 이를 위해 방리외는 새로운 키워드가 필요
하다. 그것이 '현대건축 문화'든 '친환경'이든 상관없다.[12] 파리가 가질
수 없되 매력적인 키워드라면 무엇이어도 좋다. 그래야만 방리외가 파
리의 주변으로부터 벗어나 작은 '중심'이 될 수 있기 때문이다. 또 그
래야만 고소득층을 비롯한 다양한 계층의 유입도 기대할 수 있다. 다
시 말해 새로운 키워드는 방리외가 '어쩔 수 없이 사는 곳'에서 '살고
싶은 곳'으로 변신하기 위한 효과적 도구인 셈이다.

그렇다고 방리외의 변신이 키워드의 발굴만으로 이루어지지는 않을
것이다. 모든 문제는 거시적 목표와 미시적 행동의 조화를 통해 해결
된다. 방리외 역시 마찬가지다. 새로운 지역 정체성의 창안과 더불어
교육, 주거, 일자리[13]에 관한 일상의 정책들이 보조를 맞추어야 하는

---

12 이 밖에도 선점할 수 있는 키워드는 다양하다. 과학기술 분야를 바탕으로 한 분야별 R&D 허브나
　다양한 고등 교육 기관을 유치한 교육 허브 역시 생각해볼 만하다. 물론 이러한 기능 역시 파리
　에 녹아 있지만 '선택과 집중'이라는 전략적 측면에서 본다면 도전해볼 만하다.
13 특히 고급 일자리의 창출이 중요할 듯하다. 주거 여건을 개선하는 것만으로는 고소득층을 끌어들

이유다. 또한 방리외가 새로운 모습으로 고소득층과 중산층을 끌어들일 경우 기존 거주민들이 경제적 이유로 또다시 밀려나는 일이 발생해서는 안 된다. 약자를 밀어내고 얻는 성공은 폭력적인 토건 개발과 다를 것이 없기 때문이다.

이렇듯 방리외의 변신은 거시적이고도 미시적인 다양한 정책을 필요로 한다. 그렇다고 주저해서는 안 된다. 문제가 있는 방리외 모두를 변화시키는 것이 부담스럽다면 한 곳만이라도 우선적으로 변화시켜야 한다. 가장 좋은 후보는 2005년 방리외 사태의 진원지였던 클리시스부아다. 인구 3만이라는 부담 없는 규모와 '방리외 문제'를 대표하는 상징성 때문이다. 만약 클리시스부아가 방리외 변신의 첫 단추를 잘 끼워준다면 그 파급효과는 그 상징성만큼이나 클 것이다. 메트로 파리의 현명한 전략을 기대해본다.

선전을 위한 제안—어번 빌리지의 양성화

공생의 인프라, 어번 빌리지

선전의 주거 문제는 다수의 희생을 담보로 이루어지는 경제성장에 기인한다. 문제는 언제까지나 다수의 희생을 담보로 경제가 발전하지는 않는다는 것이다. 이는 앞서 얘기했듯이 윤리적으로나 자본의 성장이라는 측면에서도 바람직하지 않다. 중국이 오늘날 대다수의 농민공을 도시민으로 전환하려는 이유다.

이는 데 한계가 있기 때문이다.

중국이 농민공을 끌어안으려는 구체적 이유는 두 가지다. 사회주의 체제 아래 약자를 자본의 논리에 맡겨두었다는 죄책감과 그들이 내수시장을 활성화시킬 소비 주체가 되어야 안정적인 경제성장이 가능하다는 자본의 논리 때문이다. 하지만 현실은 농민공을 당장 끌어안기에 녹록지 않다. 지방정부의 재정 부담과 인건비 상승으로 인한 기업의 부담을 고려하면 지방정부의 운신의 폭은 그리 넓지 않아 보인다. 현실적이면서도 점진적인 변화가 필요한 이유다.

하지만 선전의 농민공에 대한 정책은 어번 빌리지의 전면 철거라는 정책에서 알 수 있듯이 현실을 외면한 듯하다. 상당수의 농민공이 거주하는 어번 빌리지를, 그것도 전체 어번 빌리지의 3분의 1에 해당하는 100군데 이상의 어번 빌리지를 전면 재개발하겠다는 생각에는 토건 개발로 발생할 이윤에 대한 고려는 있어도 경제구조와 농민공의 현실에 대한 고려는 없어 보인다.

어번 빌리지는 선전 인구의 약 70퍼센트가 거주하는 일종의 국민주택이다. 어번 빌리지를 전면 철거한다면 대부분의 이주민들은 도시에서 '소외'될 것이며 이는 경제성장 동력의 소실이라는 결과를 낳게 될 것이다. 다시 말해 이주민들의 도시 정착을 위해 그리고 도시경제를 위해 어번 빌리지는 존치되어야 하는 것이다.

이를 위해 선전은 어번 빌리지에 대한 인식부터 바꾸어야 한다. 선전은 어번 빌리지를 갱생更生의 대상이 아닌 공생共生할 대상으로 받아들여야 한다. 어번 빌리지를 전면 철거의 대상이 아닌 이주민과 그들이 만들어내는 경제를 담을 도시 인프라로 인식해야 한다는 얘기다. 그리고 선전은 그 인프라를 현실에 맞게 점진적으로 개선해나가야 한다. 다시 말해 도시경제 구조와 농민공의 도시민화라는 현실에 발맞추어 섬세하게 변화시켜나가야 한다는 얘기다. 이렇게 될 때 어번 빌리지는 농민공과 도시민 그리고 도시경제의 공생을 위한 인프라로 제 몫을 톡톡히 해낼 것이다.

선전의 빛, 어번 빌리지

현재 시점에서 어번 빌리지에 가장 필요한 변화는 무엇일까? 아마도 밀도일 듯싶다. 과밀함은 어번 빌리지가 농민공에게 값싼 주거 공간을 대량으로 제공할 수 있게 해준 반면, 동시에 열악한 주거 환경으로 농민공의 생활환경을 악화시켰다. 그 결과 농민공은 햇빛도 들지 않고 바람도 통하지 않는 좁은 집에서 프라이버시 때문에 창문도 맘껏 열지 못한 채 살아간다.

어찌 보면 이는 중국 정부가 농민공의 현실을 고려한 공공임대주택을 충분히 공급하지 못한 데서 기인한 문제라 할 수 있다(84쪽 주석 9번 참조).

최근 중앙정부는 공공임대주택 공급을 확대하여 도시 저소득 계층의 문제를 해결하겠다는 의지를 표명, 추진 중이나 두 가지 이유로 쉽지 않아 보인다. 첫째는 지방정부의 재정 부담이다. 2011년 현재 중국 지방 정부의 부채는 10조 위안 이상으로 추정된다. 공공 주택 공급에 필요한 재원의 상당 부분을 책임져야 하는 지방정부 입장에서 중앙정부의 뜻을 받아들이기가 쉽지 않은 이유다. 둘째는 공공임대주택이 어번 빌리지에 비해 입지나 임대료 면에서 매력적이지 않다는 사실이다. 광저우나 선전 같은 대도시가 이에 해당된다.

국가와 도시의 책무 가운데 하나는 사회적 약자에게 주거 공간을 제공하는 것이다. 그리고 그 주거 공간은 우리가 흔히 말하는 일조권, 프라이버시, 최소한의 주거 면적 등 기본 요건을 충족해야 한다.[14] 이러한 관점에서 보면 선전 정부는 사회적 약자에게 빚을 진 셈이다. 그렇다면 선전 정부는 어떻게 그 빚을 갚을 수 있을까? 당장 300개가 넘는 어번 빌리지를 대체할 공공임대주택을 공급할 수 없다면 선전 정부는 그럴 수 있을 때까지 어번 빌리지를 개선할 프로그램을 기획하고 지원해야 한다. 이를 위해 어번 빌리지를 위한 시 산하의 독립기구[15]를 만든다면 더욱 좋을 것이다. 앞서 언급한 것처럼 어번 빌리지는 선전의 미래와 함께 끊임없이 변신해나가야 할 인프라로 지속적인 관리와 지원이 필요하기 때문이다.

어번 빌리지의 변신 시나리오—밀도

다시 한 번 말하지만 현재 어번 빌리지가 당면한 문제 가운데 가장 눈에 띄고 또 시급한 문제는 '과밀함'이다. 과밀함이라는 문제를 해결하는 가장 단순하고 효과적인 방법은 건물 솎아내기다(오른쪽 이미지 참조). 문제는 어번 빌리지의 밀도가 절반으로 줄어든다는 데 있다. 거주자 절반이 다른 곳으로 이동해야 한다. 이는 원주민의 수입이 절반으로 줄어든다는 의미이기도 하다. 심한 반발이 예상된다.[16]

이를 해결하기 위한 방법은 두 가지다. 첫째는 농민공에 대한 처우

---

14 민간 주택이나 공공 주택이나 질과 양에서 그 차이를 구분하기 어려운 유럽이나 싱가포르 같은 국가들과 비교하면 이는 정말 말 그대로 최소한의 조건일 뿐이다.

15 도시 인프라를 관할하는 도로 공사나 수자원 공사 같은 개념이되 업무 면에서는 주택청Housing Authority의 성격을 띠면 좋을 것이다. 어번 빌리지의 매입과 공급, 임차료 통제 그리고 유지 관리까지 해야 하기 때문이다.

16 원주민의 반발이 사회적 형평성이라는 면에서 옳은 것인지의 논의는 뒤로 미루자. 그리고 현실적으로 변화를 도모하기 위해 원주민의 요구를 어느 정도 충족시켜야 한다는 사실을 인정하자.

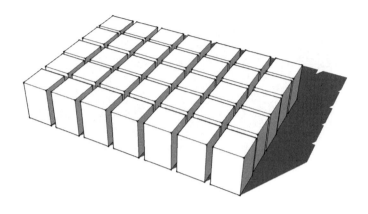

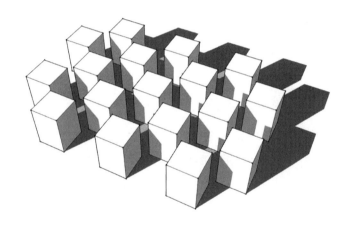

▶ 건물 솎아내기. 완벽하지는 않지만 채광, 통풍, 프라이버시 확보를 전 세대에 균일한 조건으로 보장할 가장 효과적인 방법이다.

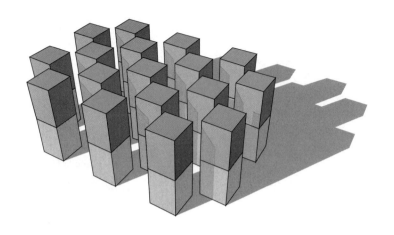

▶ 비워낸 만큼 수직으로의 증축(붉은색 부분)을 허용한다. 예를 들어 기존 건물 위에 철거와 설치가 용이한 독립적인 구조의 조립식 주거 공간을 보태는 것이다.

를 개선하여 그들의 가계 수입이 도시민 수준에 근접할 때까지 기다리는 것이다. 경제적 여유가 생기면 상당수는 자연스레 다른 곳으로 이사할 것이기 때문이다. 한마디로 수요와 공급의 균형이 맞추어질 때까지 기다리자는 얘기다. 하지만 농민공의 낮은 학력을 고려할 때 꽤 오랜 시간을 기다려야 할 듯하다.

둘째는 비워낸 만큼 수직으로의 증축을 허용해 주거의 밀도와 원주민의 수입을 유지하는 방법이다(위 이미지 참조). 다시 말해 밀도는 유지하되 수직 증축으로 과거의 과밀함 때문에 빚어진 주거 환경의 문제를 일정 수준 해결하는 방법이다. 물론 이 과정에서 발생할 철거 비용과 수직 증축 비용이 고스란히 원주민에게 부과되어서는 안 된다. 이 역시 심한 반발이 예상되기 때문이다. 그 대신 정부는 원주민의 비용 부담을 상쇄할 세금 혜택과 각종 인센티브를 제시해야 한다. 예를 들어 도심에 위치한 어번 빌리지의 경우 벽면과 옥상에 옥외광고를 허용해 원주민(건물주)에게 광고 수입을 안겨줄 수도 있을 것이다.[17] 이러한 수익형 인센티브 외에도 정부는 수직 증축으로 인한 손실 보전금을 지원하는 등 다양한 방안을 강구해야 한다. 결과적으로는 정부 지출이 어느 정도 불가피하다. 그래도 공공임대주택 신축 비용에 비하면 낮은 수준일 터이니 정부는 비용 면에서 효과적으로 사회적 책무를 해결한 셈이다.

어번 빌리지를 수직 증축할 때 정부는 코디네이터 역할을 제대로 해야 한다. 수직 증축을 개발업자(원주민)와 검증되지 않은 건축업자에게만 맡기면 자본의 논리로 기존의 흉물이 자가 번식하는 모습으로 나타날 가능성이 크기 때문이다. 이를 해결하기 위한 가장 좋은 방법은 건축가가 주축이 되는 건축 자문단[18]을 구성하고 그들로 하여금 어번 빌리지를 위한 리모델링 매뉴얼[19]을 만들게 하는 것이다. 매뉴얼에는 '공공성'[20]과 '경제성'을 기반으로 스카이라인에 대한 지침부터 건물 구조

---

17 옥상 및 벽면 광고는 도심 요충지에 자리 잡은 어번 빌리지 가운데 주요 도로변에 인접한 건물에서 가능할 것이다.

18 건축 자문단은 건축가와 구조 전문가, 조경 건축가, 디벨로퍼 등 다양한 전문가들로 구성하는 것이 바람직하다. 다양한 관점과 의견을 반영해야 할 필요가 있기 때문이다. 다만 공공성을 고려해 건축가가 주축이 될 필요가 있다.

19 일종의 지구 단위 계획District Plan으로 이해하면 된다. 지구 단위 계획은 일단의 구역을 지정해 그곳에 세울 건물의 용도, 높이, 용적, 외관 재료 및 색상 그리고 형태까지 종합적으로 규제하는 도시 계획 지침으로 '사익'이 아닌 '공공성'의 원리를 바탕으로 작성된다.

20 건축의 '공공성'은 조화로운 도시경관을 위해 개별 건축물의 외관과 크기, 즉 개별적 건축 욕구를 제한하거나 건축주에게 토지 일부를 불특정 다수의 보행자를 위해 사용하도록 강제한다.

와 주거 공간의 구조, 마감재 등에 이르기까지 리모델링에 관한 모든 것이 담겨야 한다. 이렇게 만들어진 매뉴얼은 추후 다수의 어번 빌리지를 증축하는 데 효과적인 도구가 될 것이다.

이 밖에도 어번 빌리지를 증축하는 데 있어 균형 감각을 유지할 수 있는 방법은 많다. 예를 들어 최근 서울이 도입한 도시 총괄 건축가City Architect[21] 제도 역시 좋은 벤치마킹 대상이다. 선전 정부는 어번 빌리지의 모든 리모델링을 총괄할 리모델링 건축가Remodeling Architect 제도를 창안해 어번 빌리지의 수직 증축을 효과적으로 총괄하도록 맡길 수도 있다. 방법이 무엇이든 적극적으로 건축가를 끌어들이는 것은 어번 빌리지의 균형 잡힌 변신을 유도하는 데 있어 좋은 방법이다.

어번 빌리지의 변신 시나리오―프로그램

앞서 언급한 어번 빌리지의 수직 증축이 물리적 변화에 초점을 맞춘 제안이라면 이번에는 어번 빌리지 안에 담기는 프로그램에 대한 변화 가능성을 살펴보자.

앞에서 언급한 것처럼 농민공은 장시간 노동에 시달리며 도시민으로부터 소외되는 정신적 고통에 시달린다. 문제는 이렇게 고되게 살아가는 이들에게 어번 빌리지의 주거 공간이 최소한의 기능을 충족해주는 것 이상의 그 무엇도 제공하지 못한다는 사실이다. 어번 빌리지의 외과 수술과 더불어 내과 수술이 필요한 이유다.

어번 빌리지같이 열악한 주거 공간에서 바쁘게 살아가는 사람들에

---

21 2014년 9월 서울시가 도입한 도시 건축가 제도는 유럽에서 이미 보편화된 제도이다. 도시 건축가는 그 도시의 도시계획과 조경 그리고 공공 건축물의 기획과 자문을 맡는다. 서울시 1호 도시 건축가는 승효상이며 임기는 2년이다.

게 부족한 것은 크게 두 가지다. 첫째는 기능에 어울리는 적정한 크기의 공간이며 둘째는 커뮤니티를 형성할 공간과 시간이다. 이를 해결하기 위한 주거 형식으로 셰어하우스share house만 한 것이 없어 보인다.

셰어하우스는 1, 2인 가구가 많은 일본과 캐나다에서 인기를 끄는 주거 형식으로 주로 지가가 높은 도심에 위치한다.[22] 셰어하우스의 특징은 공간 사용 방식에 있다. 가장 사적인 공간인 '방room'은 개인이 사용하는 반면 거실이나 주방 같은 반半사적인 공간은 거주자들이 공유한다.[23] 이는 소형 주거의 대형 공간에 대한 욕구를 해결해줌과 동시에 대형 공간을 매개로 한 커뮤니티의 형성을 자연스럽게 유도한다. 셰어하우스의 이러한 특징은 어번 빌리지 거주자에게도 꽤 유용하게 작용할 것 같다.[24]

어번 빌리지에 사는 사람들은 바쁘다. 바쁜 일상 속에서 매일같이 식사를 준비하는 것도 쉽지 않다. 게다가 비좁다. 시간적으로도 부담스럽지만 공간적으로도 불편하다는 얘기다. 만약 이들이 공동 식당에서 순번을 정해 식사를 준비한다면 공간과 시간에 대한 부담은 대

22 최근 1인 가구의 사회적 욕구와 질 높은 주거 환경에 대한 수요가 증가해 서울에서도 셰어하우스가 인기를 끌기 시작했다.

23 어번 빌리지에서도 각 집의 거실과 주방 공간을 모은다면 입주자들이 상당히 커다란 주방과 거실을 공유할 수 있다.

24 그렇다고 어번 빌리지 전체를 셰어하우스로 만들 필요는 없다. 사람들의 욕구가 다양하기 때문이다. 특히 프라이버시를 중히 여기는 사람에게 셰어하우스는 좋은 대안이 아닐 수 있다. 또한 어번 빌리지에는 3, 4인 가구도 산다. 셰어하우스의 장점은 1, 2인 가구에서 보다 잘 드러난다. 어번 빌리지 전체가 셰어하우스로 바뀔 필요가 없는 이유다. 설사 어번 빌리지 거주자 모두가 셰어하우스를 원한다 해도 비용이나 물리적 측면에서 기존 건물을 전부 개조한다는 것 또한 쉽지 않은 일이다. 내부를 대대적으로 공사할 필요가 있기 때문이다. 다시 말해 다양한 주거 공간에 대한 욕구와 현실적 제약 조건을 고려할 때 셰어하우스는 수직 증축 부분에 대해서만 부분적으로 적용하는 것이 합리적이고 현실적인 대안일 것이다.

폭 감소할 것이다. 또한 공동 식당은 농민공에게 지친 하루를 달래며 사람들과 얘기를 나누고 정보를 교환할 수 있는 좋은 장소가 될 것이다.[25] 어렵게 살아가는 사람들에게 절실한 건 연대와 소통의 장소임을 생각할 때 이는 물리적 차원을 넘어선 사회적 차원의 주거 개선 방안이라고도 할 수 있다.

셰어하우스를 농민공 상황에 맞게 조금 더 변형시키면, 부대시설로 공동 탁아소를 만들 수 있다. 앞서 언급한 것처럼 농민공은 현실적인 이유로 자식들과 생이별을 감수한다. 시간과 공간의 부족 그리고 교육 제도상의 불이익이 바로 그 현실적 이유이다. 교육제도가 농민공의 도시민화를 통해 점진적으로 해결되어야 할 사항이라면 시간과 공간의 문제는 공동 탁아소라는 부대시설을 통해 현재 시점에서 어느 정도 해결이 가능해 보인다. 어번 빌리지 저층부의 공간을 일부 할애해 공동 탁아소를 설치, 운영한다면 일부 농민공의 경우 자녀와 함께 생활이 가능할 것이라는 얘기다. 물론 여기에는 보육 교사를 비롯한 정부의 인력 지원과 공간 임대료 같은 재정 지원이 수반되어야 할 것이다.[26]

밀도 높게 모여 산다는 것의 장점이란, 십시일반으로 비용과 공간 그리고 시간을 내주면 효과적으로 개인의 숙제를 해결할 수 있다는 점

---

25 공유 공간에서 이루어지는 거주 구성원의 협력과 교류는 단순히 사회적 욕구를 충족시켜 삶을 조금 더 행복하게 만드는 데 머물지 않을 것이다. 협력과 교류를 통해 강화된 연대 의식은 추후 이들의 집단적 권리 행사에 큰 도움이 될 것이다. 사회적 약자로서 권리를 행사하기 위한 가장 효과적인 방법 가운데 하나가 집단적 권리 행사다. 이러한 사실을 고려할 때 셰어하우스는 집단적 권리 행사를 가능케 하는 연대 의식 고취에 있어 효과적인 공간 장치라 할 수 있다.

26 탁아소 운영에는 자녀와 함께 사는 각 세대의 관리비에 보육 시설 임대료와 보육 교사 인건비 등을 반영하는 것이 원칙이겠으나 농민공의 현실을 고려할 때 선전 정부가 교육 예산의 일부를 활용하여 지원하는 것이 바람직해 보인다. 부모와 떨어져 사는 아이들이 겪는 발달 장애 같은 부작용에 대한 사회적 비용을 고려한다면 정부 입장에서도 마다할 이유는 없다.

이다. 이것이 바로 '공유'의 효과이자 힘이다. 어번 빌리지에 셰어하우스 개념이 유용한 이유다.

어번 빌리지의 변신 시나리오—미래

중국 대도시들은 지난 30여 년간 급속한 변화를 겪어왔다. 특히 선전의 경우 중국 경제의 선두 주자로 산업 구도와 인구구성에 있어 급격한 변화를 겪어왔다. 그리고 앞으로의 변화 역시 만만치 않을 듯하다. 특히 선전을 포함한 주장 삼각주 9개 도시에 대한 통합 플랜은 선전의 인구구성과 산업 구도에 지대한 영향을 미칠 듯하다.[27] 통합 플랜의 미래를 간략하게 살펴보면 기존 거주민(도시민)은 행정구역상 통합된 9개 도시 가운데 호적과 관계없이 자유롭게 거주지를 선택할 수 있을 것이며, 도시 간 서비스 통합을 위해 2조 위안(한화로 약 340조 원) 규모로 진행될 교통, 통신 등의 기반 시설 공사는 토건 산업 분야의 일자리 창출에 엄청나게 기여할 것으로 보인다.[28] 이 밖에도 메가로폴리스 Megaropolis의 탄생은 다양한 사회적 변화를 수반할 것으로 예상된다.

물론 통합 도시에 대한 긍정적 시선과 부정적 시선이 교차하는 지금,

---

27 주장 삼각주의 9개 도시에 대한 통합 플랜은 거대한 메가로폴리스의 탄생을 예고한다. 통합 도시의 면적은 런던 대도시 권역(메트로 런던)의 약 26배가 될 것이며 인구는 현재 전 세계에서 가장 큰 대도시 권역인 도쿄 대도시 권역(메트로 도쿄)보다 800만 명이 더 많은 4,200만 명 수준이 될 것이다. 결과적으로 1시간 생활권 구축을 목표로 통합될 9개 도시는 행정구역상의 통합을 넘어 경제적, 인구적, 사회구조적 변화를 맞이할 것이다. 더불어 중국 경제의 10퍼센트를 차지하게 될 통합 도시는 중국 경제 발전에서도 상징적으로나 기능적으로나 대내외적으로 상당히 중요한 역할을 하게 될 것으로 예상된다.
28 통합 도시의 기반 시설 공사비는 통합될 도시의 크기만큼이나 어마어마하다. 2013년 서울시 공공 발주 공사 금액이 5조 5,560억 원 규모인 것을 감안하면 통합 도시 기반 시설 확충 공사는 분명 초대형 토건 사업이다.

선전의 미래를 예측하기란 쉽지 않다. 임금 상승으로 인해 제조업체들이 이웃 동남아시아 국가나 중국 내륙 도시로 이전하고, 때 이른 고령화 현상(저출산 현상)으로 노동인구의 감소가 우려되는 중국 상황[29]이 통합 도시 플랜과 더불어 선전에 어떠한 영향을 미칠지 현재로서는 미지수이기 때문이다. 또한 선전의 농민공의 도시민화 정책 역시 어떠한 방향으로 전개될지 지금으로서는 정확히 예측하기 어렵다.

이렇듯 또 다른 급격한 변화를 맞이할지도 모를 선전의 상황을 고려한다면 선전은 현재에 기반한 어번 빌리지의 개선책과 더불어 미래에 대응할 시나리오 역시 필요해 보인다. 변화 속도가 워낙 빠른 도시이기 때문이다. 문제는 앞서 언급한 것처럼 현재로서는 선전의 변화상을 정확하게 예측할 수 없다는 것이다. 그렇다면 수요 변화라는 단일한 잣대로 어번 빌리지의 미래를 가늠해보는 것도 방법일 듯싶다. 방향은 크게 두 가지다. 어번 빌리지에 대한 수요가 증가하거나 감소하거나.

어번 빌리지에 대한 수요가 증가한다면 앞서 제안한 수직 증축에 대한 리모델링 매뉴얼을 토대로 어번 빌리지의 주거환경을 지속적으로

---

29 고령화(저출산화)가 야기하는 사회적 파장은 단순히 노동인구의 감소라는 결과로만 나타나지는 않을 것이다. 고령화는 경제구조와 사회복지의 구조적 취약성을 야기하는 것은 물론이요, 주택정책(혹은 주택 시장)에도 상당한 변화를 불러올 것으로 예상된다. 예를 들면 중국 대도시는 고령화(인구 정체 내지는 인구 감소)로 인한 공가율空家律 증가로 어느 시점에 이르면 주택을 기반으로 한 토건 개발 동력을 상실할 가능성이 크다. 현재 중국의 성장세를 감안했을 때는 결코 일어나지 않을 듯 보이지만 일본을 보면 꼭 그렇지만도 않다. 한때 부동산 버블을 걱정하던 일본도 현재 고령화(저출산화)로 인한 공가율 증가로 대규모 토건 개발 대신 빈집 관리와 재생에 관한 정책 개발에 힘을 쏟고 있다. 참고로 인구 1,300만 명의 도쿄도東京都의 경우 2008년 현재 빈집이 75만 채에 이르며 매년 20만 채가량의 빈집이 발생하고 있다. 매년 분당 신도시 두 개가 유령도시가 되는 셈이다. 물론 일본의 공가율 증가 현상이 순전히 고령화 때문만은 아니다. 다시 말해 고령화와 더불어 지역의 노후화와 건축물의 노후화 등 다양한 원인이 복합적으로 작용하여 발생한 것이라 할 수 있다. 중요한 것은 중국 대도시 역시 일본 같은 상황에 처할 수 있다는 사실이다. 이렇듯 중국의 때 이른 고령화 현상은 가까운 미래를 예측하는 데 중요한 요소라 할 수 있다.

개선하는 한편 농민공을 위한 공공임대주택 공급을 늘리면 쉽게 해결될 것이다.

문제는 어번 빌리지에 대한 수요가 감소할 경우다. 이해를 돕기 위해 수요 감소에 대한 다양한 상황을 가정해보자. 만약 제조업의 쇠퇴로 농민공 유입이 줄어들면서 고령화로 도시인구까지 줄어든다면? 농민공의 상당수가 도시민으로 전환되어 어번 빌리지를 떠날 만큼 수입이 증가한다면? 통합 플랜으로 기업과 도시민 그리고 농민공이 선전 외의 다른 도시로 이동한다면? 다양한 시나리오가 예상된다.

어번 빌리지의 미래라는 관점에서 수요 감소의 상황과 그에 대한 대응 방안은 크게 두 가지로 생각해볼 수 있다. 첫째는 어번 빌리지에 대한 수요만 감소한 경우다. 다시 말해 어번 빌리지의 공실이 증가하는 반면, 도시민의 지속적인 증가로 도시의 주거 및 기타 개발 수요가 증가하는 경우다. 이러한 경우라면 어번 빌리지를 철거한 후 새로운 용도로 개발하거나 상황에 적합한 리모델링으로 개발 수요에 대응하는 것이 합리적인 방법이다.

두 번째는 어번 빌리지의 수요도 감소한 경우다.[30] 다시 말해 어번 빌리지의 공실률도 증가하고 도시민의 감소나 과잉 개발로 개발 수요가 감소하는 경우다.[31] 경제적 타당성을 고려한다면 철거형 재개발이 무의미한 경우다. 그렇다고 공실률이 높은 어번 빌리지를 방치할 수도 없다. 흉물로 변할 가능성이 크기 때문이다. 이럴 경우 공공이 주

---

30 만약 선전의 주거 수요가 감소한다면 공가율 상승 현상은 어번 빌리지뿐만 아니라 도시 내 모든 주택과 건물에서 공통적으로 나타날 것이다. 다만 상대적으로 노후하고 공간으로서의 질이 떨어지는 어번 빌리지가 가장 먼저 공가율 문제에 직면할 가능성이 크다.
31 개발 주체가 민간일 경우에 국한된 얘기다.

체가 되어 어번 빌리지를 철거하고 공원을 조성하거나 용도 전환[32]을 시도하는 것이 가장 적절한 대안이 될 것이다. 용도 전환의 경우 어번 빌리지가 가진 '밀도'라는 특징과 '경제적인 저렴함'이라는 장점을 기반으로 이루어지는 것이 바람직하다. 예를 들면 고령자 단독 세대를 위한 셰어하우스[33]나 여행객을 위한 유스호스텔[34] 혹은 도심형 학생 기숙사[35] 같은 것이다. 또한 1인 창업자를 위한 SOHO Small Office Home Office 단지[36] 역시 좋은 대안이 될 듯하다. 이렇듯 어번 빌리지는 수요가 감소하는 경우에도 기존의 장점을 살려 그 시대가 요구하는 또 다른 모습으로 변신이 가능해 보인다.

최소한의 도리, 어번 빌리지

앞서 살펴본 어번 빌리지의 시나리오를 정리해보자. 어번 빌리지는 선전의 현재를 위해 전면 철거 대신 개조 형식으로 존치될 필요가 있으며 가까운 미래에 어번 빌리지에 대한 수요 감소라는 부정적 상황이

---

32 총체적인 개발 수요가 감소하는 경우라도 그 시대 그 사회가 요구하는 새로운 개발 수요는 늘 있기 마련이다.

33 노인들은 병원을 비롯한 도심 서비스를 이용하기 편리한 곳에 사는 게 좋다. 하지만 도심은 주거 비용이 만만치 않다. 특히 경제적으로 노후를 준비하지 못한 노인이라면 더욱더 그렇다. 도시에 위치한 셰어하우스 성격의 어번 빌리지라면 노인에게 경제적으로나 지리적으로 부담이 적을 뿐 아니라 공유 공간을 통해 외로움을 달래주는 좋은 안식처가 될 수 있다.

34 도시인구가 감소한다고 해서 여행객이 감소하는 것은 아니다. 셰어하우스로 변신한 경우 좁은 개인 공간과 넓은 공유 공간을 갖추고 있는 도심의 어번 빌리지는 대형 유스호스텔로서 제격이다. 또한 어번 빌리지가 도시 산업화의 결과로 탄생한 독특한 주거 공간이라는 스토리는 관광객에게 매력적인 요소로 다가갈 것이다.

35 농촌이나 다른 도시에서 이사 온 학생들도 경제적인 이유로 저렴한 주거 공간을 찾는다.

36 이주민 창업자에게 필요한 건 경제적으로 부담 없는 주거 공간과 정보를 교환할 수 있는 만남의 공간이다. 어번 빌리지가 SOHO로 변신하기 좋은 구조인 이유다.

발생한다 하더라도 대안을 세워 지속적인 활용이 가능해 보인다. 다시 말해 현재로 보나 미래로 보나 선전 정부가 당장 어번 빌리지를 철거해야 할 이유가 없다는 얘기다.

이런 시나리오를 주장하는 근거는 현재 선전 정부가 사회적 약자를 위해 주거 공간을 제공하지 못한다는, 다시 말해 선전 정부가 사회적 책무를 다하지 못한다는 데서 기인한다. 그렇다면 선전 정부는 기존의 어번 빌리지를 철거라는 시각으로 바라볼 것이 아니라 새로운 개념의 전환기적 공공 주택으로 인정해야 마땅하다. 다시 말해 농민공이 선전의 도시민으로 정착할 때까지 정부는 어번 빌리지를 생활 인프라로 인정하고 적극적으로 지원해야 한다는 얘기다. 이것이야말로 선전 정부가 사회적 약자들에게 진 빚을 경제적으로 갚는 방법이다. 오늘날 선전을 만든 사람들에게 최소한 그 정도의 배려는 해주어야 도리 아니겠는가.

디트로이트를 위한 제안―지속 가능한 도시 만들기

'가난'과 '차별'

디트로이트의 쇠퇴 원인은 본문에서 언급한 것처럼 크게 세 가지로 요약된다. 단순한 도시경제 구조, 방만한 도시계획 그리고 도시 공간을 둘러싼 뿌리 깊은 인종 분리 정책이다. 그리고 그 결과 디트로이트는 오늘날 가난하고 학력이 낮은 흑인들의 도시가 되어버렸다.

가난한 흑인들이라는 말에서 알 수 있듯이 디트로이트 문제의 핵심은 '가난'과 '차별'이다. 그리고 이 둘을 근본적으로 치유하기 위해서는 신산업 육성 정책부터 복지 정책에 이르기까지 다양한 정책이 필요해 보인다. 물론 효과적인 치유를 위해서는 정책의 우선순위를 잘 판단해야 한다. 문제를 근본적으로 해결한다는 관점에서 가장 필요하거나 가장 시급한 정책이 무엇인지 고민해야 한다는 얘기다.

이러한 관점에서 본다면 디트로이트는 방만한 도시 공간에 대한 대책을 먼저 세워야 할 듯싶다. 방만한 도시 공간은 불필요하고도 막대한 도시 운영 비용을 지속적으로 발생시키기 때문이다. 경기가 어려우면 씀씀이부터 줄이는 것이 순리다. 또한 디트로이트는 인구의 절대다수를 차지하는 가난한 흑인들에게 '차별' 대신 '포용'의 도시 공간을 제공해야 한다. 안정된 사회라는 전제 조건 없이는 도시의 존립 자체가 어렵기 때문이다. 이렇듯 이 둘은 현재 디트로이트의 문제를 해결하기 위해 가장 먼저 고민되어야 할 부분으로 보인다. 차례대로 그 해법을 살펴보자.

방만한 도시 운영을 극복할 체질 개선—압축 도시

앞에서 살펴본 것처럼 디트로이트는 저밀도의 도시 공간으로 필요 이상의 기반 시설 유지 관리 비용을 지출하고 있다. 한마디로 방만 경영이다. 그리고 이는 도시 파산이라는 결과를 낳는 데 크게 일조했다. 이는 20평짜리 주택에 살 만한 능력을 가진 사람이 80평짜리 주택에 살면서 관리비조차 내지 못하는 상황과 매우 흡사하다.

디트로이트의 도시계획은 기본적으로 밀도가 낮다. 이는 디트로이트의 용도 지역 지도Detroit Zoning Map를 통해 쉽게 확인 가능하다. 다운타운 일대를 제외한 디트로이트의 대부분은 저밀도형 주거지역이다.[37]

---

37 디트로이트의 주거지역은 밀도와 주택 형태에 따라 분류되며 기호로는 R1에서 R6으로 분류된다.

다시 말해 도시 공간 대부분이 단일 용도인 단독주택이나 저밀도의 집합 주택으로 이루어졌다는 얘기다. 게다가 이마저도 도시경제의 몰락으로 많은 집들이 비어 있다. 앞서 언급했듯이 이런 저밀도의 도시 공간은 상하수도와 도로 같은 기반 시설의 과도한 건설 및 유지 보수 비용을 야기한다. 또한 저밀도의 주거지역은 대중교통의 채산성을 낮추어 자동차 사용을 부추기는 고비용의 라이프스타일을 만들어낼 뿐이다.

디트로이트는 가난으로부터 벗어나기 위해 방만한 도시 구조부터 바꾸어야 한다. 다시 말해 고비용 저효율의 도시에서 저비용 고효율의 도시로 거듭나야 한다는 얘기다. 그러기 위해서는 기본적으로 밀도가 높아져야 한다. 도시의 공간은 상업, 주거, 업무 등으로 구분된 저밀도의 배타적 단일 용도 지역이 아닌 고밀도의 혼합 용도로 조정되어야 한다. 다시 말해 주택과 상업 시설, 오피스가 섞여 공간 밀도가 높아져야 한다. 이는 주민들의 목적별 이동 거리를 단축시킬 뿐 아니라 대중교통의 채산성 확보에도 유리하다. 다시 말해 사람들이 자동차 대신 도보나 대중교통으로 도시를 돌아다닐 가능성이 커진다는 얘기다.

일부 사람들은 이러한 의견에 거부감을 나타낼지도 모르겠다.[38] 밀

숫자가 올라갈수록 밀도가 높아진다고 이해하면 된다. 그중 디트로이트의 주거지역 대부분에 적용된 R1에서 R4는 단독주택 혹은 저밀도 집합 주택의 주거지역을 의미한다.

38 특히 미국인의 '밀도'에 대한 거부감은 생각보다 높을 듯하다. 미국은 지난 반세기 동안 도심 대신 교외 지역의 개발에 집중해왔다. 넓은 마당이 있는 집을 선망하는 미국인의 아메리칸 드림 때문이다. 다행히도 변화의 조짐이 보인다. 2011년 전미부동산협회National Association of Realtors의 조사 결과에 따르면 미국인의 60퍼센트 이상은 자동차에 의존하는 동네가 아닌 집 근처에 상점과 회사가 있어 걸어 다닐 수 있는 동네에 거주하기를 희망한다. 다시 말해 미국인들이 저밀도 주거 환경의 폐해를 깨달은 셈이다. 아울러 2008년 시작된 주택 위기에서 저밀도 교외 지역의 집값이 폭락했다는 사실과 저유가 시대가 끝나간다는 사실 또한 미국인들의 '밀도'에 대한 생각을 크게 바

도 높은 도시는 열악하다는 선입견 때문이다. 산업혁명 시기 과밀한 주거지역 때문에 형성된 '밀도'에 대한 부정적 인식이 여전히 사람들로 하여금 '밀도 높음'은 '살고 싶지 않음'으로 인식하게 만드는 것 같아 보인다.[39] 하지만 이는 말 그대로 구닥다리 선입견에 불과하다.

영국에서 발행되는 국제 주간지 《이코노미스트The Economist》는 2002년부터 해마다 가장 살고 싶은 도시의 순위Livability Ranking[40]를 매겨왔다. 2010년까지 늘 1위를 차지한 도시가 있었으니 바로 윗동네 캐나다Canada의 밴쿠버Vancouver다.[41] 밴쿠버의 도시 풍경은 디트로이트와는 정반대이다. 밴쿠버는 혼합 용도의 고층 빌딩으로 이루어진 밀도 높은 도시다. 그 결과 많은 사람들이 집에서 쇼핑몰로, 집에서 직장으로 이동 할 때 걷거나 자전거를 타거나 대중교통을 이용한다. 실제 2014년 현재 밴쿠버 시민의 46퍼센트가 통근 수단으로 도보, 자전거, 대중교통을 선택했다. 일반적인 미국의 도시와 비교하면 상당히 높은 수치다. 밴쿠버 건물의 상당수는 포디엄[42] 형식의 저층형 상업 시설과 그 위에 얹힌 고층 타워 형식의 주거 시설[43]로 이루어져 있다. 저층의 상업 시설은 휴먼 스케일human scale과 상업 가로commercial street라는 두 가지

꾸어놓을 것으로 예상된다.

39 오늘날 도시계획의 오류라고 여겨지는 배타적 용도 지역제와 교외 지역의 집중적인 개발은 19세기 산업도시의 열악한 공장 주변 환경과 과밀한 주거지역에 대한 거부감의 결과였다. 다시 말해 불결함과의 '거리 두기'였던 셈이다.

40 영국의 국제경제, 문화 주간지인 《이코노미스트》는 매년 세계 도시를 안전, 건강, 문화, 환경 등의 분야로 나누어 100점 만점으로 평가한 뒤 종합해 '살고 싶은 도시'의 순위를 발표한다.

41 2014년 현재 밴쿠버는 3위다.

42 포디엄podium은 지면과 접하여 저층으로 넓게 형성된 건물로 수직으로 뻗은 고층 빌딩 하단에 위치하는 기단부를 일컫는다.

43 고층 건물 사이로는 통경축view corridor(건물과 건물 사이의 빈 공간)이 확보되어 쾌적한 도시 풍경이 연출된다.

요소 덕분에 활기찬 도시 가로를 연출한다. 또한 고층의 주거 타워는 토지 단위 면적당 더 많은 주택을 공급함으로써 더 많은 사람이 도심 가까이에 살 수 있게 한다.[44] 이렇듯 압축적으로 조직된 도시 기반 시설(토지)과 혼합 용도의 건물 덕분에 밴쿠버 사람들은 더 적은 에너지를 소비하고도 더 즐겁게 그리고 더 많이 걷는다.

밴쿠버는 오늘날 밴쿠버리즘Vancouverism이라는 신조어를 만들어낼 만큼 도시계획가들로부터 칭송받는 도시계획 모델이다. 디트로이트가 방만한 도시경영의 대안으로 받아들여도 될 만한 모델이라는 얘기다. 별문제 없이 잘살고 있는 도시가 새로운 도시 조직을 수용하기란 쉽지 않다. 거꾸로 얘기하면 디트로이트는 지금이 기회라는 얘기다. 1871년 발생한 역사적인 대화재Great Chicago Fire[45]를 계기로 시카고가 마천루skyscraper의 도시로 변신에 성공했듯이 파산으로 버려지고 비워진 땅 역시 디트로이트로서는 기회일지 모른다.

그렇다고 디트로이트가 밴쿠버리즘을 그대로 따라할 필요는 없다. 수요를 무시하고 무리하게 고층 아파트와 노선 상가를 지을 필요는 없다는 얘기다. 변화의 시작은 디트로이트 정부가 용도지역과 밀도에 대한 새로운 도시계획 틀을 제공하는 것만으로 충분하다. 그런 다음 차근차근 수요에 맞추어 점진적인 변화를 이루어가는 것이 경제적으로

---

44 이해를 돕기 위해 경기도 분당의 정자동 카페 거리를 떠올려보자. 이 거리의 양쪽은 카페와 상점으로 활기찬 가로를 연출하는 저층 포디엄과 그 위에 자리 잡은 고층의 아파트 건물로 구성되어 있다. 얼핏 들으면 과밀한 풍경이 연상될 수 있지만 카페 거리를 걷는 사람 가운데 위쪽의 고층 아파트를 인식하는 사람은 거의 없다.

45 1871년 발생한 시카고 대화재는 건물 1만 7,500동과 가옥 7만여 채를 불태우며 도시를 쑥대밭으로 만들었다. 이후 시카고는 이전의 목구조 대신 철 구조라는 신기술로 고층 빌딩을 건설하기 시작했다. 그 결과 시카고는 마천루 도시의 선두 주자로 떠오르며 전 세계 많은 도시의 모델이 되었다.

나 사회적으로나 현실적인 방법일 것이다.

여하간 디트로이트가 새로운 도시계획 모델을 받아들여 압축 도시로 다시 태어난다면 그리고 그 결과로 얻어낸 유휴지를 유지 비용이 불필요한 자연의 품으로 돌려보낸다면 디트로이트는 최소한 가난으로부터 벗어나기 위한 준비는 끝낸 셈이다.

차별을 극복하기 위한 체질 개선—공정 공간

도시 공간은 공정해야 한다. 인종 분리를 유도하는 도시 공간 정책은 사라져야 하며 공공 공간은 '특정 계층'이 아닌 '불특정 다수'를 위한 공간이 되어야 한다.[46] 다행히도 레드라이닝으로 대변되는 인종 간 공간 분리 문제는 반복된 문제 제기로 어느 정도 개선이 된 듯하다. 반면 공공 공간의 불공정성은 문제 제기조차 되지 않을 만큼 관심 대상조차 되지 않는 듯하다. 사실 디트로이트의 공공 공간은 인구의 절대다수를 차지하는 가난한 흑인들의 삶을 더욱더 어렵게 만들고 있다. 공공 공간이 그들의 삶을 배척하고 있기 때문이다. 디트로이트의 공공 공간이 공정 공간으로 거듭나야 하는 이유다. 도로라는 공공 공간을 통해 자세히 살펴보자.

디트로이트의 도로는 한산하다. 사용가치에 비해 유지 비용이 많이 든다는 얘기다. 시민 대다수는 가난한 흑인들이다. 앞에서 언급한 것처럼, 이들에게는 자동차를 소유하고 유지하는 비용이 상당한 부담이 된다.[47] 그렇다면 막대한 공적 자금으로 유지되는 현재의 도로는 누굴

---

46 이러한 주장은 도시 공간이 자본주의(교환가치, 사유 등)의 논리가 아닌 민주주의(사용가치, 전유)의 논리로 만들어져야 한다는 프랑스의 석학 앙리 르페브르의 견해를 바탕으로 한다.

47 실제 디트로이트의 25만 가구 중 6만 가구는 자동차를 사용하지 않는다. 그중 80퍼센트는 흑인이다.

▶ 고층 빌딩이 밀집한 밴쿠버(위)와 디트로이트의 버려진 공장(아래). 지금이 바로 디트로이트가 밴쿠버 같은 에너지(비용) 절약적인 도시로 거듭날 좋은 기회다.

위한 걸까? 최소한 디트로이트의 가난한 흑인들은 아니다. 진정 가난한 흑인들을 위한다면 지금의 도로는 자동차 대신 보행과 대중교통을 위한 공간으로 주된 용도가 바뀌어야 한다.[48] 특히 자전거와 보행을 위한 공간이 먼저 고려되어야 한다. 보행과 자전거야말로 비용이 가장 적게 드는 이동 수단이기 때문이다. 그렇다면 디트로이트의 도로 공간은 어떻게 변해야 할까? 사례를 통해 실마리를 잡아보자.

콜롬비아 보고타Bogotá에 위치한 엘 파라이소[49]는 도시가 가난한 다수를 위해 어떻게 도로 공간(공공 공간)을 분배해야 하는지를 보여주는 좋은 사례다. 이 지역을 가로지르는 대로는 여느 도시의 도로와는 다르다. 보통은 자동차가 다니는 차도가 큰 폭으로 도로 한가운데를 차지하고, 그 양옆으로 보도가 자리 잡는다. 다시 말해 자동차의 이동이 우선시되는 구조이다. 하지만 엘 파라이소를 가로지르는 대로는 이와 반대. 보행자가 이용하는 보도와 자전거가 다니는 도로가 널찍하게 도로 한가운데를 차지하며 양옆의 좁은 차도를 자동차가 이용한다.

---

48 절대다수의 가난한 흑인을 위한다는 이유 말고도 도로 위의 공간이 자동차 대신 버스와 보행자(자전거 이용자 포함) 중심으로 재편되어야 할 이유는 많다. 우선 자동차는 같은 인원을 이동시키는 데 있어 다른 이동 수단에 비해 도로 공간을 절대적으로 많이 차지한다(1991년 독일 북서부 도시 뮌스터Münster에서 72명이 동원되어 여러 이동 수단을 이용해 차지하는 도로 면적을 촬영한 기념비적 사진을 찾아보면 쉽게 이해가 갈 것이다. 구글에서 쉽게 검색 가능하다). 이뿐만이 아니다. 같은 인원을 이동시키는 데 배출되는 온실가스와 휘발유의 양 역시 다른 이동 수단에 비해 자동차가 압도적으로 많다. 또한 교통사고가 났을 때 희생자는 철제 차 안에 탄 운전자가 아니라 보행자라는 사실을 떠올릴 때 자동차는 누구나 선택할 수 있는 보행이라는 이동 수단에는 위협적인 존재다. 다시 말해 자동차는 비용(기반 시설 설치 및 유지 비용, 교통 체증으로 인한 시간 비용 등을 포함)이나 환경적 측면에서 상당히 방만한 이동 수단이라 할 수 있으며 누구나 평등하게 선택할 수 있는 이동 수단인 도보 행위에 위협적인 요소라 할 수 있다. 이렇듯 자동차는 지속 가능한(혹은 공정한) 도시 만들기라는 관점에서 주요 이동 수단이 되기에는 자질이 부족해 보인다.
49 엘 파라이소El paraiso는 우리나라로 치면 작은 동네 크기의 주거지역이다. 공간 구조는 격자형 도로에 장방형 대지가 들어선 모양으로 디트로이트의 주거지역과 유사하다.

▶ 엘 파라이소에 접한 주요 도로의 단면을 개념화했다.
출처: 《우리는 도시에서 행복한가》 370쪽과 구글맵을 토대로 저자 재구성.

그나마 자동차가 다니는 차도는 예산 부족으로 비포장 상태다.[50] 반면
보도는 포장이 잘되어 있을 뿐 아니라 자전거 도로까지 구획되어 있
다. 예산을 집행하는 우선순위에서 대다수의 가난한 시민이 우선적으
로 고려된 결과다. 물론 디트로이트가 보고타만큼 가난하지는 않다.
하지만 가난한 다수의 시민들이 우선적으로 배려되어야 한다는 원칙
은 공공 공간을 공정 공간으로 만들기 위해 반드시 공유해야 할 원칙
으로 보인다. 이러한 점에서 보고타의 사례는 디트로이트가 대다수 시
민들의 공정한 '이동권'을 확보하기 위한 좋은 참조 사례가 될 것이다.
　디트로이트가 공정한 '이동권'을 확보하기 위해 할 일이 하나 더 있
다. 바로 질 높은 대중교통의 확보다.[51] 대중교통은 앞에서 설명했듯

50　2013년 현재 엘 파라이소의 차로는 대부분 포장도로로 바뀌었다.
51　대중교통의 질을 높이려면 몇 가지 기본 조건을 갖춰야 한다. 첫째, 대중교통은 모세혈관처럼 동
　　네 구석구석을 연결해야 한다. 대중교통을 이용하기 위해 장거리 보행을 감수하는 경우가 많지
　　않기 때문이다. 둘째, 대중교통을 이용할 때 심리적 운행 간격은 짧아야 한다. 20분씩 기다려 버

이 가난한 흑인들의 일자리 문제와도 밀접한 관련이 있다. 저임금 직종에 종사하는 다수의 흑인들에게 자동차는 채산성을 따질 때 불합리한 이동 수단이기 때문이다. 하지만 의문이다. 디트로이트처럼 예산이 절대적으로 부족한 상황에서 과연 질 좋은 대중교통을 실현할 수 있을까? 브라질의 쿠리치바[52] 사례에서 그 해결의 실마리를 찾을 수 있다.

쿠리치바는 1970년대까지 급속한 산업화로 극심한 환경오염을 겪었다. 하지만 1971년, 건축가 출신의 자이메 레르네르Jaime Lerner가 시장으로 취임하면서 쿠리치바는 생태 환경 도시로의 변신을 거듭하며 전 세계 도시의 벤치마킹 대상이 된다. 쿠리치바의 혁신적인 정책 덕분이었다. 그중 가장 혁신적인 정책은 대중교통 부분이었다.

레르네르 시장은 취임 후 쿠리치바를 친환경 도시로 만들기 위해 자동차 대신 보행을 우선시하는 정책을 수립했다. 그리고 보행을 장려하기 위해 대중교통을 확충하기로 결정했다. 제일 좋은 방법은 전철 시스템을 구축하는 것이었다. 동일 노선 대비 1회 승객 운송량이 월등히 많기 때문이다. 문제는 예산이었다. 전철 시스템 구축 비용은

스나 전철을 타고 싶은 사람은 없다. 운행 시간이 길 수밖에 없다면 심리적으로 짧게 느껴지는 방법을 강구해야 한다. 셋째, 운행 상황은 예측 가능해야 한다. 상황을 예측할 수 없을 때 사람들의 심리적 스트레스가 증가한다. 특히나 출근길이라면 더욱 그렇다. 마지막으로 대중교통은 가난한 사람들의 이동 수단이라는 인식을 지워야 한다. 사람들에게 자가용이 없어 어쩔 수 없이 버스나 전철을 탈 수 밖에 없다는 상대적 박탈감을 안겨주어서는 안 된다. 그러기 위해서는 대중교통이 고급스럽고 편안한 이동 수단이 되어야 한다. 자가용이 있는 사람도 거리낌 없이 타고 싶게 만들어야 한다. 정리하면 대중교통은 운행 간격이 짧고 기다리는 시간이 즐거워야 하며 적정한 밀도로 개인 공간personal space이 확보된 이동 수단이 되어야 한다. 아울러 정류장과 운송 수단의 내부가 고급스럽다면 더욱 좋을 것이다.

52 쿠리치바Curitiba는 오늘날 생태 환경 도시의 선구적 모델로 거론되는 대표적인 도시다. 보행자 위주의 도로와 넓은 녹지 공간 그리고 쓰레기 분리수거 정책으로 대변되는 쿠리치바는 혁신적인 정책을 창안한 도시로서 도시 재생에 있어 선구자 역할을 해왔다. 참고로 서울의 버스 중앙 차로 역시 쿠리치바 모델을 차용한 것이다.

▶ 브라질 중남부에 위치한 176만 명 규모의 도시인 쿠리치바 시내의 3단 굴절 버스와 원통형 버스 정류장. 버스가 정류장에 정차하면 개찰구에서 티케팅을 마치고 대기하던 승객은 5개의 문을 통해 동시에 타고 내린다. 줄을 서서 버스를 타는 모습을 보기 힘든 이유다. 또한 버스 배차 간격은 5분을 넘지 않을 만큼 매우 짧다. 심지어는 90초마다 한 대씩 오는 버스도 있다. 쿠리치바 시민들은 출근길 버스 정류장에서 조급함을 느낄 틈이 없다. ⓒ mariordo59

대중교통 수단 중 으뜸이다. 고민에 빠진 레르네르 시장은 탁월한 묘안을 짜냈다. 그것이 바로 오늘날 전 세계가 칭송해 마지않는 전철형 버스 시스템이다. 전철형 버스 시스템은 1회 승객 운송량이 가장 많은 전철의 장점을 기존의 버스 운행 시스템에 적용한 것이다. 레르네르 시장은 버스의 1회 승객 운송량을 늘리기 위해 버스 세 대를 전철처럼 연결했다. 그리고 버스가 전철같이 빠른 속도로 운행할 수 있도록 급행 간선 버스 노선BRT, Bus Rapid Transit(우리나라의 버스 중앙 차로)을 확보했다. 그뿐만 아니라 시민들이 버스를 이용하면서 갖게 되는 심리적 장애를 제거하고 탑승 시간을 단축시키고자 버스와 버스 정류장 사이의 단차를 없애고 정류장에 개찰구를 설치하는 등 세심한 주의를 기울였다. 결과는 대성공이었다. 통근자의 70퍼센트가 버스를 이용하게 되었으며 그 결과 과도한 자가용 이용으로 인한 교통 체증 문제 역시 상당 부분 해결되었다. 실제 새로운 버스 시스템의 도입으로 연간 2,700만 회의 자동차 운행이 감소하였으며 이로써 연간 2,700만 리터의 연료 사용량 역시 감소하였다.[53] 이것은 지하철 건설 비용의 80분의 1로 이루어낸 혁신이었다.

디트로이트는 쿠리치바의 사례에서 두 가지 사실을 눈여겨보아야 한다. 첫째는 예산 부족이라는 약점을 창의적으로 해석하여 시민들에게 질 높은 대중교통을 제공했다는 사실이고, 둘째는 그 결과 자동차 사용량이 감소하여 쿠리치바 시민들의 교통비 부담이 상당히 낮아졌다는 사실이다. 실제 쿠리치바 시민들의 가계소득 대비 교통비는 10퍼센트 수준에 불과하다. 예산 부족에 시달리는 디트로이트가 자동차를 사용하기 버거운 가난한 시민들을 위하여 참조할 만한 사례로 쿠리치바만 한 도시가 없어 보이는 이유다.

공정 공간의 구현이 도로에만 적용되어야 하는 것은 아니다. 공정 공간은 주거와 공공건물 등 도시 공간이라면 어디든 적용되어야 하는 개념이다. 다만 예를 통해 본 것처럼 공정 공간을 만드는 데 도로라는 공공 공간이 우선시되면 좋을 듯하다. 경제활동의 필수 요소인 '이동

---

53 쿠리치바의 1인당 연료 사용량은 브라질 내 비슷한 규모의 도시와 비교해 약 30퍼센트가량 적다.

권'과 관련이 있기 때문이다(빈곤층이 자동차로 출퇴근해야만 하는 비극적 상황을 다시 떠올려보자). 디트로이트의 풍경이 자동차가 아닌 자전거와 사람들 그리고 버스로 채워지기를 기대해본다.

뉴 디트로이트New Detroit — 지속 가능한 도시

디트로이트는 산업화 시대의 도시로 수명을 다해가고 있다. 이러한 이유로 디트로이트의 부활은 산업화 시대와 선을 긋는 데서 시작해야 한다. 20세기 문법을 버리고 21세기 문법으로 도시를 다시 써내려가야 한다는 얘기다. 20세기가 '자본의 팽창'과 '속도에 대한 숭배' 그리고 '소비주의'의 시대였다면 21세기 사회는 20세기가 벌여놓은 문제에 대한 해결책으로 '지속 가능성'을 요구한다. 디트로이트의 문제를 패러다임의 전환이라는 시각에서 봐야 하는 이유다.

'지속 가능성'이라는 측면에서 보면 현재의 디트로이트 상태는 최악이다. 단일화된 산업 구도는 지속 가능한 경제구조에 반하며 방만한 도시 구조는 경제적, 환경적으로 지속 가능할지 의심스럽다. 또한 절대다수의 사회적 약자가 배제된 도시 공간 역시 사회적 지속 가능성을 의심케 한다. 다행히도 디트로이트의 산업 구도는 '다각화'라는 정책 방향에 따라 느리지만 조금씩 변화하고 있다. 문제는 방만한 도시 구조와 절대다수를 배제시키는 도시 공간이다. '압축 도시'와 '공정 공간'을 제안한 이유다. 도시 공간의 '경제성' 확보와 '평등한 공간' 확보라는 측면에서 이만한 것이 없어 보이기 때문이다. 이러한 치유책들이 디트로이트가 지향해야 할 '지속 가능한 도시'의 초석이 되기를 바란다.

상파울루를 위한 제안—안전한 도시 만들기

계층 분리 해결의 전제 조건, 안전

상파울루는 '연대'와 '커뮤니티' 대신 '불신'이라는 단어를 떠올리게
한다. 심각한 계층 간 분리와 그로 인한 게이티드 커뮤니티의 확산은
어느새 상파울루를 '같이 살되 따로 사는' 이상한 도시로 만들었다.

 게이티드 커뮤니티가 생겨나는 이유는 복합적이다. 치안에 대한 불
신, 차별화에 대한 욕구, 유사 계층 간 커뮤니티 결속 등 다양한 이유
가 게이티드 커뮤니티의 이면에 존재한다. 하지만 상파울루의 경우
'치안'이라는 요소가 게이티드 커뮤니티 형성에 주도적 역할을 하는
것으로 보인다. 거꾸로 말하면 치안 문제를 해결하면 게이티드 커뮤니
티의 문제도 그만큼 풀기 쉬워진다는 얘기다. 다시 말해 불안해서 담
장을 친 사람들에게 안전한 환경을 보장해주면 담을 허물 명분이 생겨
난다는 얘기다.

 그렇다면 어떻게 해야 상파울루가 안전한 도시로 거듭날 수 있을
까? 답은 간단하다. 복지를 늘려 소외 계층의 상대적 박탈감을 줄이고
빈곤 지역의 청소년 교육을 강화하며 경찰과 CCTV 수를 충분히 늘리
면 된다. 아울러 공무원과 경찰의 부패와 비리를 척결하고 소외 계층
의 재활을 지원하면 분명 범죄는 줄어들 것이며 거리는 안전해질 것이
다. 문제는 이러한 대응 방향이 때로는 경제적으로나 행정적으로 장기
간의 실행 계획을 필요로 하거나 실행 후 효과를 발휘하기까지 상당한
시간이 소요된다는 것이다. 물론 좋은 실행 계획은 때론 많은 시간과
비용을 필요로 한다. 하지만 최소한 안전 문제만큼은 단기간에 가시적
인 효과를 낼 수 있는 실행 계획부터 수립하는 것이 바람직해 보인다.

안전 문제는 일상의 행동반경과 활동 시간을 좌우할 만큼 삶에 분명하고도 직접적인 영향을 미치기 때문이다.

안전한 도시를 만들기 위한 방법—총기 규제

상파울루 주는 브라질 최대 범죄 조직 PCCPrimeiro Comando da Capital의 활동 근거지다. 총기로 무장한 갱들이 차량을 강탈하고 마약을 거래하며 때론 경찰과 민간인 가릴 것 없이 살인을 하는 곳이 바로 상파울루 주다.[54] 그리고 그 한복판에 상파울루가 있다. 이러한 폭력이 난무하는 환경에서 사람들은 자신을 방어하기 위한 수단으로 무장을 선택했다. '총'에는 '총'이라는 폭력의 대결 구도를 선택한 것이다.

브라질에서는 총기 소유에 관한 면허만 취득하면 25세 이상 성인은 누구나 총기를 소유할 수 있다.[55] 현재 브라질의 민간인 총기 소유량은 1,480만 정에서 1,760만 정 사이로 추정[56]되며 이 가운데 380만 정에서 950만 정이 등록되지 않은 불법 무기로 추산된다. 범죄에 사용되는 대부분의 총기는 바로 이 불법 총기들이다.[57] 브라질의 총기 사

54 PCC는 약 1만 3,000명의 조직원을 거느린 브라질 최대 범죄 조직으로 조직원 6,000명은 현재 교도소에 수감되어 있다. 이들은 경찰과 비리로 엮여 끈끈한 관계를 유지하며 마약 거래 및 차량 강탈 같은 범죄를 서슴없이 저지른다. 또한 이들은 파벨라를 장악하고 있으며 체계적인 지배 구조의 구축으로 파벨라를 마약 거래의 장으로 활용한다. 파벨라에서 허리춤에 총을 찬 10대 초반의 아이들을 쉽게 볼 수 있는 이유다. 참고로 이 아이들은 마약을 운반한다.

55 브라질에서는 총기 소유 면허가 있는 자만 총기 및 탄약류를 소유하고 거래할 수 있다. 면허 취득은 까다로운 편이다. 면허를 취득하려면 범죄 기록과 정신 감정 그리고 직업 등 다양한 항목의 기준을 충족해야 한다. 또한 총기 소유자는 면허를 취득한 뒤에도 3년마다 면허를 갱신해야 하며 일정 금액의 세금도 납부해야 한다. 만약 면허 없이 총기를 소지하면 1년에서 3년에 해당하는 금고형을 받거나 그에 상응하는 벌금을 내야 한다.

56 브라질의 민간 총기 보유량은 2007년 현재 세계 8위다.

57 민간인의 불법 총기 소유량과 범죄 발생 비율이 정비례하는 것은 아니다. 민간인 100명당 불법 총기 소유량을 보면 독일이 20정, 노르웨이가 11정 수준이지만 브라질은 약 5정에 불과하다. 민

용 문제가 얼마나 심각한지는 수치를 통해서도 쉽게 확인할 수 있다. 2004년 현재 약 3만 6,000명의 브라질 인구가 총기 오남용[58]으로 사망했다. 15분마다 1명씩 사망자가 발생한 셈이다. 총기 판매에 대한 규제의 목소리가 끊이지 않는 이유다.

민간인의 총기 사용은 늘 국제적인 이슈다. 일찍이 유엔은 브라질 청년층의 가장 큰 사망 원인으로 총기 오남용을 지목하며, 총기 사용 규제를 주장해왔다. 총기 규제를 외치는 것은 국제기구만이 아니다. 총기 사용을 반대하는 글로벌 네트워크[59] 역시 연구와 캠페인 등의 다양한 활동을 통해 총기 사용 규제를 위해 노력중이다.

브라질 또한 총기 사용 규제에 대해 상당히 많은 고민을 해왔다. 총기 사용의 부작용을 외면하기에는 한계에 이르렀기 때문이다. 이에 브라질은 2005년 총기 판매 규제에 대한 국민투표[60]를 실시했다. 하지만 투표자의 63퍼센트가 총기 규제를 반대함으로써 국가적 차원의 총기 사용 규제는 수포로 돌아갔다. 예상외의 결과였다. 투표 2개월 전만 하더라도 국민의 60~80퍼센트가 총기 규제에 찬성한 것으로 조사되었다. 더군다나 유엔과 천주교 단체의 지지도 받고 있는 상황이었다. 하지만 총기 규제 반대를 주장하는 이해 단체[61]의 전략은 치밀하고도

간인 100명당 총기 소유량을 비교해도 마찬가지다. 독일이 30정, 노르웨이가 31정으로 브라질의 8정보다 훨씬 높다. 중요한 것은 민간인 총기 소유량과 범죄율의 관계가 아니라 범죄에 총기가 사용된다는 사실이다.

58 총기를 이용한 자살과 범죄 혹은 미숙한 조작으로 일어난 총기 사고를 말한다.

59 총기 사용을 반대하는 글로벌 네트워크The global movement against gun violence는 영국에 본부를 두고 있으며, 700개가 넘는 시민 단체로 구성되어 있다.

60 국민투표의 의제는 민간인을 상대로 한 총기와 탄약류의 상업적인 판매를 금지하는 것에 대한 찬반 투표였다.

61 총기 제조 및 유통에 관여하는 이해 당사자들을 말한다.

막강했다.

　총기 규제를 반대한 집단의 논리는 크게 두 가지였다. 첫째, 범죄에 사용되는 총기는 대부분 불법 총기로 총기 규제를 한다 하더라도 범죄율이 감소하지 않을 것이라는 것이다. 둘째, 총기 규제가 시민의 자기 방어권을 침해한다는 것이다. 이들은 이런 논리로 사람들을 설득했고 결국 투표에서도 승리할 수 있었다.

　사실 이들의 논리는 미국으로부터 수입한 논리였다. 국민투표가 실시되기 2년 전 세계적으로 막강한 영향력을 발휘하는 미국총기협회[62]의 로비스트가 브라질의 총기 규제 반대 전략을 논의하기 위해 상파울루를 방문했다. 그리고 미국총기협회는 총기 규제 반대를 위한 전략과 노하우를 브라질의 총기 관련 이해 단체에게 전수해주었다. 총기 규제 국민투표에서 총기 규제 반대 진영이 전면에 내세운 논리가 미국총기협회가 사용하는 논리와 똑같은 이유다.[63]

　그렇다면 수입한 논리에 하자는 없었을까? 최소한 반박할 논거는 충분히 있어 보인다. 첫째, 총기 사용 규제라 함은 민간인의 총기 사용

62　미국총기협회NRA, National Rifle Association는 변호사협회나 의사협회와 같은 이익 단체로, 막강한 조직력과 자금력을 바탕으로 미국 정치에 상당한 영향력을 행사한다. 총기 제조업자와 유통업자로부터 자금 지원을 받으며 의회에 총기 규제안이 상정될 때마다 규제 실현 가능성과 위헌 여부 그리고 범죄와의 연간 관계에 관한 자료를 바탕으로 언론과 의회를 상대로 전 방위적인 로비를 펼친다. 실제로 미국총기협회는 미국 정부와 각 주정부들에 연간 3억 달러를 기부한다. 미국 국민의 90퍼센트가 민간인의 총기 소유 금지를 찬성한다는 여론조사 결과에도 불구하고 미국 정부가 총기 규제에 대해 소극적인 이유다. 또한 미국총기협회는 세계 곳곳의 총기 사용 규제를 무력화하기 위해 각국의 이해 당사자들에게 정치적 전략 및 조직 구성에 대한 노하우를 전수하고 재정을 지원한다. 현재로서는 미국총기협회의 막강한 로비력과 마케팅 전략 그리고 자금력을 뛰어넘을 비정부기구는 없어 보인다.

63　실제 브라질 총기 규제 반대를 주도한 이해 단체는 미국총기협회의 총기 규제 반대 자료를 그대로 번역해 사용했다.

을 전면적으로 제한하겠다는 뜻이다. 이는 합법과 불법을 가리지 않고 민간인의 총기 사용을 전면 금지하겠다는 뜻이다. 범죄에 사용되는 총기는 불법 총기이니 총기 규제를 해도 효과가 없다는 주장은 총기 사용 규제의 전제 조건을 잘못 이해한 것이다. 또한 반대 진영의 논리대로 합법 총기만 규제된다고 가정해도 불법 총기 사용량은 현저히 줄어들 것이다. 일반인이 총기를 소유하지 않게 되면 갱들도 상대를 무력화시키기 위해 굳이 총기를 소지할 필요가 없어지기 때문이다. 한국의 폭력배들이 총이 아닌 사시미 칼을 드는 것처럼 말이다. 물론 갱 간의 전쟁을 위해 일부는 총기를 소유할지 모르지만 이 역시 쉽지 않을 것이다. 총기가 규제되는 환경에서 총기를 소유하기란 심리적으로나 유통 체계로 보나 현재보다 더욱 어려워질 것이기 때문이다. 다시 말해 총기 사용이 합법화된 현재의 상황에서 불법 총기 소유는 숨은그림찾기 정도에 해당되지만 총기 사용이 금지된 상황에서는 그 배경 그림이 다 사라져 발각되기 쉬울 것이란 얘기다.

둘째, 자기방어의 논리다. 자기를 방어하기 위해 꼭 총기를 소지해야 하는가? 그럼 한국 국민은 자기방어권이라는 국민의 기본권을 박탈당한 것인가? 사실 미국총기협회가 주장하는 자기방어권은 미국 수정헌법 제2조에 명기된 무장의 자유[64]를 근거로 내세운 것이다. 하지만 브라질 헌법에는 그러한 조항이 없다. 베끼다 보니 남의 나라의 헌

---

64 1776년 영국에서 독립한 미국은 1787년 연방헌법을 제정하고 연방 정부를 구성함으로써 '국가'가 되었다. 하지만 영국 식민지 시절의 폭압적 지배의 경험 때문에 미국 국민은 거대한 국가조직이 개인을 억압할 수 있다는 걱정에 사로잡혔다. 이에 각 주에서는 헌법에 개인의 자유와 권리를 보장한다는 내용을 추가할 것을 요청했고, 그 결과 개인이 무장할 자유를 비롯한 여러 항목이 헌법에 추가되었다. 그렇게 수정된 헌법은 1791년 제1차 연방의회에서 각 주들의 승인을 받아 비준되었다.

법까지 끌고 들어온 셈이다.

　그렇다면 논리의 허점을 쟁점화해 다시 한 번 국민투표를 치른다면 총기 규제라는 목표를 달성할 수 있을까? 그렇다 하더라도 쉽지 않아 보인다. 우선 동일한 의제로 국민투표를 다시 하기가 쉽지 않을뿐더러 미국총기협회가 전략적으로 지원한 브라질의 총기 이해 단체가 또 다른 치밀한 전략을 들고 나올 가능성 역시 배제할 수 없기 때문이다. 가상의 승리를 장담할 수 없게 만드는 요소는 이뿐만이 아니다. 브라질 경찰의 무능과 부패에 대한 불신 역시 국민들이 손에서 총을 내려놓는 것을 불안하게 만든다. 국제앰네스티[65]의 조사에 따르면 상파울루 주 경찰은 범죄 단체의 보복 범죄에 협력하거나 그 대상이 되었을 만큼 무기력하다.[66] 국민투표를 다시 한다 하더라도 승리를 장담하기 어려운 이유다.

　그렇다면 상파울루에서는 총기 규제가 불가능할까? 여기서 상황을 반전시킬 질문이 하나 필요해 보인다. 도시에서 총기 규제를 하는 데 국민투표가 꼭 필요한 것일까? 그것도 승산이 불투명한 국민투표에 도시의 운명을 맡겨야 하는 것일까? 다행히도 그럴 필요는 없어 보인다. '국가'가 아닌 '도시'의 이름으로 변화를 추구하면 되기 때문이다.

　《뜨는 도시 지는 국가 If Mayors Ruled the World》의 저자 벤자민 R. 바버 Benjamin R. Barber에 따르면 '도시'는 국가와 달리 이념(정치)과 거대 규모

65　흔히 앰네스티 Amnasty로 불리는 국제사면위원회 Amnesty International는 1961년에 설립된 국제적인 비정부기구로 세계 곳곳에서 인권 침해를 예방하고 사회정의를 구현하기 위한 다양한 활동을 펼치고 있다. 현재 150개국이 넘는 나라에서 300만 명 이상의 회원, 활동가 및 지지자 들이 앰네스티 활동에 참여하고 있다.

66　경찰이 범인이 아니라 시민에게 총구를 겨눈다면 분명 시민에게는 총이 필요하다. 총기 규제와 함께 경찰 개혁이 수반되어야 하는 이유다.

의 관료주의로부터 상대적으로 자유롭기 때문에 '국가'가 할 수 없는 많은 일들을 해낼 수 있다.[67] 여기에 지방자치 제도에 근거한 자치권까지 보장된다면 도시는 분명 스스로 변신을 주도할 기본 요건을 갖추었다고 판단된다. 이러한 관점에서 상파울루가 독립적인 자치 행위가 보장된 연방 국가의 도시[68]라는 사실은 꽤 희망적이다. 이제 남은 숙제는 총기 규제에 대한 상파울루의 의지다.[69]

의지만 있다면 상파울루는 시의 고유 권한으로 독자적인 총기 규제 방안을 창안해낼 수 있을 것으로 보인다. 예를 들어 국가 차원에서 시행하는 총기 사용 금지 구역Gun Free Zone을 스포츠 경기장, 교회, 관청, 학교 등에서 모든 공공 공간으로 확장할 수 있으며, 불법 총기 자진 신고제를 도입하여 자진 신고한 청소년에게 그 보상으로 직업교육을 금전적으로 지원할 수도 있다. 또한 경찰 본부를 총기 사용이 난무하는 파벨라의 중심지에 재배치[70]하여 시민들에게 총기 규제에 대한 폭넓

67　국가가 '명분'에 집중한다면, 도시는 실리적으로 '문제 해결'에 집중한다. 다시 말해 '대통령'이 상상 공동체인 국가의 이념 문제에 집중하는 반면 '시장'은 도시라는 현실의 문제에 집중한다는 얘기다.

68　브라질은 26개의 주로 이루어진 연방 국가로서 연방헌법에 따라 운영된다. 26개의 주는 주 헌법, 그리고 도시는 도시 자치법organic law에 따라 운영된다. 다시 말해 입법, 사법, 행정의 독립적 권한이 보장된 '주'나 '도시'에서 독자적인 정책을 추진하기에 유리하다는 얘기다.

69　상파울루의 총기 규제는 시장의 의지나 시민(시민 단체) 주도의 조례 제정 운동으로 가능해 보인다. 참고로 브라질 시민 단체는 학계와 전문가 집단과의 연대를 통해 도시 소외 계층의 주거 문제와 도시 정책 결정의 시민 참여 문제를 다룬 도시법City Statue 재정을 이끌어낸 경험을 가지고 있다. 미루어 짐작컨대 브라질 시민의 민주 시민으로서의 역량이 총기 규제에 대해서도 큰 힘을 발휘할 수 있을 것으로 판단된다.

70　과거에 비슷한 시도가 있었으니 최소한 현실 가능성이 배제된 아이디어는 아니다. 2008년 리우데자네이루에서는 파벨라의 무장 폭력과 마약 거래를 효과적으로 근절하기 위해 특단의 조치를 취했다. 특수 경찰대Pacifying Police Units를 조직해 도시 곳곳의 파벨라에 영구 배치한 것이다. 또한 상파울루에서도 2005년부터 이와 비슷한 오퍼라카오 사투라카오Operação Saturação 제도를 운영하기 시작했다. 리우데자네이루에서는 경찰대를 파벨라에 영구 배치한 반면, 상파울루에서는 경찰

은 지지를 이끌어내는 것도 가능하다 그리고 이는 경찰에 대한 신뢰 회복으로 시민들의 총기 규제에 대한 지지도를 더욱 높일 것이다. 물론 이 모든 초기 아이디어들은 면밀한 검토 과정을 거쳐 실행 계획으로 이어져야 할 것이다.

이렇듯 상파울루의 총기 규제는 특히 상파울루 시장의 의지만 있다면 다양한 방법으로 실천할 수 있다. 이러한 관점에서 상파울루 시장이 희망적인 근거로 삼아야 할 세 가지 사실이 있다. 첫째는 최소한 총기 규제라는 제도적인 면에서는 상파울루가 미국보다 더욱 유리한 출발점에 있다는 사실이며,[71] 두 번째로 브라질에는 아직 미국총기협회 같은 단일하고 막강한 로비 집단이 존재하지 않는다는 사실이며, 세 번째로 도시가 독자적으로 총기 규제 정책을 시행하는 데 있어 상파울루가 연방 국가의 자치주라는 유리한 지위를 가지고 있다는 사실이다. 이 정도면 해볼 만한 게임 아닌가? 이제 남은 건 상파울루의 결심뿐이다.

안전한 도시를 만들기 위한 방법—공공질서

안전한 도시를 만들기 위해 상파울루가 가장 손쉽게 시작할 수 있는 일은 무엇일까? 아마도 거리 청소가 아닐까. 정확히 말하면 가로를 비롯한 모든 공공 공간의 정비 활동이다(특히 파벨라 거리를 청소하기 바란다).

대를 특정 파벨라에 일정 기간 집중 배치했다. 이 차이는 상파울루와 리우데자네이루에 위치한 파벨라의 분포 특성과 지형적 조건에서 비롯된 것으로 보인다.

71 미국에서 총기를 사려면 두 가지 방법이 있다. 첫째는 공식 딜러에게 신분증을 제시하고 신원 조회를 거쳐 구입하는 경우다. 물론 구매 기록이 남는다. 두 번째는 개인 판매자에게 구입하는 경우다. 이 경우에는 신분증을 제시할 필요조차 없다. 미국 범죄자의 80퍼센트가 개인 판매자를 통해 총기를 구입하는 이유다. 다시 말해 미국에서는 신분증을 보여주어야 살 수 있는 맥주보다도 총기 구입이 더 쉽다는 얘기다. 이에 비하면 면허를 취득해야만 총기 구입이 가능한 브라질이 총기 사용에 있어 훨씬 더 까다로운 경우라 할 수 있다.

얼핏 들으면 거리 청소와 안전은 아무런 연관이 없어 보인다. 하지만 10여 년 전 뉴욕이 그 효과를 경험했다.

1970, 80년대 뉴욕은 경제 침체와 더불어 도심 쇠퇴라는 늪에 빠져 있었다. 그 결과 실업자와 매춘부 그리고 마약상이 거리를 차지했고 뉴욕은 범죄가 활개 치는 위험한 도시로 전락했다.[72] 하지만 1994년 루디 줄리아니Rudy Giuliani가 시장으로 취임하며 범죄율이 급감하고 암울했던 뉴욕은 다시 밝아지기 시작했다.[73] 이 모든 것은 깨진 유리창의 법칙Broken window Theory이라는 뉴욕 치안 정책의 원리 덕분이었다.

깨진 유리창의 법칙이란 1982년 사회학자 제임스 윌슨James Q. Wilson 과 조지 켈링George L. Kelling이 발표한 일종의 범죄 심리 관련 법칙이다. 내용은 간단하다. 건물 주인이 건물의 깨진 유리창을 그대로 방치할 경우 사람들에게 건물 관리가 소홀하다는 인상을 주게 되고, 이는 절도나 건물 파손 같은 강력 범죄로 이어진다는 것이다. 다시 말해 일상 생활에서 사소해 보이는 것들을 제대로 관리하지 않으면 더 큰 위법 행위를 낳을 가능성이 커진다는 얘기다.

사실 깨진 유리창의 법칙은 줄리아니가 시장에 취임하기 전부터 지하철 운영에 시범적으로 적용되었다. 뉴욕 시 교통국은 1984년부터 1990년까지 지저분했던 지하철을 깨끗이 청소했다.[74] 전동차와 역내

---

72 이 시기 뉴욕은 거리뿐 아니라 지하철과 공원 같은 공공 공간의 범죄 문제가 심각했다. 지금 우리가 알고 있는 평화로운 센트럴파크Central Park 역시 이 시기에는 강도와 강간 사건이 끊이지 않는 범죄의 장소일 뿐이었다.

73 줄리아니가 집권한 1994년부터 2002년까지 뉴욕에서는 10만 명당 범죄 건수가 4,000건 넘게 급감했다.

74 1970, 80년대에 뉴욕 여행을 준비한 사람들이 가장 많이 들은 말 중 하나가 지하철을 타지 말라는 것이었다. 그만큼 지저분하고 위험했기 때문이다. 특히 1970년대 말 뉴욕의 지하철은 세계에서 가장 범죄율이 높은 대중교통 수단으로 악명을 떨쳤다. 지금은 상상하기 어렵지만 이 시기 뉴

에 그려진 수많은 낙서Graffiti를 지우고 고장 난 시설을 정비했으며 무임 승차 등의 경범죄를 엄중하게 처벌했다. 그 결과 지하철은 점점 깨끗해졌으며 그에 따라 범죄율도 감소했다. 이를 눈여겨본 줄리아니는 시장으로 취임하며 교통국장 빌 브래튼Bill Bratton을 경찰국장으로 임명해 뉴욕의 치안을 맡겼다.

빌 브래튼은 깨진 유리창의 법칙을 지하철에서 공공 공간으로 확대 적용했다. 거리의 낙서를 지웠으며 정차해 있는 차량의 유리를 닦으며 돈을 요구하는 도로 위의 불법행위를 강력하게 단속하였다. 이와 더불어 공공 공간의 부서진 시설물을 정비하며 거리를 깨끗하게 만들어나 갔다. 이렇듯 빌 브래튼은 경범죄를 엄격히 단속하고 공공 공간을 정비함으로써 도시의 질서가 유지되고 있다는 메시지를 사람들에게 심어주었다. 그 결과 뉴욕은 줄리아니 집권 시기를 기점으로 범죄의 도시에서 살고 싶은 도시로 변모하게 되었다.[75]

깨진 유리창의 법칙이 1990년대 뉴욕에 적용된 것만은 아니다. 깨끗하고 청렴한 도시 국가로 잘 알려진 싱가포르 역시 이 법칙을 잘 활용했다. 싱가포르에서는 거리에 쓰레기나 담배꽁초를 버리다 걸리면 500싱가포르달러(한화로 약 35만 원)의 벌금을 내야 한다. 공공장소에서는 흡연을 할 수 없으며 무단 횡단해도 벌금을 내야 한다. 심지어는 화장실에서 물을 내리지 않아도 벌금이 부과된다. 이는 건국 초기부터

욕 지하철에서 발생한 살인 사건은 신문에서 흔히 접하는 뉴스였다.

75 사실 뉴욕의 범죄율 감소는 줄리아니가 집권하기 3년 전, 데이비드 딘킨스David Dinkins 시장 시절부터 시작되었다. 줄리아니가 집권했을 때 뉴욕은 이미 경제 회복기였으며 경찰 7,000명을 증원하여 치안 유지가 나아진 상태였다. 이러한 이유로 일각에서는 안전한 뉴욕을 만든 것은 줄리아니 시장이 아니라고 주장한다.

▶ 1970년대의 뉴욕. 낙서로 가득한 뉴욕 지하철(위)과 성적 자극으로 가득 찬 브로드웨이 42번가(아래).

리콴유李光耀 정부가 추진한 클린 앤드 그린Clean & Green Singapore 정책의 결과라 할 수 있다.

클린 앤드 그린 정책은 싱가포르를 청렴 국가로 만들기 위한 도구이자 철학이었다. 정책의 핵심은 공공질서의 확립이다.[76] 이를 위해 정부는 공공장소의 관리부터 시민의 예의범절까지 아주 세세하게 개입했다.[77] 경범죄를 엄하게 다스리는 이유 역시 여기에 있었다. 국가가 공공질서 확립을 중히 여긴다는 강력한 메시지가 필요했던 것이다. 그 결과 오늘날 싱가포르는 정말로 깨끗하고 안전한 도시 국가가 되었다. 전 세계에서 다섯 번째로 부정부패가 적은 국가이며 두 번째로 범죄율이 낮은 국가가 된 것이다.

만약 상파울루가 앞서 살펴본 두 도시의 정책을 시정에 그대로 적용한다면 어떻게 될까? 안전한 도시가 될 수 있을까? 장담하기 어렵다. 이유는 두 가지다. 첫째, 각 도시의 배경이 다르기 때문이다. 도심 쇠퇴기에 놓였던 뉴욕과 현재 성장기의 상파울루는 분명 사회 환경이 서로 다르며 '훈육' 문화를 자연스럽게 받아들인 싱가포르와 '자율'을 중시하는 남미 문화 역시 많이 다르다. 똑같은 정책이라도 수용하는 배경이 다르면 동일한 결과를 장담하기 어려운 법이다. 둘째, 앞서 언급했듯이 안전한 도시는 한 가지 요소만으로 만들어지지 않기 때문이다. 복지와 교육 문제부터 행정 체계의 효율성까지 많은 변수가 안전한 도시를 만드는 데 협조해야 한다. 단순히 몇 가지 방안만으로 안전한 도시가 되기를 기대할 수 없다는 얘기다.

---

76 최근에 클린 앤드 그린 정책은 친환경 국가 만들기로 그 초점을 옮겨갔다.
77 싱가포르 정부는 시민의 자유를 침해한다고 비판받을 정도로 시민의 일상을 철저히 관리한다. 시민의 '자유'라는 관점에서 분명 진지한 논의가 필요한 부분이다.

그렇다 하더라도 두 도시의 사례가 상파울루에 안겨준 교훈은 매우 유효하다. '결과'보다 '원리'로서 말이다. 사소한 것에 대한 관심에서 시작되는 공공질서의 확립은 분명 안전을 빨리 가시화해야 하는 상파울루에게 유용한 교훈이자 수단이 될 듯하다. 또한 시민들에게 안전한 도시를 만들겠다는 강력한 의지를 피력하기에도 효과적인 방법으로 보인다. 이렇듯 두 도시로부터의 얻은 교훈은 상파울루의 시급한 안전 문제를 해결하기 위한 첫걸음으로서 손색이 없어 보인다.

'규제'라는 출발점

어떤 도시 문제는 명쾌한 해결책이 보이는 반면 어떤 도시 문제는 너무 복잡해 풀기가 난해하다. 개발도상국같이 다양한 이슈가 얽혀 있는 경우라면 더욱더 그렇다. 상파울루의 계층 분리 문제 역시 후자의 경우다. 부실한 도시계획, 주거 복지의 부실함, 치안 부재, 극심한 빈부 격차 등 정말 많은 이슈가 상파울루의 계층 분리 문제를 풀기 어렵게 만든다. 문제가 어렵고 복잡할 땐 핵심에 집중해야 한다. 상파울루의 계층 분리 문제를 해결하기 위해 '치안'이라는 문제에 집중한 이유다.

그렇다고 '치안' 문제가 해결하기 쉬운 이슈는 아니다. 개발도상국 특유의 다양한 이슈가 여기서도 힘을 발휘하기 때문이다. 하지만 '치안' 문제만큼은 원인이 복잡하다는 핑계로 장기전을 펼칠 여유가 없다. 생활환경에서 안전을 확보하는 것만큼 시급한 문제는 없기 때문이다. 그렇다면 방법은 가장 쉬워 보이는 일부터, 가시적인 결과가 나타나는 일부터 순차적으로 해나가는 것이다. 이러한 관점에서 선택한 첫 단계의 키워드가 바로 '규제'다. 구체적으로는 총기 규제와 공공질서 확립을 위한 규제의 강화다.

누군가는 이 '규제'라는 방법이 시민의 자율권을 침해할 수 있다고 우려할지도 모른다. 맞는 얘기다. 규제의 양면성 때문이다. 규제는 공동선을 위해 필요하지만 남용될 경우 시민권을 제약하거나 절대 권력에 대한 복종을 내면화시키는 도구가 될 수도 있다. 늘 '규제'와 '자유'라는 단어가 정치적 혹은 경제적 자유라는 관점에서 민감하게 대립하는 이유다. 그렇다고 상파울루가 '규제'라는 첫출발을 포기할 필요는 없어 보인다. '규제'의 양면성을 이해한다면 충분히 현명한 '규제'를 창안해낼 수 있을 것이라 믿기 때문이다.

맺는 말

네 도시로부터의 교훈

앞에서 살펴본 네 도시는 각기 다른 모습만큼이나 서로 다른 문제점을 안고 있다. 그리고 각 도시로부터 서로 다른 혹은 공통된 교훈을 얻을 수 있었다.

우리는 선전을 통해 민과 관이 '자본'의 논리로 똘똘 뭉쳤을 때 사회적 취약 계층의 삶이 개선되기 어렵다는 사실을 알 수 있었다. 선전의 경우 정부와 기업 그리고 지주가 '이윤'이라는 공통분모를 바탕으로 공생하는 반면 도시 노동자인 농민공은 사회로부터 소외되어 있다. 농민공 스스로 삶의 질을 개선하기가 어려운 구도인 것이다. 그 결과 개혁개방 이후 도시경제 성장의 일등공신 역할을 한 농민공이 도시로부터 소외되는 아이러니를 어번 빌리지를 통하여 목격할 수 있었다. 그리고 불행히도 현재 그들의 삶은 개발의 논리로 위협받는 상황에 처해 있다. '공생'보다는 '착취'라는 단어를 떠올리게 한다.

소외된 취약 계층 문제는 선전만의 문제가 아니다. 정도의 차이가 있을 뿐 어느 도시에나 존재하는 혹은 존재할 수 있는 문제다. 하지만 평등과 자유의 도시 파리에서 선전보다 더 극단적인 소외 문제를 접한다는 것은 분명 충격이었다. 선전 농민공의 소외 문제가 최근 30여 년간 급속도로 진행된 도시화(산업화) 과정에서 발생한 것이라면 파리의 방리외 문제는 1세기가 넘는 동안 점진적으로 진행된 공간 양극화의 결과이다. 다시 말해 선전의 농민공 문제가 주로 '자본'의 논리에 의해 발생한 것이라면 파리의 방리외 문제는 '공간'의 논리에 의해 발생한 것이라 할 수 있다. 방리외 문제는 도심의 과도한 보존과 교외 지역에서의 모더니즘 건축의 실패가 주요인이었다. 이처럼 도시에서 발생하는 소외 문제의 원인은 각각의 도시가 처한 역사적, 경제적, 문화적 맥락에 따라 상이했다.

도시에서 소외 문제와 단짝을 이루는 것이 게이티드 커뮤니티 문제다. 전자가 '배제'의 문제라면 후자는 '우리끼리'의 문제다. 그리고 이 둘은 사회적 '단절'을 공통분모로 삼고 있다. 게이티드 커뮤니티는 세계 어느 도시에서나 볼 수 있는, 건강하지는 않지만 보편적인 현상이다. 하지만 상파울루 알파빌리-탐보레의 경우 다른 게이티드 커뮤니티보다 그 폐해가 심각하다. 기업의 논리로 운영되는 도시 규모의 알파빌리-탐보레는 그곳이 엄연한 도시 공간임에도 불구하고 '민주주의'와 '공공성'의 개념을 소멸시켜버렸다. 이는 도시 공간의 본질을 부정한 것이나 다름없다. 문제는 '공공성'을 사수해야 하는 정부마저 전문성과 재정 부족을 이유로 알파빌리-탐보레의 존재를 받아들이고 있다는 것이다. 우리는 여기서 정부가 '공공성'을 사수하는 마지막 보루가 될 수 없다는 사실을 알 수 있었다.

정부의 무능은 도시경제가 위기에 처했을 때 더욱 빛나는 법이다.

상파울루에서 정부의 '무능'이 도시 공간의 본질을 무력화하는 데 일조했다면, 디트로이트에서는 도시경제를 더욱 어렵게 만들었다고 할 수 있다. 디트로이트의 위기는 단일 산업 구도와 인종에 기초한 도시 공간의 양극화로부터 왔다. 하지만 정부는 근본적인 체질 개선 대신 타당성이 의심되는 토건 개발에 집중해 왔다(이 대목에서는 토건 산업을 맹신하는 중국과 한국의 모습이 오버랩된다).

산업도시의 위기는 디트로이트만의 고민이 아니다. 20세기 후반 서구 선진국의 산업도시 상당수가 위기를 겪었고, 이겨냈고, 새로운 도시로 거듭났다. 1970년대 몰락의 최저점에 있던 산업도시 뉴욕은 오늘날 글로벌 도시[78]로 변신했으며 스페인의 빌바오Bilbao 역시 쇠퇴한 산업도시에서 세계적인 관광도시[79]로 탈바꿈했다. 그리고 이 도시들의 공통점은 단순한 '토건 개발'로 도시 재생에 성공하지 않았다는 사실이다. 디트로이트가 토건 개발을 고집하기에 앞서 눈여겨볼 대목이다.

---

78 과거 뉴욕은 대표적인 산업도시였다. 하지만 1967년에서 1977년 사이 의류 제조업garment industry이 붕괴되면서 비극이 시작되었다. 30만 개의 일자리가 사라졌으며 백인들의 도시 탈출 현상이 심화되어 도심은 범죄의 장으로 변해갔다. 하지만 그 후 뉴욕은 금융 산업 등을 통해 부활에 성공하며 오늘날 대표적인 글로벌 시티가 되었다.

79 스페인 바스크Basque 지역에 위치한 인구 35만 명의 소도시 빌바오는 제2차 세계대전 이전까지 철강 산업의 주요 운송 거점이자 대표적인 선박 제조지로 스페인에서 가장 부유한 도시 가운데 하나였다. 하지만 제2차 세계대전 이후 철강 산업이 쇠퇴하면서 항구와 공장은 산업 폐기물로 전락하였고 시 전체는 쇠퇴를 거듭했다. 기적은 1997년에 일어났다. 미국의 유명 건축가 프랭크 게리Frank Gehry가 디자인한 빌바오 구겐하임 미술관Guggenheim Bilbao Museum이 개관하면서 빌바오는 쇠퇴한 산업도시에서 매년 약 100만 명의 관광객이 찾는 관광도시로 변신했다. 이런 대단한 반향에 따라 빌바오 효과Bilbao Effect라는 신조어가 전 세계에 퍼졌다. 오늘날 빌바오가 혁신적인 도시 재생의 대표적인 사례로 거론되는 이유다. 물론 빌바오의 부활은 구겐하임 미술관 때문만은 아니었다. 프랭크 게리 외에도 뛰어난 건축가들이 건축 및 지역 재생 프로젝트에 지속적으로 관여하고 공공 공간의 리모델링이 지속적으로 추진된 점 역시 빌바오의 부활을 가능케 한 것으로 평가된다.

이렇듯 이 책에서 다룬 네 개의 도시는 그 도시만의 사회적, 문화적, 경제적 맥락을 바탕으로 각 도시만의 독특한 문제들을 안고 있었다. 그리고 이를 통해 도시의 문제는 결코 어느 하나의 이론이나 동일한 방법으로 치유될 수 없다는 사실을 알게 되었다. 이는 이 책 말미에 실은 네 도시에 대한 제안이 제각각인 이유이기도 하다. 이렇듯 네 도시는 서로 다른 문제와 서로 다른 답을 가지고 있는 듯 보인다.

그렇다면 우리가 살고 있는 도시는 어떨까? 다행히 우리가 살고 있는 도시에서는 저들처럼 극단적인 모습은 보이지 않는다. 어찌 보면 인종 문제로부터 비교적 자유롭다는 사실과 급속한 도시화가 일어나는 성장기의 도시가 아니라는 사실 때문인지도 모르겠다. 그렇다면 우리의 도시들은 문제가 없는 걸까? 그렇지 않다. 우리의 도시 역시 우리만의 독특한 문제를 안고 있다. 대표적인 예가 바로 아파트다. 한국의 도시들은 아파트 단지라는 단위로 재편되어왔다. 말 그대로 단지다. 그것도 담장으로 둘러싸인 폐쇄적 단지다. 게이티드 커뮤니티라는 얘기다. 무시무시하지 않은가? 전 국토가 게이티드 커뮤니티 단위로 재편되고 있다는 사실이. 이 대목에서 우리는 상파울루의 게이티드 커뮤니티를 우리와 무관한 도시 문제라고 말할 수 있을까? 물론 아파트만이 우리 도시가 가진 문제는 아니다. 새것 밝힘증에 걸려 근대 유산쯤은 우습게 보는, 그래서 역사의 켜가 빈약한 것 또한 우리 도시들의 문제이며 '묻지 마 개발'로 초고층 빌딩과 토건 개발에 집착하는 지방정부의 방만한 운영 철학 또한 문제다. 전자가 글로벌 도시가 되기 위해 갖추어야 할 기초적인 매력에 관한 문제라면 후자는 도시의 지속 가능성과 조세 정의에 관한 문제라 할 수 있다. 과연 우리는 디트로이트에서 목격한 터무니 없는 토건 개발을 마음 놓고 비웃을 수 있을까?

이렇듯 우리 도시들에 대한 문제들을 열거하자면 앞서 살펴본 네 도시의 모습과 일부 오버랩되기도 한다. 네 도시로부터 얻을 수 있는 교훈이 단지 남의 나라, 남의 도시에만 머물러서는 안 되는 이유다.

나쁜 것도 오래되면 익숙해진다. 그럴 때면 눈을 돌려 익숙하지 않은 것으로부터 나 자신을 발견하는 것 또한 좋은 방법이다. 이 책이 그러한 역할을 조금이라도 한다면 필자로서는 더 바랄 것이 없겠다.

참고 문헌

들어가는 말 ─ 도시라는 현상에 대한 의심

Vaudine England, "Mega-city plans for Hong Kong", BBC News, Sept. of
    2007, http://news.bbc.co.uk/2/hi/asia-pacific/6989473.stm.

"SPECIAL ECONOMIC ZONES-PERFORMANCE, LESSONS LEARNED,
    AND IMPLICATIONS FOR ZONE DEVELOPMENT", *FIAS*, Apr. of 2008,
    pp. 23~31.

파리 ─ 부티크 도시의 그늘, 방리외

강경희, 〈파리 "생활 나아진 것 없어" 불씨 여전〉, 인터넷조선일보, 2006년 10월
    23일 자.

강남향토문화전자대전, 영동지구개발촉진지구 지정, http://
    gangnam.grandculture.net/Contents/Index?contents_id=GC04800712
    &local=gangnam.

국가기록원, 이달의 기록, http://theme.archives.go.kr/next/monthly/
    detailView.do?designateYear=2009&designateMonth=7.

김승민, 〈프랑스 이민자 소요사태의 발발 원인 분석〉, 《한국프랑스학논집》
    제74집(2011년 5월), 265~277쪽.

김태승 외, 《도시화와 사회갈등의 역사》, 심산, 2011년, 261~267, 281~289쪽.

데얀 수딕, 안진이 옮김, 《거대건축이라는 욕망》, 작가정신, 2011년, 86쪽.

도쿄대학 cSUR-SSD 연구회, 권영인 외 옮김, 《살고 싶은 도시》, 21세기북스,
    2012년, 252~254, 394~397쪽.

두산백과, 파리, http://terms.naver.com/entry.nhn?docId=1154334&cid=
    40942&categoryId=34084.

류은하, 〈파리교외지역 연구〉, 《서양사론》 제94호(2007년 9월), 한국서양사학회,
    281~287쪽.

류재훈, 〈번지는 '프랑스 방화소요' 원인 뭔가?〉, 《한겨레》 2005년 11월 9일 자.

모종린, 《작은 도시 큰 기업》, 알에이치코리아, 2014년, 202쪽.

박성진, 〈프랑스 이민자밀집 교외지역에 50억유로 집중 지원〉, 《연합뉴스》,
    2013년 8월 4일 자.

발레리 줄레조, 길혜연 옮김, 《한국의 아파트 연구》, 아연, 2004년, 42쪽.

봉인식, 〈프랑스 공공임대주택의 사회적 변화에 관한 연구〉, 《주택연구》
    제15권 제4호(2007년 12월), 28~39쪽.

에드워드 글레이저, 이진원 옮김, 《도시의 승리》, 해냄, 2011년, 277~285쪽.

에티엔 발리바르 외, 《공존의 기술 - 방리유, 프랑스 공화주의의 이면》, 그린비,
    2007년, 22~37, 48, 61, 71~73, 121~136, 210, 218, 221, 227, 240~ 241,
    250, 256, 258쪽.

위키피디아, 프랑스, http://ko.wikipedia.org/wiki/프랑스.

유현준, 〈공간과 권력―펜트하우스가 비싼 이유〉, 《경향신문》, 2012년 12월
    22일 자.

EBS 다큐멘터리 〈아파트중독〉 2부, 《아파트 공화국》의 저자 발레리 줄레조
    인터뷰, 2014년 2월.

EBS 지식채널ⓒ 제작팀, 《지식 e - 시즌 3》, 북하우스, 2008년, 186~199쪽.

이영석, 민유기 외, 《도시는 역사다》, 2011년, 서해문집, http://
    terms.naver.com/entry.nhn?docId=1719205&cid=813&category

Id=1921, http://terms.naver.com/entry.nhn?docId=1719203&cid=813&categoryId=1921.

이재진, 《패션과 명품》, 살림출판사, 2004년, http://terms.naver.com/entry.nhn?docId=1394842&cid=703&categoryId=703.

찰스 랜드리, 《크리에이티브 시티 메이킹》, 역사넷, 2009년, 201~203쪽.

최종균, 〈프랑스의 빈곤정책〉, 《국제사회보장동향》 2007년 가을호, 한국보건사회연구원, 2-6, 10-12쪽.

pmg 지식엔진연구소, 《시사상식사전》, 박문각, http://terms.naver.com/entry.nhn?docId=931811&cid=653&categoryId=653.

한국주택학회, 〈해외 주거복지정책 사례연구〉, 국토해양부, 2012년, 97쪽.

황재성, 《현명한 투자자는 정책에서 길을 찾는다》, 김&정, 2008년, 52, 87, 90쪽.

Boudewijn Sterk and Selma Zahirovic, "The Bijlmer: a Dutch Approach to Multiculturalism", *Humanity in Action*, http://www.humanityinaction.org/knowledgebase/153-the-bijlmer-a-dutch-approach-to-multiculturalism.

〈Euronews reporter - French suburb 30 years of tensions〉, *Euronews*, Nov. of 2012, http://www.youtube.com/watch?v=o_jL7C-QJ1c.

Gaëlle LE ROUX, "Five years after riots, Paris suburb is a neglected powder keg", *FRANCE24*, Oct. of 2010, http://www.france24.com/en/20101027-2005-riots-paris-suburbs-neglected-powder-keg-clichy-sous-bois-france/.

Lisa Dingman, "The 20 Most Expensive Hotels In Paris", *The Richest*, Oct. of 2013, http://www.therichest.com/luxury/most-expensive/the-20-

most-expensive-hotels-in-paris/20/

Sylvie Tissot, ""French Suburbs" : A New Problem or a New Approach to Social Exclusion?", Center for European Studies, *Working Paper Series* 160, 2008, pp. 2~3.

"The World's Most Expensive Billionaire Cities", *Forbes*, Mar. of 2013, http://www.forbes.com/pictures/fklh45mkh/1-hong-kong-china/.

Untapped Cities, "Science Fiction in the Suburbs of Paris: When Mass Housing Meets Postmodernism", *Flavorwire*, Jan. of 2012, http://flavorwire.com/254891/science-fiction-in-the-suburbs-of-paris-when-mass-housing-meets-postmodernism.

Wikipedia, Clichy-sous-Bois, http://en.wikipedia.org/wiki/Clichy-sous-Bois.

Wikipedia, Georges-Eugène Haussmann, http://en.wikipedia.org/wiki/Georges-Eug%C3%A8ne_Haussmann.

Wikipedia, Grand ensemble, http://fr.wikipedia.org/wiki/Grand_ensemble.

Wikipedia, Haussmann's renovation of Paris, http://en.wikipedia.org/wiki/Haussmann%27s_renovation_of_Paris.

Wikipedia, List of cities by GDP, http://en.wikipedia.org/wiki/List_of_cities_by_GDP.

Wikipedia, Paris, http://en.wikipedia.org/wiki/Paris.

Wikipedia, Seoul, http://en.wikipedia.org/wiki/Seoul.

Wikipedia, Summary and map of the 2005 French riots, http://en.wikipedia.org/wiki/Summary_and_map_of_the_2005_French_riots.

선전—다자의 교묘한 공생, 어번 빌리지

강현수, 《도시에 대한 권리 – 도시의 주인은 누구인가》, 책세상, 2010년,
    137~138쪽.

고재모, 〈중국 토지제도 변천과정과 실태〉, 《협동연구》 2011년 12월, xv쪽.

김병철, 〈중국 농민공의 현황과 문제, 그리고 대책〉, 이민정책연구원, 2010년
    vol. 2〉, "Global Migration Trends" 특별 기고문.

김화섭, 〈대중국 투자 기업의 지방정부 관련불만은 완화될 것인가〉,
    산업연구원, 2006년, 75~76쪽.

김화섭, 〈신형 도시화 정책, 중국 경제 새로운 도약의 시험대〉, 《KIET 산업경제》
    통권 190호(2014년 7월), 84~85쪽.

김태만, 김창경, 박노종, 안승웅, 《쉽게 이해하는 중국문화》, 2011년, 다락원,
    http://terms.naver.com/entry.nhn?docId=1525119&cid=
    3278&categoryId=3780.

데이비드 하비, 한상영 옮김, 《반란의 도시》, 에이도스, 2014년, 112쪽.

박은균, 〈주강삼각주 홍콩 가공무역기업 21% 타지역으로 이전 고려〉, KOTRA,
    2008년, http://www.globalwindow.org/gw/overmarket/
    GWOMAL020M.html?ARTICLE_ID=2046696&BBS_ID=10.

서울시 통계, 인구밀도, http://115.84.165.91/jsp/WWS00/
    outer_Seoul.jsp?stc_cd=6.

서울특별시의 인구(두산백과), http://terms.naver.com/entry.nhn?docId=
    1180629&cid=40942&categoryId=31612.

신경진, 〈중국 도시 이야기 23 선전〉, 《중앙일보》, 2013년 6월 10일 자, http://
    article.joins.com/news/article/article.asp?total_id=11753863&cloc=
    olink|article|default.

신영수, 〈중국 내수시장의 잠재력〉, 《내일신문》, 2010년 10월 22일 자, http://

news.naver.com/main/read.nhn?mode=LSD&mid=sec&sid1=110&
oid=086&aid=0002023190.

오은지, 〈닫힌 중국 열어 제친 주강 삼각주〉, 《전자신문》, 2014년 1월 1일 자,
http://www.etnews.com/201312300185.

우수근, 《중국을 이해하는 9가지 관점》, 2008년, 살림출판사, http://
terms.naver.com/entry.nhn?docId=1396585&cid=
3278&categoryId=3780.

위키피디아, 농민공, http://ko.wikipedia.org/wiki/
%EB%86%8D%EB%AF%BC%EA%B3%B5.

장계한 외, 〈중국 심천시 어번 빌리지 주거만족도에 관련된 요소〉,
《한국생태환경건축학회논문집》 Vol. 12. No. 3(통권 55호), 2012년,
한국생태환경건축학회, 23쪽.

중국국가통계국(中 人民共和 家 局), 2014년 5월. http://www.stats.gov.cn./

〈중국 농업정책 브리핑〉 제10-09호, 한국 농촌경제연구원.

〈중국의 농민공 실태 조사와 농민공 부족의 주요 원인〉, 《KIEP 북경사무소
브리핑》, 대외경제정책연구원, 2010년 7월.

최명해, 한나라, 〈중국 '신형' 도시화의 핵심 이슈와 전망〉, SERI경제포커스,
삼성경제연구소, 2013년 10월, 1~5, 12쪽.

편집부, 《국가급 중국문화유산총람》, 2010년, 도서출판 황매희, http://
terms.naver.com/entry.nhn?docId=969021&cid=784&category
Id=784.

한은솔, 〈중국 자본주의의 처참한 현실 – 폭스콘 노동자 연쇄 자살〉,
노동자연대, 2010년 6월 5일, http://wspaper.org/article/8209.

Adrian Brown, "China's Ghost Cities", SBS Dateline, Mar. of 2011, http://

www.sbs.com.au/dateline/story/watch/id/601007/n/China-s-Ghost-
Cities.

Beatriz Carrillo, "Rural-Urban Migration in China : Temporary Migrants in
Search of Permanent Settlement", Institute for International Studies,
University of Technology Sydney, Portal Vol. No.2, July of 2004, pp.
2~7.

"China expands Shenzhen Special Economic zone", *China Daily*, Jun.
of 2010, http://www.chinadaily.com.cn/business/2010-06-02/
content_9925392.htm.

Da Wei David Wang, "Continuity and Change in the Urban Villages of
Shenzhen", *International Journal of China Studies* Vol. 4, No. 2, Aug.
of 2013, p. 241.

Fulong Wu, et al., "Informality and the Development and Demolition of
Urban Villages in the Chinese Peri-urban Area", *Urban Studies*, 50(10)
1919 - 1934, Aug. of 2013, p. 1924.

Guixian Zhang, "Residential Satisfaction of Migrants in Urban Village
of Shenzhen, China - A Case of Yulongxin Village", Department of
Housing and Interior Design, The Graduate School Yonsei University,
Jan. of 2012, p. 9.

Hsiao-Hung Pai, "China's rural migrant workers deserve more respect
from the city-dwellers", *The Guardian*, Aug. of 2012, http://
www.theguardian.com/commentisfree/2012/aug/25/china-rural-
migrants-more-respect.

James Kynge, "Migrant workers shape China's future", *The Financial
Times*, Apr. of 2013, http://www.ft.com/cms/s/0/de19ac9a-a749-

11e2-9fbe-00144feabdc0.html#axzz3UFWpncDL.

Li Shi, "Rural Migrant Workers in China: Scenario, Challenges and Public
 Policy", Policy Integration and Statistics Department, International
 Labour Office, Geneva, June of 2008, Working Paper No. 89, pp. 11,
 14~15.

List of Countries by GDP in 2010, http://elistof.com/countries/17-list-of-
 countries-by-gdp-in-2010.

Overview, Shenzhen Goverment Online, http://english.sz.gov.cn/gi/.

Peter Helle, "Urbanisation and Prospects, Peri-urban Development and
 the Role of Urban Villages in the Pearl River Delta", Master course of
 Urban Management, Technical University of Berlin, 2010.

Pu Hao, "Spatial Evolution of Urban Villages in Shenzhen, Faculty of
 Geosciences", Utrecht University, Apr. of 2012, pp. 8, 12~13, 16,
 18, 20~24, 28, 34~35, 38~40, 42~43, 48, 50~51, 84~86, 90~91,
 102~104, 108~109, 114~117, 135.

Review by Simon Rabinovitch, "The sky-high cost of China's sprawling
 cities", *Financial Times*, Jan. of 2013, http://www.ft.com/cms/
 s/2/60e5cee6-6619-11e2-b967-00144feab49a.html#axzz33g9RbfKs.

⟨Urban Village Cai Wu Wei, Luohu, Shenzhen, China⟩, Dec. of 2011,
 http://www.youtube.com/watch?v=9h8RxHrjVbQ.

Wikipedia, Foxconn, http://en.m.wikipedia.org/wiki/Foxconn#/search.

Wikipedia, Shenzhen, http://en.wikipedia.org/wiki/Shenzhen.

Wikipedia, South Korea, http://en.wikipedia.org/wiki/South_Korea.

Ya Ping Wang et al., "Urbanization and Informal Development in China
 :Urban Villages in Shenzhen", International Journal of Urban and

Regional Research, Vo. 33, Dec. of 2009, Issue 4, pp. 959~963, 968~969.

馬玆暉, 劉晋碩 감수, 〈중국의 주택 정책과 시장 전망〉, 《SERIChina review》, 2009년 11월(제09-18호), 삼성경제연구소, 7, 10쪽.

디트로이트 — 모터 시티의 쇠퇴, 도심 쇠퇴

강준만, 《자동차와 민주주의》, 2012년, 인물과사상사, 2012년, 6, 56, 64쪽.

노동일, 〈디트로이트의 비극〉, 《파이낸셜뉴스》, 2013년 8월 14일 자, http://www.fnnews.com/view?ra=Sent1801m_View&corp=fnnews&arcid=201308140318089901808990&cDateYear=2013&cDateMonth=08&cDateDay=14.

노창현, 〈美 미시건주 최대 도시 디트로이트를 가다(下)〉, 《뉴시스》 2008년 6월 24일 자, http://news.naver.com/main/read.nhn?mode=LSD&mid=sec&sid1=001&oid=003&aid=0002155803.

두산백과, 디트로이트, http://terms.naver.com/entry.nhn?docId=1086224&cid=40942&categoryId=34126.

서울특별시 홈페이지, 〈한눈에 보는 서울시 예산(2014)〉, http://finance.seoul.go.kr/archives/18986.

손영호, 《마이너리티 역사 – 혹은 자유의 여신상》, 살림, 2003년, http://terms.naver.com/entry.nhn?docId=1394336&cid=42032&categoryId=42032.

송성훈 외, 〈쿠리티바市, 버스교통 혁신 효율적인 예산 집행 '백미'〉, 《매일경제》, 2006년 6월 19일 자, http://news.naver.com/main/read.nhn?mode=LSD&mid=sec&sid1=101&oid=009&aid=

0000511365.

신민재, 〈인천 월미은하레일 2015년까지 적자 예상〉, 《연합뉴스》 2010년 6월
    24일 자, http://news.naver.com/main/read.nhn?mode=LSD&mid=
    sec&sid1=100&oid=001&aid=0003347882.

에드워드 글레이저, 이진원 옮김, 《도시의 승리》, 해냄, 2011년, 89, 99~101,
    115~116, 122~124쪽.

원종현, 〈미국 디트로이트 시의 파산과 그 의미〉, 《국회입법조사처보》
    통권18호(2013년 가을), 1~6쪽.

이재원, 안석현, 〈미국 자동차의 메카 디트로이트가 파산한 '진짜' 이유는?〉,
    《조선비즈》, 2013년 7월 21일 자, http://biz.chosun.com/site/data/html_
    dir/2013/07/19/2013071902135.html?newsstand_r.

이재협, 〈(5) 재기의 몸부림 – 디트로이트 ②〉, 《매일신문》, 2010년 8월 6일 자,
    http://www.imaeil.com/sub_news/sub_news_view.php?news_id=
    31585&yy=2010#axzz3SuwzgFsP.

조창현, 〈지자체 파산제도 필요한가〉, 《세계일보》 2014년 3월 2일 자, http://
    www.segye.com/content/html/2014/03/02/20140302002308.
    html?OutUrl=naver.

한보경, 〈'파산도시' 디트로이트에 관광객 몰린다〉, 《머니투데이》 2013년 12월
    27일 자, http://t.mt.co.kr/view.html?no=2013122710325465342.

"ABOUT", UAW, http://www.uaw.org/page/who-we-are.

Bill Shea, "Comerica Park owner to refinance remaining $61M public
    debt on $300M ballpark", *Crain's Detroit Business*, Aug. of 2012,
    http://www.crainsdetroit.com/article/20120822/FREE/120829973/
    comerica-park-owner-to-refinance-remaining-61m-public-debt-

on-300m.

Daniel Hartley, "Urban Decline in Rust-Belt Cities", Federal Reserve
Bank of Cleveland, May of 2013, https://www.clevelandfed.org/
Newsroom%20and%20Events/Publications/Economic%20
Commentary/2013/Urban%20Decline%20in%20Rust-Belt%20Cities

David M. Edwards, *Sprawling from Grace: The Consequences of
Suburbanization*, June of 2008.

"Defining Sprawl and Smart Growth", Community and Regional
Development Institute, Cornell University, 2015, http://
cardi.cornell.edu/cals/devsoc/outreach/cardi/programs/land-use/
sprawl/definition_sprawl.cfm.

Detroit Metro Home Prices & Values, Zillow, http://www.zillow.com/
detroit-metro-mi_r394532/home-values/.

"Detroit's Unemployment Rate Is Nearly 50%, According to the Detroit
News", *HUFFPOST*, May of 2011, http://www.huffingtonpost.
com/2009/12/16/detroits-unemployment-rat_n_394559.html.

Emily Badger, "How Too Much Parking Strangled the Motor City",
Cityliab, Aug. of 2013, http://www.citylab.com/commute/2013/08/
how-too-much-parking-helped-strangle-motor-city/6585/.

Emily Badger, "Why Segregation Is Bad for Everyone", *Citylab*, May of
2013, http://www.citylab.com/work/2013/05/why-segregation-bad-
everyone/5476/.

Eric Jaffe, "Saving Detroit's Public Transit By Privatizing It", *Citylab*, Mar.
of 2012, http://www.citylab.com/commute/2012/03/saving-detroits-
public-transit-privatizing-it/1498/.

Eric Jaffe, "Why Detroit's Collapse Was So Much Worse Than Other Hard-Hit Cities", *Citylab*, Jan. of 2014, http://www.citylab.com/work/2014/01/why-detroit-struggling-so-much-more-other-cities/8232/.

John Gallagher, "Metro Detroit job sprawl worst in U.S.; many jobs beyond reach of poor", *Detroit Free Press*, Apr. of 2013, http://www.freep.com/article/20130418/BUSINESS06/304180118/jobs-sprawl-Detroit-Brookings-Institution.

Mark Binelli, "Don't Shrink Detroit, Super-Size It", *The Atlantic*, Mar. of 2011, http://www.theatlantic.com/business/archive/2011/03/dont-shrink-detroit-super-size-it/73165/

Matt Helms, "Detroit buses failing riders, study shows", *Detroit Free Press*, Nov. of 2011, http://www.freep.com/article/20111116/NEWS01/111160384/Detroit-buses-failing-riders-study-shows.

Matt Woolsey, "In Depth: 10 Worst Cities For Commuters", *Forbes*, Apr. of 2008, http://www.forbes.com/2008/04/24/cities-commute-fuel-forbeslife-cx_mw_0424realestate3_slide.html.

Matthew Dolan, "Detroit Seeks Proposals to Privatize Its Water System", *The Wall Street Journal*, Mar. of 2014, http://online.wsj.com/news/articles/SB10001424052702303949704579459722759653130.

Michael Winerip, "For Detroit Schools, Mixed Picture on Reforms", *The New York Times*, Mar. of 2011, http://www.nytimes.com/2011/03/14/education/14winerip.html?pagewanted=all&_r=0.

Mike Cherney, "Detroit's Bankruptcy: 40% of Street Lights Don't Work, 66% of Ambulances Out of Service", *The Wall Street Journal*, Jul

of 2013, http://blogs.wsj.com/moneybeat/2013/07/18/detroits-
bankruptcy-40-of-street-lights-dont-work-66-of-ambulances-out-
of-service/.

"Population and Household Estimates for Southeast Michigan", Southeast
Michigan Council of Governments, July of 2013.

Rose Hackman, "How Residents Cope When Detroit Shuts Off Water
for 100,000 People", *Citylab*, Jul. of 2014, http://www.citylab.com/
housing/2014/07/how-residents-cope-when-detroit-shuts-off-
water-for-100000-people/374609/.

Ryan Felton, "How Detroit ended up with the worst public transit ",
Detroit Metro Times, Mar. of 2014, http://www.metrotimes.com/
detroit/how-detroit-ended-up-with-the-worst-public-transit/
Content?oid=2143889

Salley Helgesen, "Charles Landry knows What makes cities great:
distinction, variety, and flow", *strategy + business*, autumn 2010, p. 3.

The Atlantic Cities, Detroit, http://www.theatlanticcities.com/hubs/
detroit/.

Tim Alberta, "Can Detroit Rebuild Its Middle Class?", *Citylab*, Feb. of 2014,
http://www.theatlanticcities.com/jobs-and-economy/2014/02/can-
detroit-rebuild-its-middle-class/8533/.

U. S. Bureau of Labor Statistics.

"US Unemployment Drops To 5-Year Low", *Voice of America*, Feb. of
2014, http://www.voanews.com/content/us-unemployment-drops-
in-january/1846479.html.

Wikipedia, Bloomfield Township, Oakland County, Michigan, http://

en.wikipedia.org/wiki/Bloomfield,_Michigan.

Wikipedia, Chrysler, http://en.wikipedia.org/wiki/Chrysler.

Wikipedia, Civil Rights Act of 1964, http://en.wikipedia.org/wiki/
Civil_Rights_Act_of_1964.

Wikipedia, Detroit People Mover, http://en.wikipedia.org/wiki/
Detroit_People_Mover.

Wikipedia, Detroit, http://en.wikipedia.org/wiki/Detroit.

Wikipedia, Economy of metropolitan Detroit, http://en.wikipedia.org/
wiki/Economy_of_metropolitan_detroit.

Wikipedia, Federal Home Loan Banks, http://en.wikipedia.org/wiki/
Federal_Home_Loan_Banks.

Wikipedia, General Motors, http://en.wikipedia.org/wiki/
General_Motors.

Wikipedia, Great Migration(African American), http://en.wikipedia.org/wiki/
Great_Migration_(African_American.

Wikipedia, Home Owners' Loan Corporation, http://en.wikipedia.org/
wiki/Home_Owners%27_Loan_Corporation.

Wikipedia, Jim Crow laws, http://en.wikipedia.org/wiki/Jim_Crow_laws.

Wikipedia, Milliken v. Bradley, http://en.wikipedia.org/wiki/
Milliken_v._Bradley#cite_note-Meinke2011-5.

Wikipedia, Poverty in the United States, http://en.wikipedia.org/wiki/
Poverty_in_US.

Wikipedia, Redlining, http://en.wikipedia.org/wiki/Redlining.

Wikipedia, Renaissance Center, http://en.wikipedia.org/wiki/
Renaissance_Center.

Wikipedia, Seoul, http://en.wikipedia.org/wiki/Seoul.

Wikipedia, Voting Rights Act of 1965, http://en.wikipedia.org/wiki/
Voting_Rights_Act_of_1965.

Wikipedia, White flight, http://en.wikipedia.org/wiki/White_flight.

상파울루—계급 도시, 코퍼레이트 어버니즘

강준만, 《자동차와 민주주의》, 2012년, 인물과사상사, 2012년, 215~254쪽.

브리태니커, 상파울루의 경제, http://100.daum.net/encyclopedia/
view.do?docid=b11s2569b003.

장세훈, 〈제3세계발전주의국가에서의 민주화와 주거복지 - 한국과 브라질의
도시저소득층 주택정책의 비교연구〉, 《도시연구》 제5호(1999년),
한국도시연구소, 107~136쪽.

종합건축사사무소 건원, 《CITY BY CITY》, 시공문화사, 2009년, 94~95쪽.

〈판교토지이용〉, The VCS Blog, 2009년 11월 13일 자, http://
investmentplan.tistory.com/13.

Alphaville 40 anos, http://eng.alphaville.com.br/history.html.

Andrew Stevens and Elisangela Fracaroli, "Sao Paulo's Alphaville gated
community - an early answer to middle-class insecurity", *Citymayors*,
Oct. of 2007, http://www.citymayors.com/development/alphaville-
sao-paulo.html.

Chris Horwood, *São Paulo, A Tale of Two Cities*, Cities & Citizens series-
bridging the urban divide, United Nations Human Settlements
Programme(UN-HABITAT), 2010, p. xi.

Ernest Scheyder, "DuPont's armored car kit a hit in Brazil", *Reuters*, Apr.
of 2012, http://www.reuters.com/article/2012/04/15/us-dupont-
brazil-idUSBRE83E06I20120415.

⟨Favela Wars: Life In Brazil's Urban Killzone⟩, Journeyman Pictures, June
of 2003, http://www.youtube.com/watch?v=BqO3qCgyFJ0&list=
PLTts4NYyI3_lbgm1ek1ggD5xSlkG6JOT9&index=26.

Judy L. Baker ed, *Climate Change, Disaster Risk And The Urban Poor:
Cities Building Resilience For A Changing World*, The World Bank,
June of 2011, p. 71.

Karina Landman, "Gated Communities In Brazil And South Africa:
Comparative Perspectives", CSIR Building and Construction,
Technology – Programme for Sustainable Human Settlements, Mar. of
2002.

Kirby J. Harrison, "Demand For Helicopters Rising In Latin America",
AINonline, Aug. of 2013, http://www.ainonline.com/aviation-news/
labace-convention-news/2013-08-12/demand-helicopters-rising-
latin-america.

Michelle Caruso-Cabrera, "Traffic Jams Boost Helicopter Travel in Brazil",
CNBC, Apr. of 2011, http://www.cnbc.com/id/42683749.

"OECD Economic Surveys: Brazil 2013 – Distribution of population
by income classes in Brazil (in millions)", OECDiLibrary, http://
www.keepeek.com/Digital-Asset-Management/oecd/economics/
oecd-economic-surveys-brazil-2013/distribution-of-population-
by-income-classes-in-brazil-in-millions_eco_surveys-bra-2013-
graph42-en#page1.

Peter Gotsch, "NeoTowns Prototypes of corporate urbanism, Examined on the basis of a new generation of New Towns —by the cases of Bumi Serpong Damai (Jakarta), Navi Mumbai (Mumbai) and Alphaville-Tamboré(São Paulo)", Fakultät für Architektur (ARCH), Institut für Orts-, Regional- und Landesplanung(ORL), Dec. of 2009, pp. 337~528.

⟨São Paulo – The Megacity and the Favelas⟩, Arts 21, Nov. of 2011, http://www.youtube.com/watch?v=Sx6gGSI9oo0&list= PLTts4NYyI3_lbgm1ek1ggD5xSlkG6JOT9&index=18.

"Security in Brazil – Bullet-proof in Alphaville, The high price of protection from street violence", *The Economist*, Aug of 2001, http://www.economist.com/node/740145.

tve, ⟨For Richer, For Poorer⟩, May of 2012, http://www.youtube.com/watch?v=MAHSG4Si0X0&index=22&list=PLTts4NYyI3_lbgm1ek1ggD5xSlkG6JOT9.

Wikipedia, Alphaville, São Paulo, http://en.wikipedia.org/wiki/Alphaville,_S%C3%A3o_Paulo.

Wikipedia, Brazil, http://en.wikipedia.org/wiki/Brazil.

Wikipedia, Cortiço, http://en.wikipedia.org/wiki/Corti%C3%A7o.

Wikipedia, Favela, http://en.wikipedia.org/wiki/Favela.

Wikipedia, Gated community, http://en.wikipedia.org/wiki/Gated_community.

Wikipedia, List of cities by GDP, http://en.wikipedia.org/wiki/List_of_cities_by_GDP.

Wikipedia, Rodovia Castelo Branco, http://en.wikipedia.org/wiki/Rodovia_Castelo_Branco.

Wikipedia, São Paulo, http://en.wikipedia.org/wiki/S%C3%A3o_Paulo.

Wikipedia, São Paulo, http://en.wikipedia.org/wiki/S%C3%A3o_Paulo.

Wikipedia, Seoul Capital Area, http://en.wikipedia.org/wiki/
Seoul_Capital_Area.

네 도시를 위한 제안

강현수, 《도시에 대한 권리 – 도시의 주인은 누구인가》, 책세상, 2010년,
54~55쪽.

구마모토 아트 폴리스, http://www.artpolis.co.kr/.

권홍우, 〈시카고 대화재〉, 《서울경제》 2007년 10월 8일 자,
http://economy.hankooki.com/lpage/opinion/200710/
e2007100717582063820.htm.

김성진, 《리콴유 – 작지만 강한 싱가포르 건설을 위해》, 살림, 2007년,
http://terms.naver.com/entry.nhn?docId=1395770&cid=
43773&categoryId=43776.

김흥록, 〈서울시, 1호 市 총괄건축가에 승효상 대표 위촉〉, 《서울경제》 2014년
9월 1일 자, http://economy.hankooki.com/lpage/industry/201409/
e20140918183346120180.htm.

남지현, 〈도시의 빈 공간을 활용한 지역공동체 활용거점 만들기 – 도쿄의 '빈
건물' 활용사례를 중심으로〉, 서울연구원, 2012년, 34, 43, 77~147쪽.

대외경제 정책연구원, 〈12·5규획 기간 중국 성·시별 보장성 주택 정책의 주요
내용과 문제점〉, 2011년 11월. 10-11쪽.

Liyan Qi, 〈이제 '베이비 붐'이 필요해진 중국〉, 《월스트리트저널》
2014년 9월 5일 자, http://kr.wsj.com/posts/2014/09/05/%EC%

9D%B4%EC%A0%9C-%EB%B2%A0%EC%9D%B4%EB%B9%84-
%EB%B6%90%EC%9D%B4-%ED%95%84%EC%9A%94%ED%95%B4-E
C%A7%84-%EC%A4%91%EA%B5%AD/.

박철홍, 〈해외선진 생태도시를 가다 - 꿈의 도시 꾸리치바〉,《호남일보》2103년
10월 29일 자, http://www.honamnews.co.kr/news/view.asp?idx=
7359&msection=3&ssection=13&page=1.

벤자민 R. 바버, 조은경 옮김,《뜨는 도시 지는 국가》, 21세기북스, 2014년,
191쪽.

서울시 재무국(계약심사과), 〈공공공사 연간 발주계획 공개
계획〉, 서울시, 2013년, http://opengov.seoul.go.kr/
section/357024?fileIdx=0#pdfview.

손영호,《미국의 총기 문화》, 살림, 2009년, http://terms.naver.com/
entry.nhn?docId=1396384&cid=43056&categoryId=43056,
http://terms.naver.com/entry.nhn?docId=1396382&cid=
43056&categoryId=43056.

신선화, 〈(상)구마모토의 도시 디자인〉,《매일신문》2013년 12월 23일 자,
http://www.imaeil.com/sub_news/sub_news_view.php?news_id=
62770&yy=2013#ixzz3F4OvqFGG.

에드워드 글레이저, 이진원 옮김,《도시의 승리》, 해냄, 2011년, 103쪽.

에티엔 발리바르 외,《공존의 기술 - 방리유, 프랑스 공화주의의 이면》, 그린비,
2007년, 69~89쪽.

〈(WSJ) 중국, 저비용 제조업 국가로서의 경쟁력 잃고 있어〉, 금융감독원의
공식블로그, 2013년 1월 17일, http://fssblog.com/140177885027.

위키피디아, 도쿄도, http://ko.wikipedia.org/wiki/%EB%8F%84%EC%BF%
84_%EB%8F%84.

이명석, 〈고철더미를 먹는 꽃 강아지, 빌바오〉, http://navercast.naver.com/
    contents.nhn?rid=91&contents_id=3706.

이상민, 〈美 5년 연속 강력범죄 감소, 비결은?〉, 《미래한국》, 2012년, http://
    www.futurekorea.co.kr/news/articleView.html?idxno=21533.

장계한 외, 〈중국 심천시 어번 빌리지 주거만족도에 관련된 요소〉,
    《한국생태환경건축학회논문집》 Vol. 12. No. 3(통권 55호), 2012년,
    한국생태환경건축학회, 21~22쪽.

찰스 몽고메리, 윤태경 옮김, 《우리는 도시에서 행복한가》, 미디어윌, 2014년,
    309~314, 369~370, 439쪽.

KB금융지주경영연구소, 〈중국 부동산 시장 현황 및 제도분석〉,
    《KB경영정보리포트》 2014-08호, 12-13쪽.

pmg 지식엔진연구소, 《시사상식사전》, 박문각, http://terms.naver.com/
    entry.nhn?docId=929260&cid=43667&categoryId=43667,
    http://terms.naver.com/entry.nhn?docId=938276&cid=
    50298&categoryId=50298.

한국일보 문화부, 《소프트시티》, 생각의나무, 2011년, 140~147, 274~283쪽.

Anna Fitzpatrick, "The Favela Policy in São Paulo", *The Rio Times*, Nov.
    of 2011, http://riotimesonline.com/brazil-news/rio-politics/sao-
    paulo-favela-policy/#.

Architecture in Rotterdam, http://www.architectuurinrotterdam.nl/
    cms.php?cmsid=49&lang=en.

"Brazil — Gun Facts, Figures and the Law", GunPolicy.org, http://
    www.gunpolicy.org/firearms/region/brazil.

"Brazilians reject gun sales ban", BBC News, Oct. of 2005, http://

news.bbc.co.uk/2/hi/americas/4368598.stm.

Christina Sterbenz, "New York City Used To Be A Terrifying Place",
  Business Insider, July of 2013, http://www.businessinsider.com/new-
  york-city-used-to-be-a-terrifying-place-photos-2013-7?op=1.

"City Magnets III: Benchmarking the Attractiveness of 50 Canadian
  Cities", The Conference Board of Canada, 2014.

"Detroit, MI Zoning Map Index", City of Detroit, http://
  www.detroitmi.gov/How-Do-I/Apply-for-Permits/Zoning-Map-
  Index.

Iansa, http://www.iansa.org/.

Jie Chen et al., "The future of Public Housing", Springer Berlin
  Heidelberg, Oct of 2013, pp. 23~24.

Joseph Goodman et al., "Curitiba's Bus System is Model for Rapid
  Transit", *Race, Poverty & the Environment*, winter 2005/2006, http://
  reimaginerpe.org/node/344.

Julien Eymeri, "Eerie Video Shows Masdar City—The Sustainable City Of
  The Future—Has No One In It", *Fastcompany*, Sep. of 2014, http://
  www.fastcoexist.com/3035446/eerie-video-shows-masdar-city-the-
  sustainable-city-of-the-future-has-no-one-in-it.

Kelli, "Buying a Gun in America", Blog, Mar. of 2013, http://
  kellianderson.com/blog/2013/03/buying-a-gun-in-america/.

Kelly Hearn, "The NRA Takes on Gun Control – in Brazil",
  AlterNet, Oct. of 2005, http://www.alternet.org/story/27279/
  the_nra_takes_on_gun_control_—_in_brazil.

Laura MacInnis, "U.S. most armed country with 90 guns per 100 people",

Reuters, Aug. of 2007, http://www.reuters.com/article/2007/08/28/ us-world-firearms-idUSL2834893820070828.

Luis Kawaguti & Gary Duffy, "Sao Paulo officials negligent on human rights – Amnesty", BBC News, Nov. of 2012, http://www.bbc.com/ news/world-latin-america-20505985.

"Making an entire sustainable urban district", SimbioCity, http:// www.symbiocity.org/Templates/Pages/Page.aspx?id= 134&epslanguage=en#subpageanchor.

Maria E. Ignatieva & Per Berg, "Hammarby Sjöstad — A New Generation of Sustainable Urban Eco-Districts", The nature of cities, Feb. of 2014, http://www.thenatureofcities.com/2014/02/12/hammarby-sjostad-a-new-generation-of-sustainable-urban-eco-districts/.

Nikhil Ghimire, "Top 10 Countries with the Lowest Recorded Crime Rate", Eist10, http://www.elist10.com/top-10-countries-lowest-recorded-crime-rate/.

"1970s New York City: The dangerous & gritty streets during a decade of decline", *Daily news*, Apr. of 2013, http://www.nydailynews.com/ new-york/gritty-new-york-city-1970s-gallery-1.1318521.

Ryan Felton, "How Detroit ended up with the worst public transit ", *Detroit Metro Times*, Mar. of 2014, http://www.metrotimes.com/ detroit/how-detroit-ended-up-with-the-worst-public-transit/ Content?oid=2143889.

Scott Welsh, "China plans to merge nine cities to create a mega city", Shenzhen Standard – community, Commerce and Culture in Shenzhen, Jan. of 2011, http://www.shenzhen-standard.com/2011/01/28/chinaplans-to-merge-nine-cities-to-create-a-mega-city/.

"The Pearl River Delta Megacity", Big Smog, Time Out Hong Kong, Sep. of 2013, http://www.timeout.com.hk/big-smog/features/60965/the-pearl-river-delta-megacity.html.

United States Census Bureau, Feb. of 2015, http://quickfacts.census.gov/qfd/states/26/2622000.html.

"Vancouver The Most Livable City In North America: Economist", *HUFFPOST British Columbia*, Aug. of 2013, http://www.huffingtonpost.ca/2013/08/28/vancouver-most-livable-city-economist_n_3830039.html.

"Who We Are", Amnesty International, http://www.amnesty.org/en/who-we-are.

"Why does Singapore top so many tables?", BBC News, Oct. of 2013, http://www.bbc.com/news/world-asia-24428567.

Wikipedia, Bilbao, http://en.wikipedia.org/wiki/Bilbao.

Wikipedia, Brazil, http://en.wikipedia.org/wiki/Brazil.

Wikipedia, Crime in Brazil, http://en.wikipedia.org/wiki/Crime_in_Brazil.

Wikipedia, Favela, http://en.wikipedia.org/wiki/Favela.

Wikipedia, Guggenheim Museum Bilbao, http://en.wikipedia.org/wiki/Guggenheim_Museum_Bilbao.

Wikipedia, Gun Politics in Brazil, http://en.wikipedia.org/wiki/Gun_politics_in_Brazil.

Wikipedia, History_of_Kumamoto_Prefecture, http://en.wikipedia.org/wiki/History_of_Kumamoto_Prefecture.

Wikipedia, Primeiro Comando da Capital, http://en.wikipedia.org/wiki/

Primeiro_Comando_da_Capital.

Wikipedia, Rotterdam, http://en.wikipedia.org/wiki/Rotterdam.

Wikipedia, Rudy Giuliani, http://en.m.wikipedia.org/wiki/Rudy_Giuliani.

Wikipedia, Vancouverism, http://en.wikipedia.org/wiki/Vancouverism.

찾아보기